U0955875

中级会计实务

主　编　柳　志　周　慧　洪　娟
副主编　周永丽　赵媛媛

西南财经大学出版社
中国·成都

图书在版编目(CIP)数据

中级会计实务/柳志,周慧,洪娟主编;周永丽,
赵媛媛副主编.—成都:西南财经大学出版社,
2024. 8. --ISBN 978-7-5504-6269-4
Ⅰ. F233
中国国家版本馆 CIP 数据核字第 202490S374 号

中级会计实务

Zhongji Kuaiji Shiwu

主　编　柳　志　周　慧　洪　娟
副主编　周永丽　赵媛媛

策划编辑:王　琳
责任编辑:向小英
责任校对:杜显钰
封面设计:张姗姗
责任印制:朱曼丽

出版发行	西南财经大学出版社(四川省成都市光华村街 55 号)
网　　址	http://cbs. swufe. edu. cn
电子邮件	bookcj@ swufe. edu. cn
邮政编码	610074
电　　话	028-87353785
照　　排	四川胜翔数码印务设计有限公司
印　　刷	郫县犀浦印刷厂
成品尺寸	185 mm×260 mm
印　　张	14. 125
字　　数	314 千字
版　　次	2024 年 8 月第 1 版
印　　次	2024 年 8 月第 1 次印刷
印　　数	1— 2000 册
书　　号	ISBN 978-7-5504-6269-4
定　　价	49. 80 元

1. 版权所有,翻印必究。
2. 如有印刷、装订等差错,可向本社营销部调换。
3. 本书封底无本社数码防伪标识,不得销售。

前言

党的二十大报告指出："统筹职业教育、高等教育、继续教育协同创新，推进职普融通、产教融合、科教融汇，优化职业教育类型定位。"站上新起点，如何创新人才培养模式，在新赛道上探索新航向、在专业建设上注入新动能，特别是如何深化产教融合培养创新型产业人才，为中国式现代化提供强有力的人才支撑，是时代赋予高职院校的新命题。在数字经济时代，高素质、技能型、创新型会计人才的培养必须以党的二十大精神为指引。

为了积极响应党的二十大号召，培养既具备高专业素养又拥有正确价值观的会计人才，我们结合最新的政策法规与职业教育理念，组织人员精心编写了这本教材。本教材结构安排如下：项目一，总论；项目二，投资性房地产核算业务；项目三，金融资产与金融负债核算业务；项目四，长期股权投资核算业务；项目五，或有事项核算业务；项目六，借款费用核算业务；项目七，政府补助核算业务；项目八，非货币性资产交换核算业务；项目九，债务重组核算业务；项目十，所得税核算业务；项目十一，会计政策、会计估计变更及差错更正。这样，既确保中级会计实务与初级会计实务的无缝衔接和递进，又保证了会计实务知识体系的完整性和连贯性。

本教材主要面向已完成初级会计实务学习并希望进一步提升会计理论水平和实务操作能力的财务会计类专业学生、在职会计人员及会计职称考试备考者。其具有以下三个特点：

（1）紧密结合最新政策法规，反映会计实务前沿。本教材紧密结合最新的会计政策法规。在编写过程中，我们深入研究了最新的会计准则、税法等法律法规以及相关的监管政策，确保教材内容与当前会计实务工作紧密相连。这不仅有助于读者了解最新的会计政策法规，还能够让读者在实务操作中更加得心应手，确保会计信息的真实、准确和完整。

（2）注重实务操作能力的培养，提高实践应用能力。除了理论知识的解析外，本教材还非常注重实务操作能力的培养。我们设计了大量的思考练习和任务实战，并配备了二维码，让读者在模拟实务操作的过程中，逐渐掌握会计实务工作的核心技能，进一步提高实践应用能力。

（3）强调课程思政，培养正确的价值观和职业道德。会计人才不仅需要具备扎实的专业知识和技能，还需要拥有正确的价值观和职业道德。为此，本教材在传授会计实务知识和技能的同时，注重课程思政的融入。我们既强调遵守会计职业道德规范的重要性，介绍如何在实际工作中保持客观、公正和独立的态度，还结合案例分析，让读者在了解会计实务工作时深刻体会到诚信、责任、公正等价值观的重要性。

本教材由湖南商务职业技术学院的柳志、周慧、洪娟任主编，周永丽、赵媛媛任副主编。具体分工如下：柳志编写项目一、项目五，周慧编写项目三、项目九，洪娟编写项目二、项目四、项目八，周永丽编写项目六、项目十，赵媛媛编写项目七、项目十一。

本教材系教育部大数据与财务管理专业国家级教学资源库、湖南省大数据与财务管理高水平专业群、湖南省职业教育大数据与财务管理专业高水平教师教学创新团队等项目建设的阶段性成果之一。在编写过程中，我们参考引用了一些教材和其他文献资料，在此向相关作者表示诚挚的感谢。由于编者学识水平有限，书中难免有不妥之处，敬请读者批评指正！

编者

2024 年 8 月

目录

项目一

总论

◇ 学习目标

知识目标

- 掌握财务会计的目标、会计的基本假设、会计基础。
- 掌握会计要素的概念及确认条件。
- 理解会计要素的计量属性。
- 理解会计信息质量要求。
- 掌握会计职业道德标准。
- 熟悉会计法规制度体系。

技能目标

- 能准确理解会计的本质和目标，提供企业经济活动的财务信息，帮助决策者做出经济决策。
- 能够准确完整地记录和计算企业经济活动，保证会计信息的准确性和可靠性。
- 能够遵守会计职业道德。

素质目标

- 职业道德：遵守职业道德规范，保持诚信、公正的职业操守，维护企业的利益和声誉。
- 风险意识：具备强烈的风险意识，能够敏锐地识别和评估会计交易或事项可能带来的潜在风险，并采取相应的防范措施。
- 谨慎态度：在进行会计事项核算时保持谨慎、客观的态度，遵循会计准则和规定，确保财务信息的真实性和可靠性。
- 持续学习：具备持续学习的意识和能力，关注会计相关的最新法规、准则和案例，不断提升自己的专业水平和综合素质。

◇ 思维导图

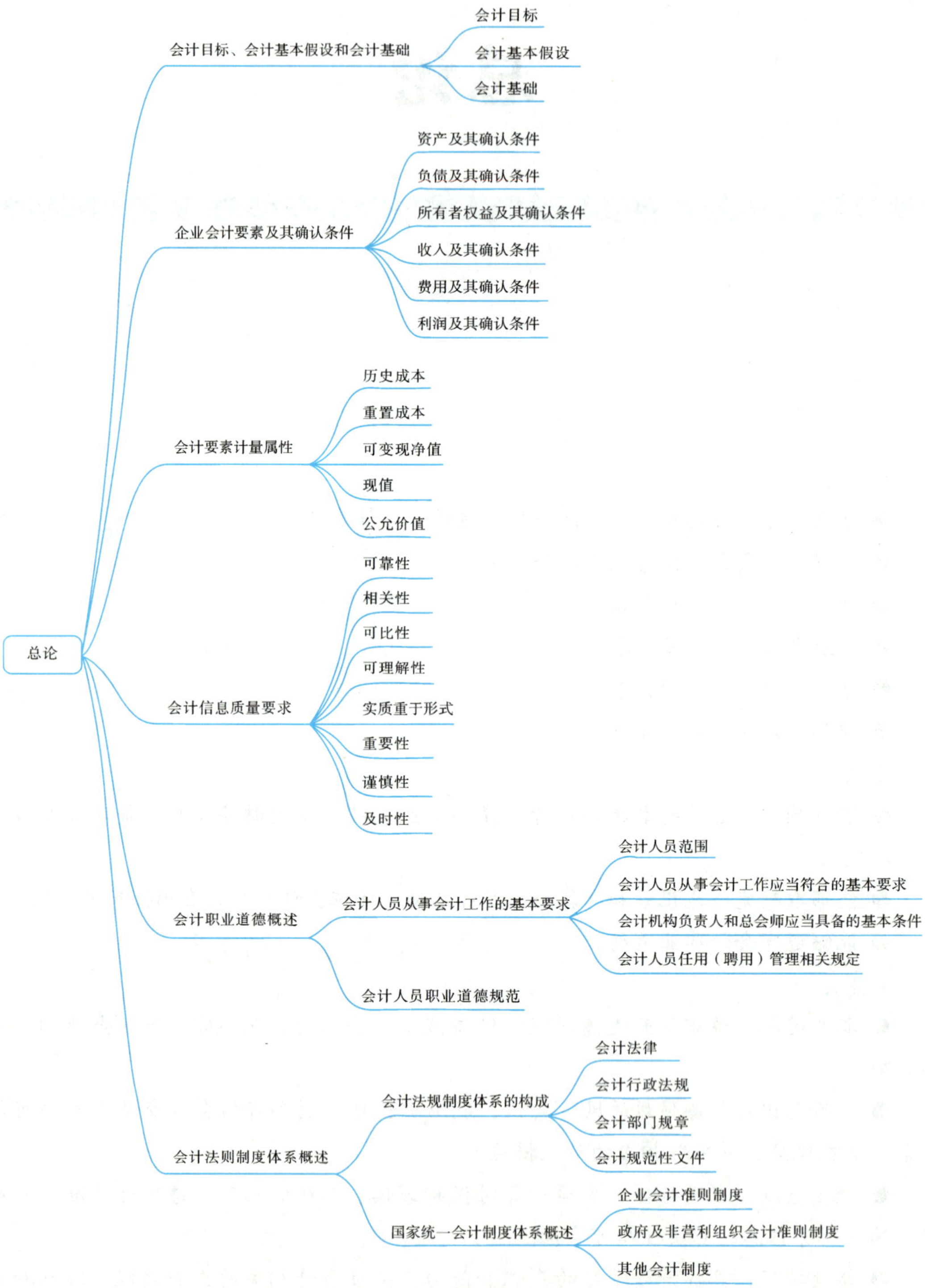

图 1-1　总论思维导图

◇ 学习任务

任务一　会计目标、会计基本假设和会计基础

会计目标是要求会计工作完成的任务或达到的标准。会计要素是对根据交易或者事项的经济特征确定的会计对象进行的基本分类。会计信息质量要求是对会计主体所提供的会计信息质量的基本要求。因不同会计主体所面对的会计信息使用者不同，需要满足的会计信息需求不同，各类会计准则制度针对不同会计主体所规定的具体会计目标、会计要素和会计信息质量要求也有所不同。本节内容主要依据《企业会计准则——基本准则》对企业会计目标、会计要素和会计信息质量要求进行介绍。

一、企业会计目标

企业会计目标也称企业财务会计报告目标。按照《企业会计准则——基本准则》的规定，企业财务会计报告的目标是向财务会计报告使用者提供与企业财务状况、经营成果和现金流量等有关的会计信息，反映企业管理层受托责任履行情况，有助于财务会计报告使用者作出经济决策。财务会计报告使用者包括投资者、债权人、政府及其有关部门和社会公众等。

《企业会计准则——基本准则》对企业财务会计报告目标进行了明确定位，将保护投资者利益、满足投资者进行投资决策的信息需求放在了突出位置，彰显了财务会计报告目标在企业会计准则体系中的重要作用。财务会计报告目标是满足投资者等财务报告使用者决策的需要，具体体现为财务会计报告的决策有用观。财务会计报告目标是反映企业管理层受托责任的履行情况，具体体现为财务会计报告的受托责任观。财务会计报告的决策有用观与其受托责任观是有机统一的。投资者出资委托企业管理层经营，希望获得更多的回报，实现股东财富的最大化，从而进行可持续投资；企业管理层接受投资者的委托从事生产经营活动，努力实现资产安全完整、保值增值、防范风险，促进企业可持续发展，就能够更好地、持续地履行受托责任，为投资者提供回报，为社会创造价值，从而完成企业经营者的目标。

二、会计基本假设

会计核算的基本前提也称会计假设，是指为了保证会计工作的正常进行和会计信息的质量，对会计核算的范围、内容、基本程序和方法所做的基本限定。我国财政部公布

并实施的《企业会计准则》中，明确规定了四项基本前提，包括会计主体、持续经营、会计分期、货币计量。

（一）会计主体

会计主体又称会计实体、会计个体，是指经营上或经济上具有独立性或相对独立性的单位。比如它可以是股份公司、一个合伙企业或独资企业，也可以是一个企业的某一特定部分，如分公司、内部部门、销售区域、零售点等，关键要明确会计人员是在核算谁的业务。

会计核算时，必须首先明确会计主体。会计主体前提是持续经营、会计分期和全部会计准则的基础。因为，如果不限定会计的空间范围，会计工作就无法进行，《企业会计准则》明确指出："会计核算应当以企业发生的各项经济业务为对象，记录和反映企业本身的各项生产经营活动。"简称"会计主体"。会计只记录本主体的账，只核算和监督主体所涉及的经济业务。会计主体通常是指独立核算的企业或企业的一部分。

会计主体不同于法律主体，一般来说，法律主体必然是一个会计主体，会计主体不一定是法律主体。法律主体是指在政府部门注册登记，有独立的财产、能够承担民事责任的法律主体，它强调企业与各方面的经济法律关系。会计主体则是按照正确处理所有者与企业的关系，以及正确处理企业内部关系的要求而设立的。尽管所有经营法人都是会计主体，但有些会计主体就不一定是法人。

（二）持续经营

《企业会计准则》规定："会计核算应当以企业持续、正常的生产经营活动为前提。"有了持续经营这个前提条件后，对资产按实际成本（历史成本）计价，折旧、费用的分期摊销才能正常进行。否则，资产的评估、费用在收益期分配、负债按期偿还，以及所有者权益和经营成果将无法确认。

持续经营是指会计主体的生产经营活动在可预见的未来，将无限期地延续下去，即会计主体在可预见的未来不会破产清算，它所拥有的资产，将按既定的目标投入正常的营运，所承担的债务责任，将如期履行。它界定会计工作的时间界限。

（三）会计分期

《企业会计准则》规定："会计核算应当划分会计期间，分期结算账目和编制会计报表。会计期间分为年度、季度和月份。年度、季度和月份的起讫日期采用公历日期。"世界各国都以会计年度作为会计期间，其起讫日一般均与本国的财政预算年度相同。

会计分期前提是持续经营前提的补充，会计核算方法和原则只有建立在持续经营的前提下，按照会计期间分期记录、计算、汇总和报告，才能达到会计预定的目标。

会计分期是指把企业连续不断的经营活动过程合理地划分为若干较短的、等间距的"区间"。它是对会计主体时间范围的具体划分的假定。这种确定企业进行结账和编制财务报告的起讫日期，称为会计期间。

会计分期的目的在于定期（月末、季末、半年末、年末）地反映企业的财务状况和经营成果并进行各期之间的比较。由于有了会计期间划分，才产生了本期与非本期的区别，对跨越两个以上会计期间的经济业务要进行摊配，从而产生了权责发生制和收付实现制。

（四）货币计量

货币计量是指在会计核算中，以货币作为统一计量单位。根据《企业会计准则》的规定："会计核算以人民币为记账本位币。业务收支以外币为主的企业，也可以选择某种外币作为记账本位币，但编制的会计报表应当折算为人民币。"

会计核算和监督必须借助货币作为衡量手段，但货币作为一种特殊商品，其自身价值也在不断变化，而会计核算很难根据货币自身的变化及时调整，这就自然提出了假设币值稳定不变的会计核算前提，因此，在会计核算和会计报表体系中不考虑币值变化的因素。

上述会计核算的四项基本前提，具有相互依存、相互补充的关系。会计主体确立了会计核算的空间范围，持续经营与会计分期确立了会计核算的时间长度，而货币计量则为会计核算提供了必要手段。没有会计主体，就不会有持续经营；没有持续经营，就不会有会计分期；没有货币计量，就不会有现代会计。

三、会计基础

企业会计的确认、计量和报告应当以权责发生制为基础。

权责发生制又称为应收应付制。它是以本会计期间发生的费用和收入是否应计入本期损益为标准，处理有关经济业务的一种制度。企业应当以权责发生制为基础进行会计确认、计量和报告。采用这种方法，凡是当期已经实现的收入和已经发生或应当负担的费用，不论款项是否收付，都应当作为当期的收入和费用，计入利润表；凡不属于当期的收入和费用，即使款项已于在当期收付，也不应当作为当期的收入和费用。

收付实现制又称实收实付制。它是以款项的实际收付为标准来确定本期收入和费用的一种技术处理方法。采用这种方法，凡当期收到的收入和支付的费用，不论是否归属本期，都作为本期的收入和费用处理；凡本期未收到的收入和未支付的费用，不论是否归属本期，均不作为本期的收入和费用处理，由于款项的收付实际上以现金收付为准，所以一般称为现金制或实收实付制。

任务二　企业会计要素及其确认条件

企业会计要素按照其性质分为资产、负债、所有者权益、收入、费用和利润，其中，资产、负债和所有者权益要素侧重于反映企业的财务状况，收入、费用和利润要素侧重于反映企业的经营成果。会计要素的界定和分类可以使财务会计系统更加科学严密，为投资者等财务报告使用者提供更加有用的信息。

一、资产及其确认条件

资产是指企业过去的交易或者事项形成的、由企业拥有或者控制的、预期会给企业带来经济利益的资源。过去的交易或者事项包括购买、生产、建造行为或者其他交易或事项。预期在未来发生的交易或者事项不形成资产。由企业拥有或者控制，是指企业享有某项资源的所有权，或者虽然不享有某项资源的所有权，但该资源能被企业所控制。预期会给企业带来经济利益，是指资产直接或者间接导致现金和现金等价物流入企业的潜力。这种潜力可以来自企业日常的生产经营活动，也可以是非日常活动；带来的经济利益可以是现金或者现金等价物形式，也可以是能转化为现金或者现金等价物的形式，或者是可以减少现金或者现金等价物流出的形式。

将一项资源确认为资产，需要符合资产的定义，同时还应满足以下两个条件：

（1）与该资源有关的经济利益很可能流入企业；

（2）该资源的成本或者价值能够可靠地计量。

二、负债及其确认条件

负债是指企业过去的交易或者事项形成的，预期会导致经济利益流出企业的现时义务。现时义务是指企业在现行条件下已承担的义务。未来发生的交易或者事项形成的义务，不属于现时义务，不应当确认为负债。这里所指的义务可以是法定义务，也可以是推定义务。其中法定义务是指具有约束力的合同或者法律法规规定的义务，通常必须依法执行。推定义务是指根据企业多年来的习惯做法、公开的承诺或者公开宣布的政策而导致企业将承担的责任，这些责任也使有关各方形成了企业将履行义务解脱责任的合理预期。

将一项现时义务确认为负债，需要符合负债的定义，同时还应当满足以下两个条件：

（1）与该义务有关的经济利益很可能流出企业；

（2）未来流出的经济利益的金额能够可靠地计量。

三、所有者权益及其确认条件

所有者权益是指企业资产扣除负债后，由所有者享有的剩余权益。公司的所有者权益又称为股东权益。所有者权益是所有者对企业资产的剩余索取权，它是企业资产中扣除债权人权益后应由所有者享有的部分，既可反映所有者投入资本的保值增值情况，又体现了保护债权人权益的理念。

所有者权益的来源包括所有者投入的资本、直接计入所有者权益的利得和损失、留存收益等，通常由实收资本（或股本）、资本公积（含资本溢价或股本溢价、其他资本公积）、其他综合收益、盈余公积和未分配利润等构成。直接计入所有者权益的利得和损失，是指不应计入当期损益、会导致所有者权益发生增减变动的、与所有者投入资或者向所有者分配利润无关的利得或者损失。利得是指由企业非日常活动所形成的、会导致所有者权益增加的、与所有者投入资本无关的经济利益的流入。损失是指由企业非日常活动所发生的、会导致所有者权益减少的、与向所有者分配利润无关的经济利益的流出。

所有者权益的确认主要依赖于其他会计要素，尤其是资产和负债的确认；所有者权益金额的确定也主要取决于资产和负债的计量。

四、收入及其确认条件

收入是指企业在日常活动中形成的、会导致所有者权益增加的、与所有者投入资本无关的经济利益的总流入。其中，日常活动是指企业为完成其经营目标所从事的经常性活动以及与之相关的活动。例如，工业企业制造并销售产品、商业企业销售商品、咨询公司提供咨询服务、软件企业为客户开发软件、安装公司提供安装服务、建筑企业提供建造服务、租赁公司出租资产等，均属于企业的日常活动。

企业收入的来源渠道多种多样，不同收入来源的特征有所不同，如销售商品、提供劳务、让渡资产使用权等。对于企业销售商品、提供劳务等取得的收入，企业应当在履行了合同中的履约义务，即在客户取得相关商品或服务控制权时确认收入。对于企业让渡资金使用权取得的收入，如利息收入，企业应当在资产负债表日，按照他人使用本企业货币资金的时间和实际利率计算确定利息收入金额。

五、费用及其确认条件

费用是指企业在日常活动中发生的、会导致所有者权益减少的、与向所有者分配利润无关的经济利益的总流出。

费用的确认应同时符合以下条件：

（1）与费用相关的经济利益应当很可能流出企业；

（2）经济利益流出企业的结果会导致资产的减少或者负债的增加；

（3）经济利益的流出额能够可靠计量。

六、利润及其确认条件

利润是指企业在一定会计期间的经营成果。通常情况下，如果企业实现了利润，表明企业的所有者权益将增加，业绩得到了提升；如果企业发生了亏损（即利润为负数），表明企业的所有者权益将减少，业绩下滑了。利润往往是评价企业管理层业绩的一项重要指标，也是投资者等财务报告使用者进行决策时的重要参考。

利润包括收入减去费用后的净额、直接计入当期利润的利得和损失等。其中收入减去费用后的净额反映的是企业日常活动的经营业绩，直接计入当期利润的利得和损失反映的是企业非日常活动的业绩。直接计入当期利润的利得和损失，是指应当计入当期损益、最终会引起所有者权益发生增减变动的、与所有者投入资本或者向所有者分配利润无关的利得或者损失。企业应当严格区分收入和利得、费用和损失之间的区别，以更加全面地反映企业的经营业绩。

利润反映的是收入减去费用、利得减去损失后的净额，因此，利润的确认主要依赖于收入和费用以及利得和损失的确认，其金额的确定也主要取决于收入、费用、利得、损失金额的计量。

任务三　会计要素计量属性

会计计量是为了将符合确认条件的会计要素登记入账并列报于财务报表而确定其金额的过程。企业应当按照规定的会计计量属性进行计量，确定相关金额。从会计角度，计量属性反映的是会计要素金额的确定基础，主要包括历史成本、重置成本、可变现净值、现值、公允价值等。

一、历史成本

历史成本又称为实际成本，是指取得或制造某项财产物资时所实际支付的现金或其他等价物。在历史成本计量下，资产按照其购置时支付的现金或者现金等价物的金额，或者按照购置资产时所付出的对价的公允价值计量。负债按照其因承担现时义务而实际收到的款项或者资产的金额，或者承担现时义务的合同金额，或者按照日常活动中为偿还负债预期需要支付的现金或者现金等价物的金额计量。

二、重置成本

重置成本又称为现行成本，是指按照当前市场条件，重新取得同样一项资产所需支付的现金或现金等价物金额。在重置成本计量下，资产按照现在购买相同或者相似资产所需支付的现金或者现金等价物的金额计量。负债按照现在偿付该项债务所需支付的现金或现金等价物金额计量。在实务中，重置成本多应用于盘盈固定资产的计量等。

三、可变现净值

可变现净值，是指在正常生产经营过程中，以预计售价减去进一步加工成本和销售费用所必需的预计税金费用后的净值。在可变现净值计量下，资产按照其正常对外销售所能收到现金或者现金等价物的金额扣减该资产至完工时估计将要发生的成本、估计的销售费用以及相关税金后的金额计量。可变现净值通常应用于存货资产减值情况下的后续计量。

四、现值

现值是指对未来现金流量以恰当的折现率进行折现后的价值，是考虑货币时间价值的一种计量属性。在现值计量下，资产按照预计从其持续使用和最终处置中所取得的未来净现金流入量的折现金额计量。负债按照预计期限内需要偿还的未来净现金流出量的折现金额计量。

五、公允价值

公允价值，是指在公平交易中，熟悉情况的交易双方自愿进行资产交换或者债务清偿的金额。在公允价值计量下，资产和负债按照在公平交易中，熟悉情况的交易双方自愿进行资产交换或者债务清偿的金额计量。

任务四　会计信息质量要求

会计信息质量要求包括可靠性、相关性、可理解性、可比性、实质重于形式、重要性、谨慎性和及时性等。

（一）可靠性

企业应当以实际发生的交易或者事项为依据进行会计确认、计量和报告，如实反映符合确认和计量要求的各项会计要素及其他相关信息，保证会计信息真实可靠、内容完整。

（二）相关性

企业提供的会计信息应当与财务会计报告使用者的经济决策需要相关，有助于财务会计报告使用者对企业过去、现在或者未来的情况作出评价或者预测。

（三）可理解性

企业提供的会计信息应当清晰明了，便于财务会计报告使用者理解和使用。

（四）可比性

可比性要求企业提供的会计信息应当具有可比性，这主要包括两层含义：

（1）同一企业不同时期可比。要求同一企业不同期间发生的相同或者相似的交易或者事项，应当采用一致的会计政策，不得随意变更。确需变更的，应当在附注中说明。

（2）不同企业相同会计期间可比。要求不同企业同一会计期间发生的相同或者相似的交易或者事项，应当采用规定的会计政策，确保会计信息口径一致、相互可比。

（五）实质重于形式

企业应当按照交易或者事项的经济实质进行会计确认、计量和报告，不应仅以交易或者事项的法律形式为依据。如果企业仅仅以交易或者事项的法律形式为依据进行会计确认、计量和报告，那么就容易导致会计信息失真，无法如实反映经济现实和实际情况。

在实务中，交易或者事项的法律形式并不总能完全真实地反映其实质内容。所以，会计信息要想反映其交易或事项，就必须根据交易或事项的实质和经济现实来进行判断，而不能仅仅根据它们的法律形式。

（六）重要性

企业提供的会计信息应当反映与企业财务状况、经营成果和现金流量等有关的所有重要交易或者事项。

重要性的应用需要依赖职业判断，企业应当根据其所处环境和实际情况，从项目的性质和金额大小两方面加以判断。

（七）谨慎性

企业对交易或者事项进行会计确认、计量和报告应当保持应有的谨慎，不应高估资产或者收益、低估负债或者费用。

在市场经济环境下，企业的生产经营活动面临着许多风险和不确定性。例如应收款项的可收回性、固定资产的使用寿命、无形资产的使用寿命、售出存货可能发生的退货或者返修等。企业面临不确定性因素的情况下作出职业判断时，保持应有的谨慎，充分估计到各种风险和损失，既不高估资产或者收益、也不低估负债或者费用。

但是，谨慎性的应用并不允许企业设置秘密准备，如果企业故意低估资产或者收益，或者故意高估负债或者费用，将不符合会计信息的可靠性和相关性要求，损害会计信息质量，扭曲企业实际的财务状况和经营成果，从而对使用者的决策产生误导，这是会计准则所不允许的。

（八）及时性

企业对于已经发生的交易或者事项，应当及时进行会计确认、计量和报告，不得提前或者延后。

会计信息的价值在于帮助使用者作出经济决策，因此具有时效性。即使是可靠、相关的会计信息，如果不及时提供，也就失去了时效性，对于使用者的效用就大大降低，甚至不再具有任何意义。

在会计确认、计量和报告过程中贯彻及时性，一是要求及时收集会计信息；二是要求及时处理会计信息；三是要求及时传递会计信息。

任务五　会计职业道德概述

一、会计人员从事会计工作的基本要求

（一）会计人员的范围

根据《中华人民共和国会计法》（以下简称《会计法》）的规定，会计人员，是指在国家机关、社会团体、企业、事业单位和其他组织（以下统称“单位”）中从事会计核算、实行会计监督等会计工作的人员。

会计人员包括从事下列具体会计工作的人员：①出纳；②稽核；③资产、负债和所有者权益（净资产）的核算；④收入、费用（支出）的核算；⑤财务成果（政府预算执行结果）的核算；⑥财务会计报告（决算报告）编制；⑦会计监督；⑧会计机构内会计档案管理；⑨其他会计工作。

担任单位会计机构负责人（会计主管人员）、总会计师的人员，属于会计人员。

（二）会计人员从事会计工作应当符合的基本要求

会计人员从事会计工作，一般应当符合下列要求：

（1）遵守《会计法》和国家统一的会计制度等法律法规；

（2）具备良好的职业道德；

（3）按照国家有关规定参加继续教育；

（4）具备从事会计工作所需要的专业能力。

会计人员具有会计类专业知识，基本掌握会计基础知识和业务技能，能够独立处理基本会计业务，表明具备从事会计工作所需要的专业能力。

（三）会计机构负责人（会计主管人员）和总会计师应当具备的基本条件

会计机构负责人（会计主管人员）应当具备下列基本条件：

（1）坚持原则，廉洁奉公；

（2）具备会计师以上专业技术职务资格或者从事会计工作不少于3年；

（3）熟悉国家财经法律、法规、规章和方针、政策，掌握本行业业务管理的有关知识；

（4）有较强的组织能力；

（5）身体状况能够适应本职工作的要求。

大中型企业和事业单位，业务主管部门应当根据法律和国家有关规定设置总会计师。总会计师行使《中华人民共和国总会计师条例》（以下简称《总会计师条例》）规定的职责、权限。总会计师的任命（聘任）、免职（解聘）依照《总会计师条例》和有关法律的规定办理。

（四）会计人员任用（聘用）管理相关规定

单位负责人对本单位的会计工作和会计资料的真实性、完整性负责。单位应当根据《会计法》等法律法规规定，结合会计工作需要，自主任用（聘用）会计人员。单位任用（聘用）的会计机构负责人（会计主管人员）、总会计师，应当符合《会计法》《总会计师条例》等法律法规和有关规定。单位应当对任用（聘用）的会计人员及其从业行为加强监督和管理。单位应当根据有关法律法规、内部控制制度要求和会计业务需要设置会计岗位，明确会计人员职责权限。

因发生与会计职务有关的违法行为被依法追究刑事责任的人员，单位不得任用（聘用）其从事会计工作。因违反《会计法》有关规定受到行政处罚五年内不得从事会计工作的人员，处罚期届满前，单位不得任用（聘用）其从事会计工作。

县级以上地方人民政府财政部门、新疆生产建设兵团财政局、中央军委后勤保障部、中共中央直属机关事务管理局、国家机关事务管理局应当采用随机抽取检查对象、随机选派执法检查人员的方式，依法对单位任用（聘用）会计人员及其从业情况进行管理和监督检查，并将监督检查情况及结果及时向社会公开。

依法成立的会计人员自律组织，应当依据有关法律法规和其章程规定，指导督促会计人员依法从事会计工作，对违反有关法律法规、会计职业道德和其章程的会员进行惩戒。

二、会计人员职业道德规范

会计人员承担着生成和提供会计信息、维护国家财经纪律和经济秩序的重要职责。会计人员职业道德直接影响会计工作和会计信息质量。

党的十八大以来，党中央、国务院部署加快社会信用体系建设、构筑诚实守信的经济社会环境，将会计人员作为职业信用建设的重点人群，要求引导职业道德建设与行为规范。为贯彻落实党中央、国务院关于加强社会信用体系建设的决策部署，推进会计诚信体系建设，提高会计人员职业道德水平，根据《会计法》《会计基础工作规范》，财政部于2023年1月12日制定印发了《会计人员职业道德规范》（以下简称《规范》）。这是我国首次制定全国性的会计人员职业道德规范。《规范》将新时代会计人员职业道德要求总结提炼为三条核心表述，即“坚持诚信，守法奉公”“坚持准则，守责敬业”“坚持学习，守正创新”（以下简称“三坚三守”）。具体内容如下：

（1）坚持诚信，守法奉公。要求会计人员牢固树立诚信理念，以诚立身、以信立业。严于律己、心存敬畏；学法、知法、守法，公私分明、克己奉公，树立良好职业形象，维护会计行业声誉。

（2）坚持准则，守责敬业。要求会计人员严格执行准则制度，保证会计信息真实完整；勤勉尽责、爱岗敬业，忠于职守、敢于斗争，自觉抵制会计造假行为，维护国家财经纪律和经济秩序。

（3）坚持学习，守正创新。要求会计人员始终秉持专业精神，勤于学习、锐意进取，持续提升会计专业能力；不断适应新形势新要求，与时俱进、开拓创新，努力推动会计事业高质量发展。

《规范》提出“三坚三守”，强调会计人员“坚”和“守”的职业特性和价值追求，是对会计人员职业道德要求的集中表达。第一条“坚持诚信，守法奉公”是对会计人员的自律要求；第二条“坚持准则，守责敬业”是对会计人员的履职要求；第三条“坚持学习，守正创新”是对会计人员的发展要求。加强会计人员职业道德建设，对长期以来会计职业活动实践中形成的职业道德要求进行总结提炼和大力宣传，引导会计人员形成正确的价值追求和行为规范，对于提高会计工作水平和会计信息质量，加强社会信用体系建设，推动经济社会高质量发展具有重要意义。

课程思政

通过话题讨论——“谈谈会计职业道德的重要性”，强调会计职业道德在会计工作中的核心地位。让学生明白，作为会计人员，必须遵守职业道德规范，保持诚信、公正、客观的职业态度。

任务六　会计法规制度体系概述

一、会计法规制度体系的构成

会计法规制度是指国家权力机关和行政机关制定的，用以调整会计关系的各种法律、法规、规章和规范性文件的总称。目前，我国已经形成了以《会计法》为主体，由会计法律、会计行政法规、会计部门规章和规范性文件有机构成的会计法规制度体系。

（一）会计法律

会计法律是指由全国人民代表大会及其常务委员会经过一定立法程序制定的有关会计工作的法律，属于会计法律制度中层次最高的法律规范，是制定其他会计法规的依据，也是指导会计工作的最高准则。会计法律主要包括《会计法》和《中华人民共和国注册会计师法》。

会计领域最基本的法律是《会计法》，该法于 1985 年 1 月 21 日第六届全国人民代表大会常务委员会第九次会议通过、1993 年 12 月 29 日第八届全国人民代表大会常务委员会第五次会议第一次修正、1999 年 10 月 31 日第九届全国人民代表大会常务委员会第十二次会议修订，2017 年 11 月 4 日第十二届全国人民代表大会常务委员会第三十次会议第二次修正，其立法宗旨是为了规范会计行为；保证会计资料真实、完整，加强经济管理和财务管理，提高经济效益，维护社会主义市场经济秩序。2024 年 6 月 28 日，第十四届全国人大常委会第十次会议表决通过关于修改会计法的决定，自 2024 年 7 月 1 日起施行。此次会计法的修改，保持现行基本制度不变，重点解决会计工作中的突出问题，进一步加强财会监督，加大对会计违法行为的处罚力度，切实提高会计信息质量，更好维护社会公共利益。

（二）会计行政法规

会计行政法规是指由国务院制定并发布，或者国务院有关部门拟定并经国务院批准发布，调整经济生活中某些方面会计关系的法律规范。会计行政法规主要包括 1990 年 12 月 31 日国务院发布、2011 年 1 月 8 日国务院修正的《总会计师条例》，2000 年 6 月 21 日国务院发布的《企业财务会计报告条例》。

（三）会计部门规章

会计部门规章由国家主管会计工作的行政部门即财政部根据法律和国务院的行政法规、决定、命令制定的、调整会计工作中某些方面内容的法律规范，通常以部令的形式公布。会计部门规章主要包括 1996 年 6 月 17 日财政部发布、2019 年 3 月 14 日修订的《会计基础工作规范》，2006 年 2 月 15 日财政部发布、2014 年 7 月 23 日修订的《企业会计准则——基本准则》，2015 年 10 月 23 日财政部发布的《政府会计准则——基本准则》，2018 年 12 月 6 日财政部发布的《会计人员管理办法》，2015 年 12 月 11 日财政部、国家档案局第二次修订发布的《会计档案管理办法》，2016 年 2 月 16 日财政部发布、2019 年 3 月 14 日修订的《代理记账管理办法》，2018 年 5 月 19 日财政部、人力资源社会保障部发布的《会计专业技术人员继续教育规定》等。

（四）会计规范性文件

会计规范性文件是除会计行政法规以及部门规章外，由国务院财政部门依照法定权限、程序制定并公开发布，涉及公民、法人和其他组织权利义务，具有普遍约束力，在一定期限内反复适用的公文。会计规范性文件主要涉及会计核算、会计监督、会计机构和会计人员以及会计工作管理等内容。关于会计核算的规范性文件主要包括企业会计准则制度、政府及非营利组织会计准则制度等。

此外，省、自治区、直辖市人民代表大会或常务委员会在同宪法、会计法律、行政法规和国家统一的会计制度不相抵触的前提下，根据本地区情况制定发布一些地方性会计法规，如《内蒙古自治区会计条例》《陕西省会计管理条例》《山东省实施〈中华人民共和国会计法〉办法》等。

二、国家统一的会计制度体系概述

根据《会计法》的规定，国家实行统一的会计制度。国家统一的会计制度由国务院财政部门根据《会计法》制定并公布。国家统一的会计制度是指国务院财政部门根据《会计法》制定的关于会计核算、会计监督、会计机构和会计人员以及会计工作管理的制度。国家统一的会计制度尤其是规范会计核算的准则制度，是生成和提供口径一致、相互可比会计信息的重要标准，是投资者、债权人、社会公众、政府部门等运用会计信息进行投资决策、宏观调控等的重要依据。

由于会计主体不同，我国统一的会计核算制度体系主要包括企业会计准则制度、政府及非营利组织会计准则制度和基金（资金）类会计制度、农村集体经济组织会计制度等。

（一）企业会计准则制度

1. 企业会计准则体系

企业会计准则主要适用于上市公司、金融机构及大中型国有企业等。我国企业会计准则体系自 2006 年正式发布以来，财政部在坚持国际趋同和服务国内实践基础上，形成了由基本准则、具体准则、准则解释等构成的基本制度安排。其中，基本准则在企业会计准则体系中起统驭作用，是具体准则制定的依据，主要规范财务会计报告（又称

"财务报告"，下同）目标，会计基本假设、会计基础、会计信息质量要求、会计要素的定义及确认、计量原则、财务报告等内容；具体准则规范企业各项具体业务事项的确认、计量和报告；准则解释对具体准则实施过程出现的问题、具体准则条款规定不清楚或尚未规定的问题进行补充规范。

目前，我国企业会计准则体系主要包括1项基本准则、42项具体准则和17项企业会计准则解释等。此外，《企业会计准则——应用指南》（财会（2006〕18号）中仍然有效的具体准则应用指南也属于企业会计准则体系的有机组成内容。

2. 小企业会计准则

小企业会计准则主要适用于符合《中小企业划型标准规定》（工信部联企业〔2011〕300号）所规定的小型企业标准的企业，但以下三类小企业除外：①股票或债券在市场上公开交易的小企业；②金融机构或其他具有金融性质的小企业；③企业集体内的母公司和子公司。

3. 企业会计制度

企业会计制度适用于执行企业会计准则、小企业会计准则的企业以外的其他企业。

（二）政府及非营利组织会计准则制度

1. 政府会计准则制度体系

我国的政府会计准则制度主要由基本准则、具体准则及应用指南、会计制度、会计准则制度解释等组成。政府会计准则制度体系适用于政府会计主体。政府会计主体主要包括各级政府、各部门、各单位。各部门、各单位是指与本级政府财政部门直接或者间接发生预算拨款关系的国家机关、军队、政党组织、社会团体、事业单位和其他单位。军队、已纳入企业财务管理体系的单位和执行《民间非营利组织会计制度》的社会团体，其会计核算不适用政府会计准则制度体系。

基本准则在政府会计准则制度体系中居于统驭地位，主要用于规范政府会计目标、政府会计主体、政府会计信息质量要求、政府会计核算基础，以及政府会计要素定义、确认和计量原则、列报要求等基本问题。2015年10月，财政部印发了《政府会计准则——基本准则》。

具体准则依据《政府会计准则——基本准则》制定，主要规范政府会计主体发生的经济业务或事项的会计处理原则。2016年以来，财政部相继印发了存货、投资、固定资产、无形资产、公共基础设施，政府储备物资、会计调整、负债、财务报表编制和列报、文物资源等11项政府会计具体准则。应用指南是对具体准则的实际应用提供操作性规定，如《〈政府会计准则第3号——固定资产〉应用指南》。

政府会计制度依据《政府会计准则——基本准则》制定，主要规定政府会计科目及账务处理、报表体系及编制说明等，与政府会计具体准则相互补充。政府会计制度主要由财政总会计制度和政府单位会计制度组成。财政部于2017年制定并发布了《政府会计制度——行政事业单位会计科目和报表》（以下简称《政府单位会计制度》），2018年制定并发布了高等学校、医院、科学事业单位等7个特殊行业事业单位执行《政府单会计制度》的补充规定，这些补充规定构成《政府单位会计制度》的有机组成部分。2022年财政部修订并发布了《财政总会计制度》。此外，2019年以来财政部相继印发了《事业单位成本核算基本指引》和公立医院、高等学校、科学事业单位3项成本核算具体指引，这些成本核算指引也属于政府会计制度的组成内容。

政府会计准则制度解释是为了确保政府会计准则制度全面有效实施而对政府会计准则和政府会计制度的有关内容做进一步说明。2019年以来，财政部相继印发了7项政府会计准则制度解释。

2. 非营利组织会计制度

目前，我国的非营利组织会计制度主要包括《民间非营利组织会计制度》（财会〔2004〕7号）和《工会会计制度》（财会〔2021〕7号）。

《民间非营利组织会计制度》适用于在我国境内依法设立的符合该制度规定特征的民间非营利组织。民间非营利组织包括依照国家法律、行政法规登记的社会团体、基金会、民办非企业单位和寺院、宫观、清真寺、教堂等。适用该制度的民间非营利组织应当同时具备以下特征：①该组织不以营利为宗旨和目的；②资源提供者向该组织投入资源不取得经济回报；③资源提供者不享有该组织的所有权。财政部于2020年印发了《〈民间非营利组织会计制度〉若干问题的解释》，对民间非营利组织有关经济业务或事项的会计处理作了进一步明确。

《工会会计制度》适用于各级工会，包括基层工会及县级以上（含县级）工会。工会所属事业单位应当执行政府会计准则制度，工会所属企业应当执行企业会计准则制度，挂靠工会管理的社会团体应当按规定执行《民间非营利组织会计制度》。

（三）其他会计制度

1. 基金（资金）类会计制度

基金（资金）类会计制度主要包括《住房公积金会计核算办法》（财会字〔1999〕33号）、《土地储备资金会计核算办法（试行）》（财会〔2008〕10号）、《社会保险基金会计制度》（财会〔2017〕28号）、《住宅专项维修资金会计核算办法》（财会〔2020〕7号）、《机关事业单位职业年金基金相关业务会计处理规定》（财会〔2021〕19号）、《道路交通事故社会救助基金会计核算办法》（财会〔2022〕15号）等。

与企业、政府和非营利组织会计准则制度不同的是，基金（资金）类会计制度要求以某项基金或资金作为独立的会计主体进行核算，核算基础一般采用收付实现制。

2. 农村集体经济组织和农民专业合作社会计制度

《农村集体经济组织会计制度》（财会〔2023〕14号）适用于在我国境内依法设立的农村集体经济组织，包括乡镇级集体经济组织、村级集体经济组织、组级集体经济组织。依法代行农村集体经济组织职能的村民委员会、村民小组参照执行本制度。

《农民专业合作社会计制度》（财会〔2021〕37 号）适用于依照《中华人民共和国农民专业合作社法》设立，并取得法人资格的农民专业合作社和农民专业合作社联合社。

◇ 本项目工作小结

总论主要阐述了企业会计的理本理论与基本方法，通过本章学习，学生应掌握会计的目标、会计基础、会计假设、会计要素、会计信息质量要求及会计准则的内容。

◇ 任务实战

20×3 年 9 月 2 日，中国证监会网站登出对某会计师事务所（特殊的普通合伙企业，以下简称“某所”）以及刘某、王某某两名注册会计师处罚的文件。其主要内容是：

（1）××股份披露的 20×0 年年度报告虚增营业收入 271 426 472. 23 元，虚减费用 7 662 975. 74 元，虚增利润总额 279 089 447. 97 元，占合并利润表当期披露利润总额的 344. 78%；20×1 年年度报告虚增营业收入 338 220 675. 31 元，虚减费用 12 090 603. 80 元，虚增利润总额 350 311 279. 11 元，占合并利润表当期披露利润总额的 208. 13%。

（2）某所在对××股份 20×0 年、20×1 年年度财务报表进行审计时，未勤勉尽责，出具存在虚假记载的审计报告。

证监会责令某所改正，没收某所业务收入 1 600 000 元，并处以 3 200 000 元的罚款。

结合案例，请思考：

（1）具备了专业能力（取得了注册会计师执业资格），就意味着具有良好的职业道德吗？

（2）结合自己的认知，请你谈谈应从哪些方面自觉培养会计人员的职业道德。

◇ 知识巩固

习题　　　　习题答案解析

项目二

投资性房地产核算业务

◇ 学习目标

知识目标

- 理解投资性房地产的概念及基本特征。
- 掌握投资性房地产的范围及确认条件。
- 掌握投资性房地产的初始计量、后续计量、转换及处置的核算原则。

技能目标

- 能够正确辨别投资性房地产核算业务。
- 能够正确核算投资性房地产的初始计量、后续计量、转换及处置。
- 能够对投资性房地产相关业务进行正确的账务处理。

素质目标

● 职业道德：遵守职业道德规范，保持诚信、公正的职业操守，维护企业的利益和声誉。

● 风险意识：具备强烈的风险意识，能够敏锐地识别和评估投资性房地产可能带来的潜在风险，并采取相应的防范措施。

● 谨慎态度：在处理投资性房地产时保持谨慎、客观的态度，遵循会计准则和规定，确保财务信息的真实性和可靠性。

● 持续学习：具备持续学习的意识和能力，关注投资性房地产相关的最新法规、准则和案例，不断提升自己的专业水平和综合素质。

◇ 思维导图

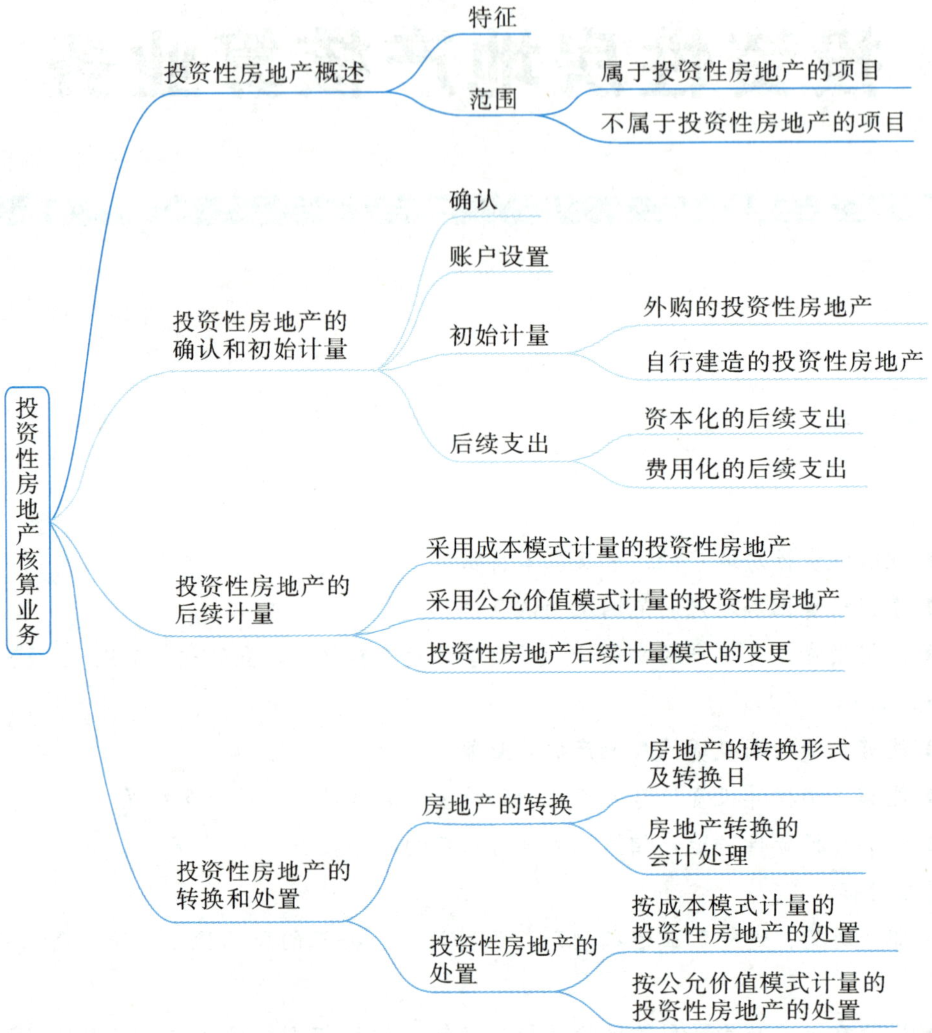

图 2-1　投资性房地产核算业务思维导图

◇ 学习任务

任务一 投资性房地产概述

房地产是土地和房屋及其权属的总称。在我国，土地归国家或集体所有，企业只能取得土地使用权。因此，房地产中的土地是指土地使用权。房屋是指土地上的房屋等建筑物及构建物。

投资性房地产，是指为赚取租金或资本增值，或两者兼有而持有的房地产，主要包括已出租的土地使用权、持有并准备增值后转让的土地使用权和已出租的建筑物。投资性房地产应当能够单独计量和出售。

一、投资性房地产的特征

（一）投资性房地产是一种经营性活动

投资性房地产的主要形式是出租建筑物、出租土地使用权，这实质上是一种让渡资产使用权的行为。房地产租金就是让渡资产使用权取得的使用费收入，是企业为完成其经营目标所从事的经营性活动以及与之相关的其他活动形成的经济利益总流入。投资性房地产的另一种形式是持有并准备增值后转让的土地使用权，尽管其增值收益通常与市场供求、经济发展等因素相关，但目的是增值后转让以赚取增值收益，也是企业为完成其经营目标所从事的经营性活动以及与之相关的其他活动形成的经济利益总流入。

（二）投资性房地产是一种持有特定目的和用途的资产

投资性房地产在用途、状态、目的等方面区别于作为生产经营场所的房地产和用于销售的房地产。企业持有的房地产如果用于自身经营管理，应作为固定资产核算；如果用于对外销售，应作为存货核算；如果是用于赚取租金或增值收益，则应单独作为投资性房地产核算。

（三）投资性房地产有两种后续计量模式

企业一般应当采用成本模式对投资性房地产进行后续计量，只有在有确凿证据表明投资性房地产的公允价值能够持续可靠取得时，才可以采用公允价值模式计量。但是，同一企业只能采用一种计量模式对所有的投资性房地产进行后续计量，不得同时采用两种计量模式。

二、投资性房地产的范围

投资性房地产的范围限定为已出租的土地使用权、持有并准备增值后转让的土地使用权、已出租的建筑物。

（一）属于投资性房地产的项目

1. 已出租的土地使用权

已出租的土地使用权，是指企业通过出让或转让方式取得并以经营租赁方式出租的土地使用权。企业取得的土地使用权通常包括在一级市场上以交纳土地出让金的方式取得的土地使用权，也包括在二级市场上接受其他单位转让的土地使用权。对于以经营租赁方式租入土地使用权再转租给其他单位的，不能确认为投资性房地产。企业计划用于出租但尚未出租的土地使用权，不属于此类。

【实务 2-1】湖南振兴门业有限公司（以下简称“振兴门业公司”）与 B 公司签订了一项经营租赁合同，B 公司将其持有使用的一块土地出租给振兴门业公司，以赚取租金，为期 20 年。振兴门业公司又将这块土地转租给 C 公司，以赚取租金差价，为期 5 年。假设不违反国家有关规定。

本例中，对于振兴门业公司而言，这块土地属于以经营租赁方式租入后又转租的土地，振兴门业公司并不拥有其产权，因此不能将其确认为投资性房地产。对于 B 公司而言，自租赁期开始日起，这项土地使用权属于其投资性房地产。

2. 持有并准备增值后转让的土地使用权

持有并准备增值后转让的土地使用权，是指企业取得的、准备增值后转让的土地使用权。这类土地使用权很可能给企业带来资本增值收益，符合投资性房地产的定义。

企业依法取得土地使用权后，应当按照国有土地有偿使用合同或建设用地批准书规定的期限动工开发建设。未经原批准用地的人民政府同意，超过规定的期限未动工开发建设的建设用地属于闲置土地，按照国家有关规定认定的闲置土地，不属于持有并准备增值后转让的土地使用权。

3. 已出租的建筑物

已出租的建筑物，是指企业拥有产权并以经营租赁方式出租的建筑物。包括自行建造或开发活动完成后用于出租的建筑物。企业在判断和确认已出租的建筑物时，应当把握以下要点：

（1）用于出租的建筑物是指企业拥有产权的建筑物。企业经营租赁方式租入再转租的建筑物不属于投资性房地产。

【实务 2-2】振兴门业公司与 B 企业签订了一项经营租赁合同，B 企业将其持有产权的一栋办公楼出租给振兴门业公司，为期 6 年，振兴门业公司一开始将该办公楼改装后用于自行经营餐馆。3 年后，由于连续亏损，振兴门业公司将餐馆转租给 C 企业，以赚取租金差价。

本例中，对于振兴门业公司而言，这栋办公楼属于以经营租赁方式租入后又转租的建筑物，振兴门业公司没有这栋办公楼的产权，因此不能将其确认为投资性房地产。

B 企业拥有这办公楼的产权并以经营租赁方式对外出租，可以将其确认为投资性房地产。

（2）已出租的建筑物是企业已经与其他方签订了租赁协议，约定以经营租赁方式出租的建筑物。自租赁协议规定的租赁期开始日起，经营租出的建筑物才属于已出租的建筑物。企业计划用于出租但尚未出租的建筑物，不属于已出租的建筑物。

【实务 2–3】振兴门业公司在当地房地产交易中心通过竞拍取得一块土地的使用权。振兴门业公司按照合同规定对这块土地进行了开发，并在这块土地上建造了一栋商场，拟用于整体出租，但尚未找到合适的承租人。

本例中，这栋商场不属于投资性房地产。直到振兴门业公司与承租人签订经营租赁合同，自租赁期开始日起，这栋商场才能转换为投资性房地产，同时，相应的土地使用权（无形资产）也应当转换为投资性房地产。

（3）特殊情况

①空置建筑物只要企业管理当局（董事会或类似机构）做出正式书面决议，明确表明将其用于经营出租且持有意图短期内不再发生变化的，则视为投资性房地产。

②某项房地产，部分用于赚取租金或资本增值、部分用于生产商品、提供劳务或经营管理，能够单独计量和出售的，用于赚取租金或资本增值的部分，应当确认为投资性房地产；不能够单独计量和出售的、用于赚取租金或资本增值的部分，不确认为投资性房地产。

③企业将建筑物出租，按租赁协议向承租人提供的相关辅助服务在整个协议中不重大的，如企业将办公楼出租并向承租人提供保安、维修等辅助服务，应当将该建筑物确认为投资性房地产。

【实务 2–4】振兴门业公司在中关村购买了一栋写字楼，共 12 层。其中 1 层经营出租给某家大型超市，2~5 层经营出租给 B 企业，6~12 层经营出租给 C 企业。振兴门业公司同时为该写字楼提供保安、维修等日常辅助服务。

本例中，振兴门业公司将写字楼出租，同时提供的辅助服务不重大。对于振兴门业公司而言，这栋写字楼属于振兴门业公司的投资性房地产。

（二）不属于投资性房地产的项目

1. 自用房地产

自用房地产，即为生产商品、提供劳务或者经营管理而持有的房地产。例如，企业拥有自行经营的旅馆饭店，其经营目的主要是通过提供客房服务赚取服务收入，该旅馆饭店不确认为投资性房地产。

企业出租给本企业职工居住的宿舍，虽然也收取租金，但间接为企业自身的生产经营服务，因此具有自用房地产的性质，不属于投资性房地产。

2. 作为存货的房地产

作为存货的房地产通常是指房地产开发企业在正常经营过程中销售的或为销售而正在开发的商品房和土地。这部分房地产属于房地产开发企业的存货，其生产、销售构成企业的主营业务活动，产生的现金流量也与企业的其他资产密切相关。因此，具有存货性质的房地产不属于投资性房地产。

任务二　投资性房地产的确认和初始计量

一、投资性房地产的确认

将某个项目确认为投资性房地产，首先应当符合投资性房地产的概念，其次要同时满足投资性房地产的两个确认条件：

1. 与该资产相关的经济利益很可能流入企业；

2. 该投资性房地产的成本能够可靠地计量。

二、投资性房地产核算的账户设置

为了核算投资性房地产业务，企业应当设置“投资性房地产”“投资性房地产累计折旧（摊销）”“投资性房地产减值准备”等账户。

（一）“投资性房地产”账户

利用本账户核算投资性房地产可以采用成本模式计量也可以采用公允价值模式计量。

采用成本模式计量时，该账户借方登记外购、自行建造、内部转换等方式发生的投资性房地产的成本；贷方登记处置或转为自用的投资性房地产的成本；期末借方余额反映企业持有的投资性房地产的成本。

采用公允价值模式计量时，该账户核算的是其公允价值，同时还应当分别设置“成本”和“公允价值变动”两个明细账户。

（二）“投资性房地产累计折旧（摊销）”账户

本账户是“投资性房地产”账户的备抵账户，核算企业采用成本模式计量的投资性房地产的累计折旧或摊销。该账户核算比照“累计折旧”和“累计摊销”账户进行。

（三）“投资性房地产减值准备”账户

本账户是“投资性房地产”账户的调整账户，核算企业采用成本模式计量的投资性房地产的减值情况。该账户的核算比照“固定资产减值准备”“无形资产减值准备”账户进行。

（四）“公允价值变动损益”账户

本账户核算企业采用公允价值模式计量的投资性房地产因公允价值变动形成的价值变动应计入当期损益的利得或损失。

三、投资性房地产的初始计量

投资性房地产应当按照成本进行初始计量。

（一）外购的投资性房地产

对于企业外购的房地产，只有在购入房地产的同时开始对外出租（自租赁期开始日起，下同）或用于资本增值，才能称为外购的投资性房地产。外购投资性房地产的成本，包括购买价款、相关税费和可直接归属于该资产的其他支出。

企业购入房地产，自用一段时间之后再改为出租或用于资本增值的，应当先将外购的房地产确认为固定资产或无形资产，自租赁期开始日或用于资本增值之日开始，才能从固定资产或无形资产转换为投资性房地产。

（二）自行建造的投资性房地产

企业自行建造（或开发，下同）的房地产，只有在自行建造或开发活动完成（即达到预定可使用状态）的同时开始对外出租或用于资本增值，才能将自行建造的房地产确认为投资性房地产。自行建造投资性房地产的成本，由建造该项房地产达到预定可使用状态前发生的必要支出构成。

企业自行建造房地产达到预定可使用状态后一段时间才对外出租或用于资本增值的，应当先将自行建造的房地产确认为固定资产或无形资产，自租赁期开始日或用于资本增值之日开始，从固定资产或无形资产转换为投资性房地产。

四、与投资性房地产有关的后续支出

（一）资本化的后续支出

与投资性房地产有关的后续支出，满足投资性房地产确认条件的，应当计入投资性房地产成本。例如：企业为了提高投资性房地产的使用效能，往往需要对投资性房地产进行改建、扩建而使其更加坚固耐用，或者通过装修而改善其室内装潢，改扩建或装修支出满足确认条件的，应当将其资本化。企业对某项投资性房地产进行改扩建等再开发且将来仍作为投资性房地产的，在再开发期间应继续将其作为投资性房地产，不计提折旧或摊销。

采用成本模式计量的，投资性房地产进入改扩建或装修阶段后，应当将其账面价值转入改扩建工程。借记“投资性房地产——在建”“投资性房地产累计折旧”等科目，贷记“投资性房地产”科目。发生资本化的改良或装修支出，通过“投资性房地产——在建”科目归集，借记“投资性房地产——在建”科目，贷记“银行存款”“应付账款”等科目。改扩建或装修完成后，借记“投资性房地产”科目，贷记“投资性房地产——在建”科目。

采用公允价值模式计量的，投资性房地产进入改扩建或装修阶段，借记“投资性房地产——在建”科目，贷记“投资性房地产——成本”“投资性房地产——公允价值变动”等科目；在改扩建或装修完成后，借记“投资性房地产——成本”科目，贷记“投资性房地产——在建”科目。

企业对某项投资性房地产进行改扩建等再开发且将来仍作为投资性房地产的，再开发期间应继续将其作为投资性房地产，不计提折旧或摊销。

【实务 2-5】2024 年 9 月，振兴门业公司与乙公司的一项厂房经营租赁合同即将到期，该厂房原价为 50 000 000 元，已计提折旧 10 000 000 元。为了提高厂房的租金收入，振兴门业公司决定在租赁期满后对该厂房进行改扩建，并与丙公司签订了经营租赁合同，约定在改扩建完工时将该厂房出租给丙公司。2024 年 9 月 30 日，与乙公司的租赁合同到期，随即对该厂房进行改扩建，2024 年 12 月 31 日，该厂房改扩建工程结束，发生支出 5 000 000 元，均已支付，即日按照租赁合同出租给丙公司，假定振兴门业公司采用成本计量模式。

本例中，改扩建支出属于后续支出，假定符合投资性房地产确认条件，应当计入投资性房地产的成本。

振兴门业公司的账务处理如下：

（1）2024 年 9 月 30 日，投资性房地产转入改扩建工程

借：投资性房地产——厂房——在建　　40 000 000

　　投资性房地产累计折旧　　10 000 000

　贷：投资性房地产——厂房　　50 000 000

（2）2024 年 9 月 30 日至 2024 年 12 月 31 日，发生改扩建支出

借：投资性房地产——厂房——在建　　5 000 000

　贷：银行存款　　5 000 000

（3）2024 年 12 月 31 日，改扩建工程完工

借：投资性房地产——厂房　　45 000 000

　贷：投资性房地产——厂房——在建　　45 000 000

【实务 2-6】2024 年 9 月，振兴门业公司与乙公司的一项厂房经营租赁合同即将到期，为了提高厂房的租金收入，振兴门业公司决定在租赁期满后对该厂房进行改扩建，

并与丙公司签订了经营租赁合同，约定在改扩建完工时将该厂房出租给丙公司，2024年9月30日，与乙公司的租赁合同到期，该厂房随即进入改扩建工程。2024年9月30日，该厂房账面余额为20 000 000元，其中成本16 000 000元。累计公允价值变动4 000 000元，2024年12月31日该厂房改扩建工程完工，其发生支出3 000 000元，均已支付，即日按照租赁合同出租给丙公司，假定振兴门业公司采用公允价值计量模式。

振兴门业公司的账务处理如下：

（1）2024年9月30日，投资性房地产转入改扩建工程

借：投资性房地产——厂房——在建	20 000 000	
贷：投资性房地产——厂房——成本		16 000 000
——公允价值变动		4 000 000

（2）2024年9月30日至2024年12月31日，发生改建支出

借：投资性房地产——厂房——在建	3 000 000	
贷：银行存款		3 000 000

（3）2024年12月31日，改扩建工程完工

借：投资性房地产——厂房——成本	23 000 000	
贷：投资性房地产——厂房——在建		23 000 000

（二）费用化的后续支出

与投资性房地产有关的后续支出，不满足投资性房地产确认条件的，如企业对投资性房地产进行日常维护所发生的支出，应当在发生时计入当期损益，借记“其他业务成本”等科目，贷记“银行存款”等科目。

任务三　投资性房地产的后续计量

企业通常应当采用成本模式对投资性房地产进行后续计量，也可以采用公允价值模式对投资性房地产进行后续计量。但是，同一企业只能采用一种模式对所有投资性房地产进行后续计量，不得同时采用两种计量模式。

一、采用成本模式计量的投资性房地产

企业通常应当采用成本模式对投资性房地产进行后续计量。采用成本模式进行后续计量的投资性房地产，应当比照固定资产或无形资产的有关规定。

1. 外购投资性房地产或自行建造的投资性房地产达到预定可使用状态时，按照其实际成本，编制如下会计分录：

借：投资性房地产

　　应交税费——应交增值税（进项税额）

　贷：银行存款等

2. 按照固定资产或无形资产的有关规定，按期（月）计提折旧或进行摊销，借记“其他业务成本”等科目，贷记“投资性房地产累计折旧（摊销）”科目。

3. 取得的租金收入，借记“银行存款”等科目，贷记“其他业务收入”“应交税费——应交增值税（销项税额）”等科目。

4. 投资性房地产存在减值迹象的，应当适用资产减值的有关规定。经减值测试后确定发生减值的，应当计提减值准备，借记“资产减值损失”科目，贷记“投资性房地产减值准备”科目。如果已经计提减值准备的投资性房地产的价值又得以恢复，不得转回。

【实务 2-7】2024 年 9 月，振兴门业公司计划购入一栋写字楼用于对外出租。9 月 15 日，振兴门业公司与青山公司签订了经营租赁合同，约定自写字楼购买日起将这栋写字楼出租给青山公司，为期 5 年。10 月 31 日，振兴门业公司实际购入写字楼，增值税专用发票上注明购买价款 1 200 万元，增值税 108 万元，款项全部以银行存款支付。假设不考虑其他因素，振兴门业公司采用成本模式进行后续计量。

振兴门业公司的账务处理如下：

借：投资性房地产——写字楼	12 000 000	
应交税费——应交增值税（进项税额）	1 080 000	
贷：银行存款		13 080 000

【实务 2-8】承上例，假设该栋写字楼按照直线法计提折旧，使用寿命为 20 年，预计净残值为零。按照经营租赁合同约定，青山公司每月支付振兴门业公司含税租金 3.27 万元（租金 3 万元，增值税 0.27 万元）。2024 年 12 月，这栋办公楼发生减值迹象，经减值测试，可收回金额为 1 050 万元。

振兴门业公司的账务处理如下：

①计提折旧

每月计提折旧 1 200÷20÷12＝5（万元）

借：其他业务成本	50 000	
贷：投资性房地产累计折旧		50 000

②确认租金

借：银行存款（或其他应收款）	32 700	
贷：其他业务收入		30 000
应交税费——应交增值税（销项税额）		2 700

③2024 年 12 月 31 日计提减值准备

2024 年 11—12 月累计折旧额＝5×2＝10（万元）

计提减值准备前该写字楼的账面价值＝1 200－10＝1 190（万元）

应计提减值准备＝1 190－1 050＝140（万元）

借：资产减值损失　　　　1 400 000

　贷：投资性房地产减值准备　　　　1 400 000

二、采用公允价值模式计量的投资性房地产

1. 采用公允价值模式的前提条件

企业只有存在确凿证据表明投资性房地产的公允价值能够持续可靠取得，才可以采用公允价值模式对投资性房地产进行后续计量。企业一旦选择采用公允价值计量模式，就应当对其所有投资性房地产均采用公允价值模式进行后续计量。

采用公允价值模式进行后续计量的投资性房地产，应当同时满足下列条件：

（1）投资性房地产所在地有活跃的房地产交易市场。

所在地，通常是指投资性房地产所在的城市。对于大中型城市，应当为投资性房地产所在的城区。

（2）企业能够从活跃的房地产交易市场上取得同类或类似房地产的市场价格及其他相关信息，从而对投资性房地产的公允价值做出合理的估计。

同类或类似的房地产，对建筑物而言，是指所处地理位置和地理环境相同、性质相同、结构类型相同或相近、新旧程度相同或相近、可使用状况相同或相近的建筑物；对土地使用权而言，是指同一城区、同一位置区域、所处地理环境相同或相近、可使用状况相同或相近的土地。

2. 采用公允价值模式进行后续计量的会计处理

采用公允价值模式进行后续计量的投资性房地产，应当遵循以下会计处理：

（1）外购投资性房地产或自行建造的投资性房地产达到预定可使用状态时，按照其实际成本，借记“投资性房地产——成本”等科目，贷记“银行存款”“在建工程”等科目。

（2）不对投资性房地产计提折旧或摊销。企业应当以资产负债表日投资性房地产的公允价值为基础调整其账面价值，公允价值与原账面价值之间的差额计入当期损益。

资产负债表日，投资性房地产的公允价值高于其账面余额的差额，借记“投资性房地产——公允价值变动”科目，贷记“公允价值变动损益”科目；公允价值低于其账面余额的差额做相反的会计分录。

（3）投资性房地产取得的租金收入，确认为其他业务收入。借记“银行存款”等科目，贷记“其他业务收入”“应交税费——应交增值税（销项税额）”等科目。

【实务 2-9】振兴门业公司为兼营从事房地产经营开发的企业。2023 年 8 月，振兴门业公司与青华公司签订租赁协议，约定将振兴门业公司开发的一栋精装修的写字楼于开发完成的同时开始租赁给青华公司使用，租赁期为 10 年。2023 年 10 月 1 日，该写字

楼开发完成并开始起租，写字楼的造价为90 000 000元。由于该栋写字楼地处商业繁华区，所在城区有活跃的房地产交易市场，而且能够从房地产交易市场上取得同类房地产的市场报价，振兴门业公司决定采用公允价值模式对该项出租的房地产进行后续计量。2023年12月31日，该写字楼的公允价值为91 000 000元。2024年12月31日，该写字楼的公允价值为94 000 000元。

振兴门业公司的账务处理如下：

2023年10月1日，振兴门业公司开发完成写字楼并出租

借：投资性房地产——写字楼（成本）	90 000 000	
贷：开发产品		90 000 000

2023年12月31日，以公允价值为基础调整其账面价值，公允价值与原账面价值之间的差额计入当期损益

借：投资性房地产——写字楼（公允价值变动）	1 000 000	
贷：公允价值变动损益		1 000 000

2024年12月31日，公允价值又发生变动

借：投资性房地产——写字楼（公允价值变动）	3 000 000	
贷：公允价值变动损益		3 000 000

课程思政

通过话题讨论——“谈谈我们国家投资性房地产主要采用成本模式计量”，引导学生深入比较投资性房地产成本模式和公允价值模式计量的核算，关注现实问题，理解成本模式计量的可靠性、可控性及可比性，便于监督管理。而公允价值模式下取得公允价值的确凿证据相对困难，对会计职业判断的要求高，可能存在一定的企业自由裁量权，因此会计准则对采用公允价值模式的条件作了限制性规定，以便企业能更真实可靠地反映财务信息。

三、投资性房地产后续计量模式的变更

企业对投资性房地产的计量模式一经确定，不得随意变更。以成本模式转为公允价值模式的，应当作为会计政策变更处理，用计量模式变更时公允价值与账面价值的差额，调整期初留存收益（未分配利润）。

企业变更投资性房地产计量模式时，应当按照计量模式变更日投资性房地产的公允价值，借记“投资性房地产——成本”科目，按照已计提的折旧或摊销，借记“投资性房地产累计折旧（摊销）”科目，原已计提减值准备的，借记“投资性房地产减值准备”科目，按照原账面余额，贷记“投资性房地产”科目，按照公允价值与其账面价值之间的差额，贷记或借记“利润分配——未分配利润”“盈余公积”等科目。

已采用公允价值模式计量的投资性房地产，不得从公允价值模式转为成本模式。

【实务 2-10】振兴门业公司将某一栋写字楼租赁给乙公司使用，并一直采用成本模式进行后续计量。2024 年 9 月 1 日，振兴门业公司认为，出租给乙公司使用的写字楼，其所在地的房地产交易市场比较成熟，具备了采用公允价值模式计量的条件，决定将该项投资性房地产的核算方式由成本模式转换为公允价值模式计量。该写字楼的原造价为 90 000 000 元，已计提折旧 2 700 000 元，账面价值为 87 300 000 元。2024 年 9 月 1 日，该写字楼的公允价值为 95 000 000 元。假设振兴门业公司按净利润的 10% 计提盈余公积。

振兴门业公司的账务处理如下：

借：投资性房地产——写字楼（成本）	95 000 000	
投资性房地产累计折旧	2 700 000	
贷：投资性房地产——写字楼		90 000 000
利润分配——未分配利润		6 930 000
盈余公积		770 000

任务四　投资性房地产的转换和处置

一、房地产的转换

（一）房地产的转换形式及转换日

房地产的转换，实质上是因房地产用途发生改变而对房地产进行的重新分类。企业有确凿证据表明房地产用途发生改变，且满足下列条件之一的，应当将投资性房地产转换为其他资产或者将其他资产转换为投资性房地产：

1. 投资性房地产开始自用，即投资性房地产转为自用房地产。在此种情况下，转换日为房地产达到自用状态，企业开始将房地产用于生产商品、提供劳务或者经营管理的日期。

2. 作为存货的房地产改为出租。通常指房地产开发企业将其持有的开发产品以经营租赁的方式出租，存货相应地转换为投资性房地产。在此种情况下，转换日为房地产的租赁期开始日。租赁期开始日是指承租人有权行使其使用租赁资产权利的日期。

3. 自用建筑物或土地使用权停止自用，改为出租。即企业将原本用于生产商品、提供劳务或者经营管理的房地产改用于出租，固定资产或土地使用权相应地转换为投资性房地产。在此种情况下，转换日为租赁期开始日。

4. 自用土地使用权停止自用改用于资本增值。即企业将原本用于生产商品、提供劳务或者经营管理的土地使用权改用于资本增值，土地使用权相应地转换为投资性房地产。在此种情况下，转换日为自用土地使用权停止自用后确定用于资本增值的日期。

5. 房地产企业将用于经营出租的房地产重新开发用于对外销售，从投资性房地产转为存货。转换日为租赁届满、企业董事会或类似机构作出书面决议明确表明将其重新开发用于对外销售的日期。

（二）房地产转换的会计处理

1. 成本模式下的转换

（1）投资性房地产转为自用房产

企业将采用成本模式计量的投资性房地产转为自用房地产时，应当按该项投资性房地产在转换日的账面余额、累计折旧、减值准备等，分别转为“固定资产”或“累计折旧”“固定资产减值准备”等科目。按其账面余额，借记“固定资产”或“无形资产”科目，贷记“投资性房地产”科目；按已计提的折旧或摊销，借记“投资性房地产累计折旧（摊销）”科目，贷记“累计折旧”或“累计摊销”科目；原已计提减值准备的，借记“投资性房地产减值准备”科目，贷记“固定资产减值准备”或“无形资产减值准备”科目。

【实务 2-11】2024 年 8 月末，振兴门业公司将出租在外的 1 号厂房收回，9 月 1 日开始用于本企业的商品生产，该厂房相应由投资性房地产转换为自用房地产。该项房地产在转换前采用成本模式计量，截至 2024 年 8 月 31 日，账面价值为 37 650 000 元，其中，原价 50 000 000 元，累计已计提折旧 12 350 000 元。

振兴门业公司 2024 年 9 月 1 日的账务处理如下：

借：固定资产	50 000 000	
投资性房地产累计折旧	12 350 000	
贷：投资性房地产——1 号厂房		50 000 000
累计折旧		12 350 000

（2）投资性房地产转换为存货

企业将采用成本模式计量的投资性房地产转换为存货时，应当按照该项房地产在转换日的账面价值，借记“开发产品”科目，按照已计提的折旧或摊销，借记“投资性房地产累计折旧（摊销）”科目，原已计提减值准备的，借记“投资性房地产减值准备”科目，按其账面余额，贷记“投资性房地产”科目。

（3）自用房地产转换为投资性房地产

企业将自用土地使用权或建筑物转换为以成本模式计量的投资性房地产时，应当按该项土地使用权或建筑物在转换日的原价、累计折旧、减值准备等，分别转入“投资性房地产”“投资性房地产累计折旧（摊销）”“投资性房地产减值准备”科目。按其账面余额，借记“投资性房地产”科目，贷记“固定资产”或“无形资产”科目；按已计提的折旧或摊销，借记“累计折旧”或“累计摊销”科目，贷记“投资性房地产累计折旧（摊销）”科目；原已计提减值准备的，借记“固定资产减值准备”或“无形资产减值准备”科目，贷记“投资性房地产减值准备”科目。

【实务 2-12】振兴门业公司拥有一栋写字楼，用于本企业总部办公。2024 年 8 月 10 日，振兴门业公司与 B 企业签订了经营租赁协议，将这栋 2 号写字楼整体出租给B 企业使用，租赁期开始日为 2024 年 9 月 1 日，为期 5 年。2024 年 9 月 1 日，这栋办公楼的账面余额 450 000 000 元，已计提折旧 3 000 000 元。

假设振兴门业公司所在城市没有活跃的房地产交易市场。

振兴门业公司 2024 年 9 月 1 日的账务处理如下：

借：投资性房地产——2 号写字楼　　450 000 000
　　累计折旧　　3 000 000
　贷：固定资产　　450 000 000
　　　投资性房地产累计折旧　　3 000 000

（4）作为存货的房地产转换为投资性房地产

企业将作为存货的房地产转换为采用成本模式计量的投资性房地产时，应当按该项存货在转换日的账面价值，借记“投资性房地产”科目；原已计提跌价准备的，借记“存货跌价准备”科目，按其账面余额，贷记“开发产品”等科目。

【实务 2-13】振兴门业公司是兼营从事房地产开发业务的企业，2024 年 9 月 1 日，振兴门业公司与 B 企业签订租赁协议，将其开发的 1 号写字楼整体出租给 B 企业使用，租赁期开始日为 2024 年 9 月 1 日。2024 年 9 月 1 日，该写字楼的账面余额 450 000 000 元，未计提存货跌价准备，转换后采用成本模式计量。

振兴门业公司 2024 年 9 月 1 日的账务处理如下：

借：投资性房地产——1 号写字楼　　450 000 000
　贷：开发产品　　450 000 000

2. 公允价值模式下的转换

（1）采用公允价值模式计量的投资性房地产转换为自用房地产

企业将采用公允价值模式计量的投资性房地产转换为自用房地产时，应当以其转换当日的公允价值作为自用房地产的账面价值，公允价值与原账面价值的差额计入当期损益（公允价值变动损益）。

转换日，按该项投资性房地产的公允价值，借记“固定资产”或“无形资产”科目，按该项投资性房地产的成本，贷记“投资性房地产——成本”科目；按该项投资性房地产的累计公允价值变动，贷记或借记“投资性房地产——公允价值变动”科目；按其差额，贷记或借记“公允价值变动损益”科目。

【实务 2-14】2024 年 12 月 1 日，振兴门业公司因租赁期满，将出租的写字楼收回，公司董事会就将该写字楼作为办公楼用于本公司的行政管理形成了书面决议。2024 年 12 月 1 日，该写字楼正式开始自用，相应由投资性房地产转换为自用房地产，当日的公允价值为 48 000 000 元。该项房地产在转换前采用公允价值模式计量，原账面价值为 47 500 000 元，其中，成本为 45 000 000 元，公允价值变动为增值 2 500 000 元。

振兴门业公司的账务处理如下：

借：固定资产	48 000 000	
贷：投资性房地产——写字楼（成本）		45 000 000
——写字楼（公允价值变动）		2 500 000
公允价值变动损益		500 000

（2）投资性房地产转换为存货

企业将采用公允价值模式计量的投资性房地产转换为存货时，应当以其转换当日的公允价值作为存货的账面价值，公允价值与原账面价值的差额计入当期损益（公允价值变动损益）。

转换日，按该项投资性房地产的公允价值，借记“开发产品”等科目。按该项投资性房地产的成本，贷记“投资性房地产——成本”科目；按该项投资性房地产的累计公允价值变动，贷记或借记“投资性房地产——公允价值变动”科目；按其差额，借记或贷记“公允价值变动损益”科目。

（3）作为存货的房地产转换为投资性房地产

企业将作为存货的房地产转换为采用公允价值模式计量的投资性房地产时，应当按照该项房地产转换当日的公允价值，借记“投资性房地产（成本）”科目；原已计提跌价准备的，借记“存货跌价准备”科目；按其账面余额，贷记“开发产品”等科目。同时，转换日的公允价值小于账面价值的，按其差额，借记“公允价值变动损益”科目；转换日的公允价值大于账面价值的，按其差额，贷记“其他综合收益”科目。待该项投资性房地产处置时，因转换计入其他综合收益的部分应转入当期的其他业务成本，借记“其他综合收益”科目，贷记“其他业务成本”科目。

【实务 2-15】沿用【实务 2-13】，假设转换后采用公允价值模式计量，9 月 1 日 1 号写字楼的公允价值为 410 000 000 元，2024 年 12 月 31 日，该项投资性房地产的公允价值为 430 000 000 元。

振兴门业公司的账务处理如下：

2024 年 9 月 1 日

借：投资性房地产——1 号写字楼（成本）	410 000 000	
公允价值变动损益	40 000 000	
贷：开发产品		450 000 000

2024 年 12 月 31 日

借：投资性房地产——1 号写字楼（公允价值变动）　　20 000 000

　贷：公允价值变动损益　　20 000 000

【实务 2-16】沿用【实务 2-13】，假设转换后采用公允价值模式计量，9 月 1 日 1 号写字楼的公允价值为 470 000 000 元。2024 年 12 月 31 日，该项投资性房地产的公允价值为 480 000 000 元。

振兴门业公司的账务处理如下：

2024 年 9 月 1 日

借：投资性房地产——1 号写字楼（成本）　　470 000 000

　贷：开发产品　　450 000 000

　　　其他综合收益　　20 000 000

2024 年 12 月 31 日

借：投资性房地产——1 号写字楼（公允价值变动）　　10 000 000

　贷：公允价值变动损益　　10 000 000

（4）自用房地产转换为投资性房地产

企业将自用房地产转换为采用公允价值模式计量的投资性房地产时，应当按照该项土地使用权或建筑物在转换日的公允价值，借记“投资性房地产——成本”科目；按已计提的累计折旧或累计摊销，借记“累计折旧”或“累计摊销”科目；原已计提减值准备的数额，借记“无形资产减值准备”“固定资产减值准备”科目；按其账面余额，贷记“固定资产”或“无形资产”科目。同时，转换日的公允价值小于账面价值的，按其差额，借记“公允价值变动损益”科目；转换日的公允价值大于账面价值的，按其差额，贷记“其他综合收益”科目。待该项投资性房地产处置时，因转换计入其他综合收益的部分应转入当期的其他业务成本，借记“其他综合收益”科目，贷记“其他业务成本”科目。

【实务 2-17】2024 年 1 月，振兴门业公司打算搬迁至新建办公楼，由于原 1 号办公楼处于商业繁华地段，振兴门业公司准备将其出租，以赚取租金收入。2024 年 5 月，振兴门业公司完成了搬迁工作，原办公楼停止自用。2024 年 8 月，振兴门业公司与 B 企业签订了租赁协议，将原 1 号办公楼租赁给 B 企业使用，租赁期开始日为 2024 年 9 月 1 日，租赁期限为 3 年。

在本例中，振兴门业公司应当于租赁期开始日（2024 年 9 月 1 日），将自用房地产转换为投资性房地产。由于该办公楼处于商业区，房地产交易活跃，该企业能够从市场上取得同类或类似房地产的市场价格及其他相关信息，假设振兴门业公司对出租的办公楼采用公允价值模式计量。假设 2024 年 9 月 1 日，该 1 号办公楼的公允价值为 350 000 000 元，其原价为 500 000 000 元，已提折旧 142 500 000 元。

振兴门业公司 2024 年 9 月 1 日的账务处理如下：

借：投资性房地产——1 号办公楼（成本）　　350 000 000

　　公允价值变动损益　　7 500 000

　　累计折旧　　142 500 000

　贷：固定资产　　500 000 000

二、投资性房地产的处置

当投资性房地产被处置，或者永久退出使用且预计不能从其处置中取得经济利益时，应当终止确认该项投资性房地产。

企业出售、转让、报废投资性房地产或者发生投资性房地产毁损时，应当将处置收入扣除其账面价值和相关税费后的金额计入当期损益（将实际收到的处置收入计入其他业务收入，所处置投资性房地产的账面价值计入其他业务成本）。

（一）成本模式计量的投资性房地产的处置

处置投资性房地产时，应按实际收到的金额，借记“银行存款”等科目，贷记“其他业务收入”科目。按该项投资性房地产的累计折旧或累计摊销，借记“投资性房地产累计折旧（摊销）”科目，按该项投资性房地产的账面余额，贷记“投资性房地产”科目，按其差额，借记“其他业务成本”科目。已计提减值准备的，还应同时结转减值准备。

（二）公允价值模式计量的投资性房地产的处置

处置投资性房地产时，应按实际收到的金额，借记“银行存款”等科目，贷记“其他业务收入”科目。按该项投资性房地产的账面余额，借记“其他业务成本”科目，贷记“投资性房地产（成本）”科目、贷记或借记“投资性房地产（公允价值变动）”科目；同时，按该项投资性房地产的公允价值变动，借记或贷记“公允价值变动损益”科目，贷记或借记“其他业务成本”科目。按该项投资性房地产在转换日计入其他综合收益的金额，借记“其他综合收益”科目，贷记“其他业务成本”科目。

【实务 2-18】振兴门业公司将其出租的一栋写字楼确认为投资性房地产。租赁期满后，振兴门业公司将该栋写字楼出售给 B 公司，合同价款为 300 000 000 元，B 公司已用银行存款付清。

（1）假设这栋写字楼原采用成本模式计量。出售时，该栋写字楼的成本为 280 000 000 元，已计提折旧 30 000 000 元。

振兴门业公司的账务处理如下：

借：银行存款　　300 000 000

　贷：其他业务收入　　300 000 000

借：其他业务成本　　250 000 000
　　投资性房地产累计折旧　　30 000 000
　贷：投资性房地产——写字楼　　280 000 000

（2）假设这栋写字楼原采用公允价值模式计量。出售时，该栋写字楼的成本为210 000 000元，公允价值变动为借方余额40 000 000元。

甲公司的账务处理如下：

借：银行存款　　300 000 000
　贷：其他业务收入　　300 000 000

借：其他业务成本　　250 000 000
　贷：投资性房地产——写字楼（成本）　　210 000 000
　　　　　　　　　——写字楼（公允价值变动）　　40 000 000

同时，将投资性房地产累计公允价值变动转入其他业务成本。

借：公允价值变动损益　　40 000 000
　贷：其他业务成本　　40 000 000

◇ 本项目工作小结

近年来，以赚取租金或资本增值为目的的投资性房地产已经成为企业的一个重要的投资工具。作为企业的财务管理人员，应了解什么是投资性房地产，掌握其入账成本的确认、两种后续计量模式的会计处理、成本模式转为公允价值模式的会计处理及投资性房地产的转换和处置的会计处理，分析变更投资性房地产计量模式的财务影响，清晰地反映企业所持有房地产的盈利能力，以便为企业管理层进行决策提供有用的信息。

◇ 任务实战

1. 2024年4月20日振兴门业公司购买一块土地使用权，增值税专用发票上注明购买价款2 000万元，增值税180万元，支付相关手续费30万元，款项全部以银行存款支付。企业购买后准备等其增值后予以转让。振兴门业公司对该投资性房地产采用公允价值模式进行后续计量。

该项投资性房地产2024年取得含税租金收入为163.5万元（租金150万元，增值税13.5万元），已存入银行，假定不考虑其他相关税费。经复核，该投资性房地产2024年12月31日的公允价值为2 000万元。

要求：编制振兴门业公司相关的会计处理。（金额单位用万元表示）

2. 振兴门业公司将原采用公允价值计量模式计价的一幢出租用厂房收回，作为企业的一般性固定资产处理。在出租收回前，该投资性房地产的成本和公允价值变动明细

科目分别为700万元和100万元（借方）。转换当日该厂房的公允价值为780万元。（金额单位用万元表示）

要求：编制振兴门业公司转换日的会计处理。

3. 振兴门业公司2022年至2024年与投资性房地产有关的业务资料如下：

（1）2022年1月，振兴门业公司购入一幢建筑物，取得的增值税专用发票上注明的价款为800万元，增值税72万元，款项以银行存款支付。不考虑其他相关税费。振兴门业公司将取得的该项建筑物自当月起用于对外经营租赁，对该房地产采用成本模式进行后续计量。

（2）振兴门业公司购入的上述用于出租的建筑物预计使用寿命为15年，预计净残值为17万元，采用年限平均法按年计提折旧。

（3）振兴门业公司该项房地产2022年取得含税租金收入为98.1万元（租金90万元，增值税8.1万元），已存入银行。假定不考虑其他相关税费。

（4）2024年12月，振兴门业公司将原用于出租的建筑物收回，作为企业经营管理用固定资产处理。

要求：

（1）编制振兴门业公司2022年1月取得该项建筑物的会计分录。

（2）计算2022年振兴门业公司对该项建筑物计提的折旧额，并编制相应的会计分录。

（3）编制振兴门业公司2022年取得该项建筑物租金收入的会计分录。

（4）计算振兴门业公司该项房地产2023年末的账面价值。

（5）编制振兴门业公司2024年收回该项建筑物的会计分录。

（答案中的金额单位用万元表示）

4. 振兴门业公司于2021年12月31日将一建筑物对外出租并采用公允价值模式计量，租期为3年，每年12月31日收取含税租金218万元（租金200万元，增值税18万元），出租当日，该建筑物的成本为2 700万元，已计提折旧400万元，尚可使用年限为20年，公允价值为1 700万元，2022年12月31日，该建筑物的公允价值为1 830万元，2023年12月31日，该建筑物的公允价值为1 880万元，2024年12月31日的公允价值为1 760万元，2025年1月5日将该建筑物对外出售，收到1 800万元存入银行。

要求：编制振兴门业公司上述经济业务的会计分录。

◇ 知识巩固

习题

习题答案解析

项目三

金融资产和金融负债核算业务

◇ 学习目标

知识目标

● 掌握金融资产、金融负债的分类。

● 掌握金融资产和金融负债的初始计量。

● 掌握金融资产和金融负债的后续计量。

技能目标

● 能够正确辨析金融资产和金融负债。

● 能够正确核算金融资产和金融负债的初始计量、后续计量。

素质目标

● 职业道德：遵守职业道德规范，保持诚信、公正的职业操守，维护企业的利益和声誉。

● 风险意识：具备强烈的风险意识，能够敏锐地识别和评估金融资产和金融负债可能带来的潜在风险，并采取相应的防范措施。

● 谨慎态度：在对金融资产和金融负债进行相关账务处理时保持谨慎、客观的态度，遵循会计准则和规定，确保财务信息的真实性和可靠性。

● 持续学习：具备持续学习的意识和能力，关注与金融资产和金融负债相关的最新法规、准则和案例，不断提升自己的专业水平和综合素质。

◇ 思维导图

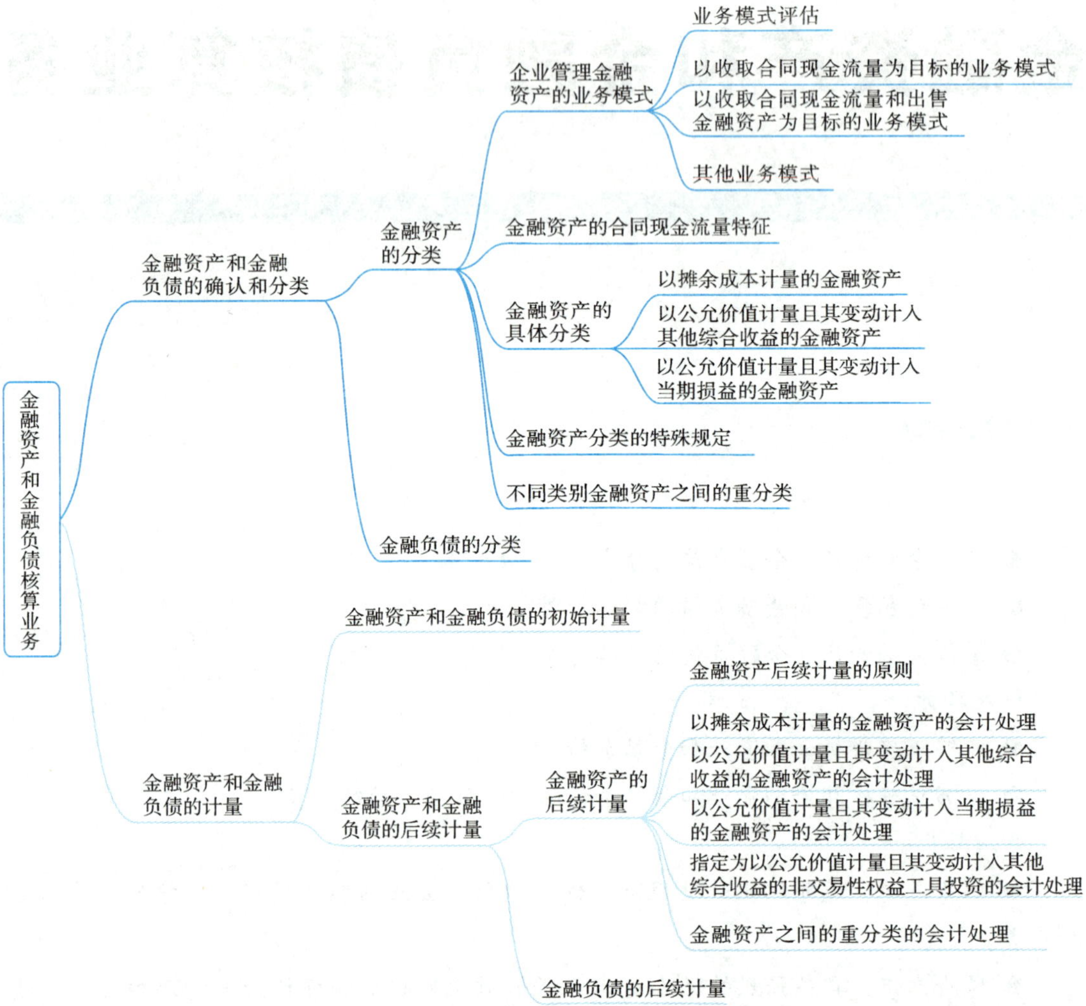

图 3-1　金融资产和金融负债核算业务思维导图

◇ 学习任务

任务一　金融资产和金融负债的确认和分类

金融工具是指形成一方的金融资产并形成其他方的金融负债或权益工具的合同。一般来说，金融工具包括金融资产、金融负债和权益工具，也可能包括一些尚未确认的项目。企业在成为金融工具合同的一方时，应当确认一项金融资产或金融负债。当企业尚未成为合同的一方时，即使企业已有计划在未来交易，不管其发生的可能性有多大，都不是企业的金融资产或金融负债。

一、金融资产的分类

企业的金融资产主要包括库存现金、银行存款、应收账款、应收票据、其他应收款、贷款、垫款、债权投资、股权投资、基金投资、衍生金融资产等。

企业应当根据其管理金融资产的业务模式和金融资产的合同现金流量特征，将金融资产划分为以下三类：①以摊余成本计量的金融资产；②以公允价值计量且其变动计入其他综合收益的金融资产；③以公允价值计量且其变动计入当期损益的金融资产。上述分类一经确定，不得随意变更。

（一）企业管理金融资产的业务模式

1. 企业管理金融资产的业务模式

企业管理金融资产的业务模式是指企业如何管理其金融资产以产生现金流量。业务模式决定企业所管理金融资产现金流量的来源是收取合同现金流量、出售金融资产，还是两者兼有。业务模式包括以收取合同现金流量为目标的业务模式、以收取合同现金流量和出售金融资产为目标的业务模式以及其他业务模式。企业管理金融资产的业务模式，应当以企业关键管理人员决定的对金融资产进行管理的特定业务目标为基础确定。

2. 金融资产的合同现金流量特征

金融资产的合同现金流量特征是指金融工具合同约定的、反映相关金融资产经济特征的现金流量属性。如果一项金融资产在特定日期产生的合同现金流量仅为本金和以未偿付本金金额为基础的利息的支付，即符合“本金加利息的合同现金流量特征”，则该金融资产的合同现金流量特征与基本借贷安排相一致。

3. 金融资产的具体分类

（1）以摊余成本计量的金融资产

金融资产同时符合下列条件的，应当分类为以摊余成本计量的金融资产：①企业管理该金融资产的业务模式是以收取合同现金流量为目标；②该金融资产的合同条款规定，在特定日期产生的现金流量，仅为对本金和以未偿付本金金额为基础的利息的支付。例如，企业正常商业往来形成的具有一定信用期限的应收账款，如果企业拟根据应收账款的合同现金流量收取现金，且不打算提前处置应收账款，则该应收账款可以分为以摊余成本计量的金融资产。再如，普通债券的合同现金流量是到期收回本金及按约定利率在合同期间按时收取利息，在没有其他特殊安排的情况下，普通债券通常可能符合本金加利息的合同现金流量特征。如果企业管理该债券的业务模式是以收取合同现金流量为目标，则该债券可以分为以摊余成本计量的金融资产。

（2）以公允价值计量且其变动计入其他综合收益的金融资产

金融资产同时符合下列条件的，应当分为以公允价值计量且其变动计入其他综合收益的金融资产：①企业管理该金融资产的业务模式既以收取合同现金流量为目标，又以出售该金融资产为目标；②该金融资产的合同条款规定，在特定日期产生的现金流量，仅为支付的本金和以未偿付本金金额为基础的利息。

（3）以公允价值计量且其变动计入当期损益的金融资产

企业分为以摊余成本计量的金融资产和以公允价值计量且其变动计入其他综合收益的金融资产之外的金融资产，应当分为以公允价值计量且其变动计入当期损益的金融资产，如企业持有的股票、基金、可转换债券等。

4. 金融资产分类的特殊规定

权益工具投资一般不符合本金加利息的合同现金流量特征，因此应当分类为以公允价值计量且其变动计入当期损益的金融资产。但在初始确认时，企业可以将非交易性权益工具投资指定为以公允价值计量且其变动计入其他综合收益的金融资产，并将股利收入计入当期损益。该指定一经作出，不得撤销。企业投资其他上市公司股票或者非上市公司股权的，都可能属于这种情形。

金融资产或金融负债满足下列条件之一的，表明企业持有该金融资产或承担该金融负债的目的是进行交易：

（1）取得相关金融资产或承担相关金融负债的目的，主要是近期出售或回购。例如，企业以赚取差价为目的从二级市场购入的股票、债券和基金等，或者发行人根据债务工具的公允价值变动计划在近期回购的、有公开市场报价的债务工具。

（2）相关金融资产或金融负债在初始确认时属于集中管理的可辨认金融工具组合的部分，且有客观证据表明近期实际存在短期获利目的。在这种情况下，即使组合中有某个组成项目持有的期限稍长也不受影响。其中，“金融工具组合”指金融资产组合或金融负债组合。

（3）相关金融资产或金融负债属于衍生工具。但符合财务担保合同定义的衍生工具以及被指定为有效套期工具的衍生工具除外。如未作为套期工具的利率互换或外汇期权。

只有不符合上述条件的非交易性权益工具投资才可以进行该指定。在非同一控制下的企业合并中，企业作为购买方确认的或有对价形成金融资产的，该金融资产应当分类为以公允价值计量且其变动计入当期损益的金融资产，不得指定为以公允价值计量且其变动计入其他综合收益的金融资产。

5. 不同类金融资产之间的重分类

企业改变其管理金融资产的业务模式时，应当对所有受影响的相关金融资产进行重分类。

企业对金融资产进行重分类，应当自重分类之日起采用未来适用法进行相关会计处理，不得对以前已经确认的利得、损失（包括减值损失或利得）或利息进行追溯调整。重分类日，是指导致企业对金融资产进行重分类的业务模式发生变更后的首个报告期间的第一天。如甲上市公司决定于 2024 年 3 月 22 日改变其管理某金融资产的业务模式，则重分类日为 2024 年 4 月 1 日（下一个季度会计期间的期初）；乙上市公司决定于 2024 年 10 月 15 日改变其管理某金融资产的业务模式，则重分类日为 2025 年 1 月 1 日。

课程思政

“谈谈‘双减’政策下教育机构股价下跌”——在讨论该话题的过程中，应强调诚实守信是金融领域的重要基石，风险管理是金融投资领域的核心内容，作为金融人，应树立风险意识和提高风险的应对能力。

二、金融负债的分类

金融负债主要包括应付账款、长期借款、其他应付款、应付票据、应付债券、衍生金融负债等。除下列各项外，企业应当将金融负债分为以摊余成本计量的金融负债：

（1）以公允价值计量且其变动计入当期损益的金融负债，包括交易性金融负债（含属于金融负债的衍生工具）和指定为以公允价值计量且其变动计入当期损益的金融负债。

（2）不符合终止确认条件的金融资产转移或继续涉入被转移金融资产所形成的金融负债。

（3）不符合上述（1）或（2）情形的财务担保合同，以及不符合上述（1）情形的、以低于市场利率贷款的贷款承诺。

在非同一控制下的企业合并中，企业作为购买方确认的或有对价形成金融负债的，该金融负债应当按照以公允价值计量且其变动计入当期损益进行会计处理。

企业对金融负债的分类一经确定，不得变更。

任务二　金融资产和金融负债的计量

一、金融资产和金融负债的初始计量

企业初始确认金融资产和金融负债，应当按照公允价值计量。对于以公允价值计量且其变动计入当期损益的金融资产和金融负债，相关交易费用应当直接计入当期损益；对于其他类别的金融资产和金融负债，相关交易费用应当计入初始确认金额。但是，企业初始确认的应收账款未包含重大融资成分或不考虑不超过一年的合同中的融资成分的，应当按照交易价格进行初始计量。

交易费用，是指可直接归属于购买、发行或处置金融工具的增量费用。增量费用是指企业没有发生购买、发行或处置相关金融工具的情形就不会发生的费用，包括支付给代理机构、券商、证券交易所、政府有关部门等的手续费、佣金、相关税费以及其他必要支出，不包括债券溢价、折价、融资费用、内部管理成本和持有成本等与交易不直接相关的费用。

企业取得金融资产所支付的价款中包含的已宣告但尚未发放的现金股利或已到付息期但尚未领取的利息，应当单独确认为应收项目处理。

二、金融资产和金融负债的后续计量

（一）金融资产的后续计量

1. 金融资产后续计量原则

金融资产的后续计量与金融资产的分类密切相关。企业应当对不同类别的金融资产，分别以摊余成本、以公允价值计量且其变动计入其他综合收益或以公允价值计量且其变动计入当期损益进行后续计量。

2. 以摊余成本计量的金融资产的会计处理

（1）摊余成本和实际利率法

金融资产的摊余成本，应当以该金融资产的初始确认金额经下列调整后的结果确定：

①扣除已偿还的本金。

②加上或减去采用实际利率法将该初始确认金额与到期日金额之间的差额进行摊销形成的累计摊销额。

③扣除计提的累计信用减值准备。

实际利率法，是指计算金融资产或金融负债的摊余成本以及将利息收入或利息费用分摊计入各会计期间的方法。

实际利率，是指将金融资产或金融负债在预计存续期的估计未来现金流量，折现为该金融资产账面余额（不考虑减值）或该金融负债摊余成本所使用的利率。在确定实际利率时，应当在考虑金融资产或金融负债所有合同条款（如提前还款、展期、看涨期权或其他类似期权等）的基础上估计预期现金流量，但不应当考虑预期信用损失。

合同各方之间支付或收取的、属于实际利率组成部分的各项费用、交易费用及溢价或折价等，应当在确定实际利率时予以考虑。

（2）具体会计处理

以摊余成本计量的金融资产的会计处理，主要包括该金融资产实际利率的计算、摊余成本的确定、持有期间的收益确认及将其处置时损益的处理。以摊余成本计量的金融资产所产生的利得或损失，应当在终止确认、按照规定重分类、按照实际利率法摊销或确认减值时，计入当期损益。

以摊余成本计量的债权投资相关的账务处理如下：

①企业取得的以摊余成本计量的债权投资，应按该投资的面值，借记“债权投资——成本”科目，按支付的价款中包含的已到付息期但尚未领取的利息，借记“应收利息”科目，按实际支付的金额，贷记“银行存款”等科目，按其差额，借记或贷记“债权投资——利息调整”科目。

②资产负债表日，应按票面利率计算确定的应收未收利息，借记“债权投资——应计利息”科目，按该金融资产摊余成本和实际利率计算确定的利息收入，贷记“投资收益”等科目，按其差额，借记或贷记“债权投资——利息调整”科目。

③出售以摊余成本计量的债权投资，应按实际收到的金额，借记“银行存款”等科目，按其账面余额，贷记“债权投资——成本”“债权投资——应计利息”科目，贷记或借记“债权投资——利息调整”科目，按其差额，贷记或借记“投资收益”科目。已计提信用减值准备的，还应同时结转信用减值准备。

企业持有的以摊余成本计量的应收款项、贷款等的账务处理原则，与债权投资大致相同，企业可使用“应收账款”“贷款”等科目进行核算。

【实务3-1】2020年1月1日，振兴门业公司购买乙公司同日发行的5年期公司债券，到期日为2024年12月31日。振兴门业公司支付购买价款946 000元，另支付交易费用4 000元，该债券面值为1 000 000元，票面年利率为4%，实际年利率为5.16%，每年年末支付利息，到期归还本金。振兴门业公司根据其管理该债券的业务模式和该债券的合同现金流量特征，将该债券分类为以摊余成本计量的金融资产。

要求：编制振兴门业公司与该债券有关的会计分录。

（答案中的金额计算结果四舍五入保留至百位）

表 3-1　实际利率法计算　　单位：元

年份	（A）年初摊余成本（账面余额）	（B）实际利息收入（B=A×5.16%；四舍五入）	（C）现金流入	（D）年末摊余成本（D=A+B-C）
2020	950 000	49 000	40 000	959 000
2021	959 000	49 500	40 000	968 500
2022	968 500	50 000	40 000	978 500
2023	978 500	50 500	40 000	989 000
2024	989 000	51 000	1 040 000	0

注：最后一期实际利息收入为倒挤，即 104-98.9=5.1（万元）。

根据表 3-1 中的数据，振兴门业公司的有关账务处理如下：

（1）2020 年 1 月 1 日，购入乙公司债券

借：债权投资——成本　　1 000 000

　贷：银行存款　　950 000

　　　债权投资——利息调整　　50 000

（2）2020 年 12 月 31 日，确认乙公司债券实际利息收入、收到债券利息

借：债权投资——应计利息　　40 000

　　　　　——利息调整　　9 000

　贷：投资收益　　49 000

借：银行存款　　40 000

　贷：债权投资——应计利息　　40 000

（3）2021 年 12 月 31 日，确认乙公司债券实际利息收入、收到债券利息

借：债权投资——应计利息　　40 000

　　　　　——利息调整　　9 500

　贷：投资收益　　49 500

借：银行存款　　40 000

　贷：债权投资——应计利息　　40 000

（4）2022 年 12 月 31 日，确认乙公司债券实际利息收入、收到债券利息

借：债权投资——应计利息　　40 000

　　　　　——利息调整　　10 000

　贷：投资收益　　50 000

借：银行存款　　40 000

　贷：债权投资——应计利息　　40 000

（5）2023 年 12 月 31 日，确认乙公司债券实际利息收入、收到债券利息

借：债权投资——应计利息　　40 000

——利息调整　　　　10 500

贷：投资收益　　　　50 500

借：银行存款　　　　40 000

贷：债权投资——应计利息　　　　40 000

(6) 2024 年 12 月 31 日，确认乙公司债券实际利息收入、收到债券利息和本金

借：债权投资——应计利息　　　　40 000

——利息调整　　　　11 000

贷：投资收益　　　　51 000

借：银行存款　　　　40 000

贷：债权投资——应计利息　　　　40 000

借：银行存款　　　　1 000 000

贷：债权投资——成本　　　　1 000 000

【实务 3-2】2020 年 1 月 1 日，振兴门业公司（制造业企业）购买乙公司同日发行的 5 年期公司债券，到期日为 2024 年 12 月 31 日。振兴门业公司（制造业企业）支付购买价款 85 万元，另支付交易费用 0.56 万元，该债券面值为 100 万元，票面年利率为 4%，实际年利率为 7%，利息及本金到期归还。振兴门业公司（制造业企业）根据其管理该债券的业务模式和该债券的合同现金流量特征，将该债券分为以摊余成本计量的金融资产。

（答案中的金额计算结果四舍五入保留至百位）

表 3-2　实际利率法计算　　　　单位：元

年份	期初摊余成本（A）	实际利息收入（B=A×7%；四舍五入）	现金流入（C）	期末摊余成本（D=A+B−C）
2020	855 600	59 900	0	915 500
2021	915 500	64 100	0	979 600
2022	979 600	68 600	0	1 048 200
2023	1 048 200	73 400	0	1 121 600
2024	1 121 600	78 400	1 200 000	0

注：最后一期利息为倒挤，即 120−112.15=7.84（万元）。

根据表 3-2 中的数据，振兴门业公司的有关账务处理如下：

(1) 2020 年 1 月 1 日，购入乙公司债券。

借：债权投资——成本　　　　1 000 000

贷：银行存款　　　　855 600

债权投资——利息调整　　　　144 400

（2）2020年12月31日，确认乙公司债券实际利息收入。

借：债权投资——应计利息　　40 000

　　　　　　——利息调整　　19 900

　贷：投资收益　　59 900

（3）2021年12月31日，确认乙公司债券实际利息收入。

借：债权投资——应计利息　　40 000

　　　　　　——利息调整　　24 100

　贷：投资收益　　64 100

（4）2022年12月31日，确认乙公司债券实际利息收入。

借：债权投资——应计利息　　40 000

　　　　　　——利息调整　　28 600

　贷：投资收益　　68 600

（5）2023年12月31日，确认乙公司债券实际利息收入。

借：债权投资——应计利息　　40 000

　　　　　　——利息调整　　33 400

　贷：投资收益　　73 400

（6）2024年12月31日，确认乙公司债券实际利息收入、收回债券本金和票面利息。

借：债权投资——应计利息　　40 000

　　　　　　——利息调整　　38 400

　贷：投资收益　　78 400

借：银行存款　　1 200 000

　贷：债权投资——成本　　1 000 000

　　　　　　　——应计利息　　200 000

3. 以公允价值计量且其变动计入其他综合收益的金融资产的会计处理

以公允价值计量且其变动计入其他综合收益的金融资产的会计处理，与以公允价值计量且其变动计入当期损益的金融资产的会计处理存在类似之处，如均要求按公允价值进行后续计量。但是，也有一些不同之处，以公允价值计量且其变动计入其他综合收益的金融资产所产生的利得或损失，除减值损失或利得和汇兑损益外，均应当计入其他综合收益，直至该金融资产终止确认或被重分类。但是，采用实际利率法计算的该金融资产的利息应当计入当期损益。终止确认时，之前计入其他综合收益的累计利得或损失应当从其他综合收益中转出，计入当期损益。

相关的账务处理如下：

（1）企业取得以公允价值计量且其变动计入其他综合收益的金融资产，应按该金融资产投资的面值，借记“其他债权投资——成本”科目，按支付的价款中包含的已到付息期但尚未领取的利息，借记“应收利息”科目，按实际支付的金额，贷记“银行存款”等科目，按其差额，借记或贷记“其他债权投资——利息调整 ”科目。

（2）资产负债表日，以公允价值计量且其变动计入其他综合收益的金融资产为分期付息、一次还本债券投资的，应按票面利率计量确定的应收未收利息，借记“其他债权投资——应计利息”科目，按债券的摊余成本和实际利率计量确定的利息收入，贷记“投资收益”等科目，按其差额，借记或贷记“其他债权投资——利息调整”科目。

（3）资产负债表日，以公允价值计量且其变动计入其他综合收益的金融资产的公允价值高于其账面余额的差额，借记“其他债权投资——公允价值变动”科目，贷记“其他综合收益——其他债权投资公允价值变动”科目；公允价值低于其账面余额的差额作相反的会计分录。

确定以公允价值计量且其变动计入其他综合收益的金融资产发生减值的，应按减记的金额，借记“信用减值损失”科目，贷记“其他综合收益——信用减值准备”科目。

（4）出售以公允价值计量且其变动计入其他综合收益的金融资产，应按实际收到的金额，借记“银行存款”等科目，按其账面余额，贷记“其他债权投资——成本”“其他债权投资——应计利息”科目，借记或贷记“其他债权投资——公允价值变动”“其他债权投资——利息调整”科目，借记或贷记“其他综合收益——其他债权投资公允价值变动”科目，借记“其他综合收益——信用减值准备”科目，按其差额，贷记或借记“投资收益”科目。

【实务 3-3】振兴门业公司 2021 年至 2024 年发生与金融工具投资相关经济业务如下：

资料一：2021 年 1 月 1 日，振兴门业公司支付 94 万元购买乙公司当日发行的 5 年期一般公司债券，该债券面值为 100 万元，票面年利率为 4%，实际年利率为 5. 16%，每年年末支付利息，到期归还本金。甲公司另支付交易费用 1 万元。

资料二：振兴门业公司根据金融资产业务管理模式及合同现金流量特征，将其分类为以公允价值计量且其变动计入其他综合收益的金融资产。

资料三：2021 年末至 2023 年末该债券投资的公允价值分别为 97 万元、98 万元、95 万元。2024 年 1 月 1 日振兴门业公司将该投资全部出售，取得处置价款 105 万元。

资料四：以上款项均以银行存款收付，不考虑相关税费等因素。

要求：编制振兴门业公司与该债券有关的会计分录。（答案中的金额计算结果四舍五入保留至百位，其他债权投资写出二级明细科目）

表 3-3　实际利率法计算　　　　单位：元

年份	期初摊余成本（A）	实际利息收入（B＝A×5.16%；四舍五入）	现金流入（C）	期末摊余成本（D＝A+B−C）	期末公允价值（E）
2021	950 000	49 000	40 000	959 000	970 000
2022	959 000	49 500	40 000	968 500	980 000
2023	968 500	50 000	40 000	978 500	950 000

根据表 3-3 中的数据，振兴门业公司的有关账务处理如下：

（1）2021 年 1 月 1 日，购入乙公司债券。

借：其他债权投资——成本　　1 000 000
　贷：银行存款　　950 000
　　其他债权投资——利息调整　　50 000

（2）2021 年 12 月 31 日，确认乙公司债券实际利息收入、公允价值变动，收到债券利息。

借：其他债权投资——应计利息　　40 000
　　　　　　——利息调整　　9 000
　贷：投资收益　　49 000
借：银行存款　　40 000
　贷：其他债权投资——应计利息　　40 000
借：其他债权投资——公允价值变动　　11 000
　贷：其他综合收益——其他债权投资公允价值变动　　11 000

（3）2022 年 12 月 31 日，确认乙公司债券实际利息收入、公允价值变动，收到债券利息。

借：其他债权投资——应计利息　　40 000
　　　　　　——利息调整　　9 500
　贷：投资收益　　49 500
借：银行存款　　40 000
　贷：应收利息　　40 000
借：其他债权投资——公允价值变动　　500
　贷：其他综合收益——其他债权投资公允价值变动　　500

（4）2023 年 12 月 31 日，确认乙公司债券实际利息收入、公允价值变动，收到债券利息。

借：其他债权投资——应计利息　　40 000
　　　　　　——利息调整　　10 000
　贷：投资收益　　50 000

借：银行存款　　40 000
　贷：其他债权投资——应计利息　　40 000
借：其他综合收益——其他债权投资公允价值变动　　40 000
　贷：其他债权投资——公允价值变动　　40 000

（5）2024 年 1 月 1 日，确认出售乙公司债券实现的损益

借：银行存款　　1 050 000
　　其他债权投资——公允价值变动　　28 500
　　　　　　　　——利息调整　　21 500
　贷：其他债权投资——成本　　1 000 000
　　　投资收益　　100 000
借：投资收益　　28 500
　贷：其他综合收益——其他债权投资公允价值变动　　28 500

【实务 3-4】振兴门业公司于 2020 年 12 月 15 日购入一项公允价值为 1 000 万元的债务工具，分为以公允价值计量其变动计入其他综合收益的金融资产。该工具合同期限为 10 年，年利率为 5%，实际利率也为 5%。2020 年 12 月 31 日，由于市场利率变动，该债务工具的公允价值跌至 950 万元，振兴门业公司计提信用减值损失 30 万元。为简化场景因素，本例不考虑利息。2021 年 1 月 1 日，振兴门业公司决定以当日的公允价值 950 万元出售该债务工具。假定不考虑其他因素。振兴门业公司的相关账务处理如下：

（1）购入该工具时

借：其他债权投资——成本　　10 000 000
　贷：银行存款　　10 000 000

（2）2020 年 12 月 31 日

借：信用减值损失　　300 000
　　其他综合收益——其他债权投资公允价值变动　　500 000
　贷：其他债权投资——公允价值变动　　500 000
　　　其他综合收益——信用减值准备　　300 000

（3）2021 年 1 月 1 日

借：银行存款　　9 500 000
　　投资收益　　200 000
　　其他综合收益——信用减值准备　　300 000
　　其他债权投资——公允价值变动　　500 000
　贷：其他综合收益——其他债权投资公允价值变动　　500 000
　　　其他债权投资——成本　　10 000 000

4. 以公允价值计量且其变动计入当期损益的金融资产的会计处理

以公允价值计量且其变动计入当期损益的金融资产的会计处理，着重于反映该类金融资产公允价值的变化，以及对企业财务状况和经营成果的影响。

相关的账务处理如下：

企业取得以公允价值计量且其变动计入当期损益的金融资产，按其公允价值，借记“交易性金融资产——成本”科目，按发生的交易费用，借记“投资收益”科目，按已到付息期但尚未领取的利息或已宣告但尚未发放的现金股利，借记“应收利息”或“应收股利”科目，按实际支付的金额，贷记“银行存款”等科目。

以公允价值计量且其变动计入当期损益的金融资产持有期间收到被投资单位宣告发放的现金股利，应借记“应收股利”科目，贷记“投资收益”科目；持有期间按票面利率或合同利率计算的利息，应借记“交易性金融资产——应计利息”科目，贷记“投资收益”科目。

资产负债表日，以公允价值计量且其变动计入当期损益的金融资产的公允价值高于其账面余额的差额，借记“交易性金融资产——公允价值变动”科目，贷记“公允价值变动损益”科目；公允价值低于其账面余额的差额作相反的会计分录。

出售以公允价值计量且其变动计入当期损益的金融资产，应按实际收到的金额，借记“银行存款”等科目，按该金融资产的账面余额，贷记“交易性金融资产——成本”科目，贷记或借记“交易性金融资产——公允价值变动”等科目，按其差额，贷记或借记“投资收益”科目。

【实务 3-5】2023 年 1 月 1 日，振兴门业公司从二级市场购入丙公司债券，支付价款合计 1 120 000 元（含已到付息期但尚未领取的利息 20 000 元），另发生交易费用 20 000 元。该债券面值 1 100 000 元，剩余期限为 2 年，票面年利率为 4%，每半年末付息一次，其合同现金流量特征满足仅为对本金和以未偿付本金金额为基础的利息的支付。振兴门业公司根据其管理该债券的业务模式和该债券的合同现金流量特征，将该债券分类为以公允价值计量且其变动计入当期损益的金融资产。其他资料如下：

（1）2023 年 1 月 5 日，收到丙公司债券 2022 年下半年利息 22 000 元。

（2）2023 年 6 月 30 日，丙公司债券的公允价值为 1 350 000 元（不含利息）。

（3）2023 年 7 月 5 日，收到丙公司债券 2023 年上半年利息。

（4）2023 年 12 月 31 日，丙公司债券的公允价值为 1 200 000 元（不含利息）。

（5）2024 年 1 月 5 日，收到丙公司债券 2023 年下半年利息。

（6）2024 年 6 月 20 日，通过二级市场出售丙公司债券，取得价款 1 280 000 元（含第一季度利息 11 000 元）。

假定不考虑其他因素，振兴门业公司的账务处理如下：

（1）2023 年 1 月 1 日，从二级市场购入丙公司债券。

借：交易性金融资产——成本 1 100 000

应收利息 20 000

投资收益 20 000

贷：银行存款 1 140 000

（2）2023 年 1 月 5 日，收到该债券 2022 年下半年利息 22 000 元。

借：银行存款 22 000

贷：应收利息 22 000

（3）2023 年 6 月 30 日，确认丙公司债券公允价值变动和投资收益。

借：交易性金融资产——公允价值变动 250 000

贷：公允价值变动损益 250 000

借：交易性金融资产——应计利息 22 000

贷：投资收益 22 000

（4）2023 年 7 月 5 日，收到丙公司债券 2020 年上半年利息。

借：银行存款 22 000

贷：交易性金融资产——应计利息 22 000

（5）2023 年 12 月 31 日，确认丙公司债券公允价值变动和投资收益。

借：公允价值变动损益 150 000

贷：交易性金融资产——公允价值变动 150 000

借：交易性金融资产——应计利息 22 000

贷：投资收益 22 000

（6）2024 年 1 月 5 日，收到丙公司债券 2023 年下半年利息。

借：银行存款 22 000

贷：交易性金融资产——应计利息 22 000

（7）2024 年 6 月 20 日，通过二级市场出售丙公司债券。

借：银行存款 1 280 000

贷：交易性金融资产——成本 1 100 000

——公允价值变动 100 000

投资收益 80 000

5. 指定为以公允价值计量且其变动计入其他综合收益的非交易性权益工具投资的会计处理

指定为以公允价值计量且其变动计入其他综合收益的非交易性权益工具投资的会计处理，与分类为以公允价值计量且其变动计入其他综合收益的金融资产的会计处理有相同之处，但也有明显不同。相同之处在于，二者公允价值的后续变动均计入其他综合收益。不同之处在于，指定为以公允价值计量且其变动计入其他综合收益的非交易性权益工具投资不需计提减值准备，除了获得的股利收入（作为投资成本部分收回的股利收入除外）计入当期损益外，其他相关的利得和损失（包括汇兑损益）均应当计入其他综合收益，且后续不得转入损益；当终止确认时，之前计入其他综合收益的累计利得或损失应当从其他综合收益中转出，计入留存收益。

相关的账务处理如下：

（1）企业取得指定为以公允价值计量且其变动计入其他综合收益的非交易性权益工具投资，应按该投资的公允价值与交易费用之和，借记“其他权益工具投资——成本”科目，按支付的价款中包含的已宣告但尚未发放的现金股利，借记“应收股利”科目，按实际支付的金额，贷记“银行存款”等科目。

（2）资产负债表日，指定为以公允价值计量且其变动计入其他综合收益的非交易性权益工具投资的公允价值高于其账面余额的差额，借记“其他权益工具投资——公允价值变动”科目，贷记“其他综合收益——其他权益工具投资公允价值变动”科目；公允价值低于其账面余额的差额作相反的会计分录。

（3）出售指定为以公允价值计量且其变动计入其他综合收益的非交易性权益工具投资，应按实际收到的金额，借记“银行存款”等科目，按其账面余额，贷记“其他权益工具投资——成本”科目，借记或贷记“其他权益工具投资——公允价值变动”科目，按应从其他综合收益中转出的公允价值累计变动额，借记或贷记“其他综合收益——其他权益工具投资公允价值变动”科目，将其差额转入留存收益。

【实务3-6】2023年5月6日，振兴门业公司支付价款916万元（含交易费用1万元和已宣告但尚未发放现金股利12万元），购入乙公司发行的股票200万股，占乙公司有表决权股份的0.5%。振兴门业公司将其指定为以公允价值计量且其变动计入其他综合收益的非交易性权益工具投资。2023年5月10日，振兴门业公司收到乙公司发放的现金股利12万元。2023年6月30日，该股票市价为每股5元。2023年12月31日，振兴门业公司仍持有该股票；当日，该股票市价为每股4.8元。2024年5月9日，乙公司宣告发放股利4 000万元。2024年5月13日，振兴门业公司收到乙公司发放的现金股利。2024年5月20日，振兴门业公司由于某特殊原因，以每股4.5元的价格将股票全部转让。假定不考虑其他因素，终止确认时其他综合收益转入留存收益中的“利润分配”科目。振兴门业公司的账务处理如下：

（1）2023年5月6日，购入股票。

借：应收股利	120 000	
其他权益工具投资——成本	9 040 000	
贷：银行存款		9 160 000

（2）2023年5月10日，收到现金股利。

借：银行存款	120 000	
贷：应收股利		120 000

（3）2023 年 6 月 30 日，确认股票价格变动。

借：其他权益工具投资——公允价值变动　　960 000

　贷：其他综合收益——其他权益工具投资公允价值变动　　960 000

（4）2023 年 12 月 31 日，确认股票价格变动。

借：其他综合收益——其他权益工具投资公允价值变动　　400 000

　贷：其他权益工具投资——公允价值变动　　400 000

（5）2024 年 5 月 9 日，确认应收现金股利。

借：应收股利　　200 000

　贷：投资收益　　200 000

（6）2024 年 5 月 13 日，收到现金股利。

借：银行存款　　200 000

　贷：应收股利　　200 000

（7）2024 年 5 月 20 日，出售股票。

借：其他综合收益——其他权益工具投资公允价值变动　　560 000

　贷：利润分配——未分配利润　　560 000

借：银行存款　　9 000 000

　　利润分配——未分配利润　　600 000

　贷：其他权益工具投资——成本　　9 040 000

　　　　　　　　　——公允价值变动　　560 000

【实务 3-7】如果振兴门业公司根据其管理乙公司股票的业务模式和乙公司股票的合同现金流量特征，将乙公司股票分类为以公允价值计量且其变动计入当期损益的金融资产，且 2023 年 12 月 31 日乙公司股票市价为每股 4.8 元，其他资料不变，则振兴门业公司应作如下账务处理：

（1）2023 年 5 月 6 日，购入股票。

借：应收股利　　120 000

　　交易性金融资产——成本　　9 030 000

　　投资收益　　10 000

　贷：银行存款　　9 160 000

（2）2023 年 5 月 10 日，收到现金股利。

借：银行存款　　120 000

　贷：应收股利　　120 000

（3）2023 年 6 月 30 日，确认股票价格变动。

借：交易性金融资产——公允价值变动　　970 000

　贷：公允价值变动损益　　970 000

（4）2023 年 12 月 31 日，确认股票价格变动。

借：公允价值变动损益	400 000	
贷：交易性金融资产——公允价值变动		400 000

（5）2024 年 5 月 9 日，确认应收现金股利。

借：应收股利	200 000	
贷：投资收益		200 000

（6）2024 年 5 月 13 日，收到现金股利。

借：银行存款	200 000	
贷：应收股利		200 000

（7）2024 年 5 月 20 日，出售股票。

借：银行存款	9 000 000	
投资收益	600 000	
贷：交易性金融资产——成本		9 030 000
——公允价值变动		570 000

6. 金融资产之间重分类的会计处理

（1）以摊余成本计量的金融资产的重分类

①企业将一项以摊余成本计量的金融资产重分类为以公允价值计量且其变动计入当期损益的金融资产的，应当按照该金融资产在重分类日的公允价值进行计量。原账面价值与公允价值之间的差额计入当期损益。

②企业将一项以摊余成本计量的金融资产重分类为以公允价值计量且其变动计入其他综合收益的金融资产的，应当按照该金融资产在重分类日的公允价值进行计量。原账面价值与公允价值之间的差额计入其他综合收益。该金融资产重分类不影响其实际利率和预期信用损失的计量。

【实务 3-8】2022 年 10 月 15 日，振兴门业公司以公允价值 600 000 元购入一项债券投资，并按规定将其分类为以摊余成本计量的金融资产，该债券的账面余额为 600 000 元。2023 年 10 月 15 日，振兴门业公司变更了其管理债券投资组合的业务模式，其变更符合重分类的要求，因此，振兴门业公司于 2024 年 1 月 1 日将该债券从以摊余成本计量重分类为以公允价值计量且其变动计入当期损益。2024 年 1 月 1 日，该债券的公允价值为 590 000 元，已确认的信用减值准备为 8 000 元。假设不考虑该债券的利息收入。

振兴门业公司的会计处理如下：

借：交易性金融资产	590 000	
债权投资减值准备	8 000	
公允价值变动损益	2 000	
贷：债权投资		600 000

（2）以公允价值计量且其变动计入其他综合收益的金融资产的重分类

①企业将一项以公允价值计量且其变动计入其他综合收益的金融资产重分类为以摊余成本计量的金融资产的，应当将之前计入其他综合收益的累计利得或损失转出，调整该金融资产在重分类日的公允价值，并以调整后的金额作为新的账面价值，即视同该金融资产一直以摊余成本计量。该金融资产重分类不影响其实际利率和预期信用损失的计量。

②企业将一项以公允价值计量且其变动计入其他综合收益的金融资产重分类为以公允价值计量且其变动计入当期损益的金融资产的，应当继续以公允价值计量该金融资产；同时，企业应当将之前计入其他综合收益的累计利得或损失从其他综合收益转入当期损益。

【实务 3-9】2022 年 9 月 15 日，振兴门业公司以公允价值 600 000 元购入一项债券投资，并按规定将其分类为以公允价值计量且其变动计入其他综合收益的金融资产，该债券的账面余额为 600 000 元。2023 年 10 月 15 日，振兴门业公司变更了其管理债券投资组合的业务模式，其变更符合重分类的要求，因此，振兴门业公司于 2024 年 1 月 1 日将该债券从以公允价值计量且其变动计入其他综合收益的金融资产重分类为以摊余成本计量的金融资产。2024 年 1 月 18 日，该债券的公允价值为 590 000 元，已确认的信用减值准备为 8 000 元。假设不考虑利息收入。

振兴门业公司的会计处理如下：

借：债权投资	600 000	
其他债权投资——公允价值变动	10 000	
其他综合收益——信用减值准备	8 000	
贷：其他债权投资——成本		600 000
债权投资减值准备		8 000
其他综合收益——其他债权投资公允价值变动		10 000

（3）以公允价值计量且其变动计入当期损益的金融资产的重分类

①企业将一项以公允价值计量且其变动计入当期损益的金融资产重分类为以摊余成本计量的金融资产的，应当以其在重分类日的公允价值作为新的账面余额。

②企业将一项以公允价值计量且其变动计入当期损益的金融资产重分类为以公允价值计量且其变动计入其他综合收益的金融资产的，应当继续以公允价值计量该金融资产。

对以公允价值计量且其变动计入当期损益的金融资产进行重分类的情况，企业应当根据该金融资产在重分类日的公允价值确定其实际利率。同时，企业应当自重分类日起对该金融资产适用金融工具减值的相关规定，并将重分类日视为初始确认日。

（二）金融负债的后续计量

1. 金融负债后续计量原则

企业应当按照以下原则对金融负债进行后续计量：

（1）以公允价值计量且其变动计入当期损益的金融负债，应当按照公允价值进行后续计量。

（2）上述金融负债以外的金融负债，除特殊规定外，应当按摊余成本进行后续计量。金融负债的摊余成本，应当以该金融负债的初始确认金额经下列调整后的结果扣除已偿还的本金。

（3）加上或减去采用实际利率法将该初始确认金额与到期日金额之间的差额进行摊销形成的累计摊销额。

2. 金融负债后续计量的会计处理

（1）对于以公允价值进行后续计量的金融负债，其公允价值变动形成利得或损失，除与套期会计有关外，应当计入当期损益。

【实务 3-10】2023 年 7 月 1 日，振兴门业公司经批准在全国银行间债券市场公开发行 80 万元短期融资债券，期限为 1 年，票面年利率为 5%，每张面值为 100 元，到期一次还本付息。所募集资金主要用于公司购买生产经营所需的原材料及配套件等。公司将该短期融资券指定为以公允价值计量且其变动计入当期损益的金融负债。假定不考虑发行短期融资券相关的交易费用以及企业自身信用风险变动。2023 年 12 月 31 日，该短期融资券市场价格每张 120 元（不含利息）；2024 年 6 月 30 日，该短期融资券到期兑付完成。

据此，振兴门业公司账务处理如下（单位：元）：

① 2023 年 7 月 1 日，发行短期融资券。

借：银行存款	800 000	
贷：交易性金融负债——本金		800 000

② 2023 年 12 月 31 日，年末确认公允价值变动和利息费用。

借：公允价值变动损益	160 000	
贷：交易性金融负债——公允价值变动		160 000
借：财务费用	20 000	
贷：交易性金融资产——应计利息		20 000

③ 2024 年 6 月 30 日，短期融资券到期。

借：财务费用	20 000	
贷：交易性金融资产——应计利息		20 000
借：交易性金融负债——本金	800 000	
——公允价值变动	160 000	

——应计利息　　40 000

贷：投资收益　　160 000

　　银行存款　　840 000

（2）以摊余成本计量且不属于任何套期关系一部分的金融负债所产生的利得或损失，应当在终止确认时计入当期损益或在按照实际利率法摊销时计入相关期间损益。

【实务 3-11】振兴门业公司发行公司债券为建造专用生产线筹集资金。有关资料如下：

（1）2020 年 12 月 31 日，振兴门业公司委托证券公司以 9 755 000 的价格发行 3 年期分期付息公司债券。该债券面值为 10 000 000 元，票面年利率 4.5%，实际年利率 5.64%，每年付息一次，到期后按面值偿还。假定不考虑发行公司债券相关的交易费用。

（2）生产线建造工程采用出包方式，于 2021 年 1 月 1 日开始动工，发行债券所得款项当日全部支付给建造承包商，2022 年 12 月 31 日所建造生产线达到预定可使用状态。

（3）假定各年度利息的实际支付日期均为下年度的 1 月 10 日；2024 年 1 月 10 日支付 2023 年度利息，一并偿付面值。

（4）所有款项均以银行存款支付。

据此，振兴门业公司计算得出该债券在各年年末的摊余成本、应付利息金额、当年应予资本化或费用化的利息金额、利息调整的本年摊销和年末余额。有关结果如表 3-4 所示。

表 3-4　实际利率法计算　　单位：元

项目		2020 年 12 月 31 日	2021 年 12 月 31 日	2022 年 12 月 31 日	2023 年 12 月 31 日
年末摊余成本	面值	10 000 000	10 000 000	10 000 000	10 000 000
	利息调整	-245 000	-144 818	-38 986	0
	合计	9 755 000	9 855 182	9 961 014	10 000 000
当年末应予资本化或费用化的利息金额			550 182	555 832	488 986
年末应付利息金额			450 000	450 000	450 000
“利息调整”本年推销额			100 182	105 832	38 986

相关账务处理如下：

（1）2020 年 12 月 31 日，发行债券。

借：银行存款　　9 755 000

　　应付债券——利息调整　　245 000

　贷：应付债券——面值　　10 000 000

（2）2021 年 12 月 31 日，确认和结转利息。

借：在建工程　　550 182

　贷：应付债券——应计利息　　450 000

　　　　　　——利息调整　　100 182

（3）2022 年 1 月 10 日，支付利息。

借：应付债券——应计利息　　450 000

　贷：银行存款　　450 000

（4）2022 年 12 月 31 日，确认和结转利息。

借：在建工程　　555 832

　贷：应付债券——应计利息　　450 000

　　　　　　——利息调整　　105 832

（5）2023 年 1 月 10 日，支付利息。

借：应付债券——应计利息　　450 000

　贷：银行存款　　450 000

（6）2023 年 12 月 31 日，确认和结转利息。

借：财务费用　　488 986

　贷：应付债券——应计利息　　450 000

　　　　　　——利息调整　　38 986

（7）2024 年 1 月 10 日，债券到期兑付。

借：应付债券——应计利息　　450 000

　　　　　——面值　　10 000 000

　贷：银行存款　　10 450 000

◇ 本项目工作小结

企业的金融资产主要包括库存现金、银行存款、应收账款、应收票据、其他应收款、贷款、垫款、债权投资、股权投资、基金投资、衍生金融资产等。企业应当根据其管理金融资产的业务模式和金融资产的合同现金流量特征，将金融资产划分为以下三类：①以摊余成本计量的金融资产；②以公允价值计量且其变动计入其他综合收益的金融资产；③以公允价值计量且其变动计入当期损益的金融资产。上述分类一经确定，不得随意变更。

金融负债主要包括应付账款、长期借款、其他应付款、应付票据、应付债券、衍生金融负债等。企业应当将金融负债分类为：①以公允价值计量且其变动计入当期损益的金融负债，包括交易性金融负债（含属于金融负债的衍生工具）和指定为以公允价值计量且其变动计入当期损益的金融负债；②不符合终止确认条件的金融资产转移或继续涉入被转移金融资产所形成的金融负债；③不符合上述①或②情形的财务担保合同，以及不符合上述①情形的、以低于市场利率贷款的贷款承诺；④以摊余成本计量的金融负债。在非同一控制下的企业合并中，企业作为购买方确认的或有对价形成金融负债的，该金融负债应当按照以公允价值计量且其变动计入当期损益进行会计处理。企业对金融负债的分类一经确定，不得变更。

通过学习，掌握金融资产和金融负债的确认和分类、初始计量、后续计量。

◇ 任务实战

1. 甲公司2×22年度至2×24年度对乙公司债券投资业务的相关资料如下：

（1）2×22年1月1日，甲公司以银行存款1 800万元购入乙公司当日发行的5年期公司债券，以摊余成本计量，该债券面值总额为2 000万元，票面年利率为5%，每年年末支付利息，到期一次偿还本金，但不得提前赎回。甲公司该债券投资的实际年利率为7.47%。

（2）2×22年12月31日，甲公司收到乙公司支付的债券利息100万元。当日，该债券投资未发生预期信用损失。

（3）2×23年12月31日，甲公司收到乙公司支付的债券利息100万元。当日，甲公司按整个存续期间内的预期信用损失确认的减值准备为271.49万元。

（4）2×24年1月1日，甲公司以1 630万元的价格全部售出所持有的乙公司债券，款项已收存银行。

假定甲公司债权投资全部为对乙公司的债券投资。除上述资料外，不考虑其他因素。

要求：

（1）编制甲公司2×22年1月1日购入乙公司债券的会计分录。

（2）计算甲公司2×22年度因持有该债券确认的投资收益，并编制相关会计分录。

（3）计算甲公司2×23年度因持有该债券确认的投资收益，并编制相关会计分录。

（4）计算甲公司2×24年1月1日出售该债券应确认的投资收益，并编制相关会计分录。

（“债权投资”科目要求写出必要的明细科目）

2. 甲公司2×23年度至2×24年度对乙公司债券投资业务的相关资料如下：

（1）2×23年1月1日，甲公司以3 000万元（与公允价值相等）购入乙公司同日发行的债券，该债券期限为5年，债券面值为3 750万元，票面年利率为4.72%，购入时实际年利率为10%，每年12月31日收取利息，甲公司将该债券分类为以公允价值计量且其变动计入其他综合收益的金融资产。

(2) 2×23 年 12 月 31 日，该债券投资公允价值为 3 135 万元，按预期信用损失法确认的预期信用损失准备为 15 万元。

(3) 2×23 年 12 月 31 日，甲公司变更了其管理债券投资的业务模式，该变更符合企业会计准则对金融资产重分类的规定。甲公司将该债券投资重分类为以摊余成本计量的金融资产。2×24 年 1 月 1 日，该债券投资公允价值仍为 3 135 万元。

假设不考虑其他因素。

要求：

(1) 编制 2×23 年 1 月 1 日甲公司购入乙公司债券的会计分录。

(2) 计算甲公司 2×23 年 12 月 31 日应确认的投资收益和其他综合收益，并编制相关会计分录。

(3) 计算 2×24 年 1 月 1 日甲公司对债券进行重分类后的账面价值，并编制相关会计分录。

(“其他债权投资”和“债权投资”科目要求写出必要的明细科目)

◇ 知识巩固

习题

习题答案解析

项目四

长期股权投资核算业务

◇ 学习目标

知识目标

- 理解长期股权投资的基本概念。
- 掌握长期股权投资的核算范围。
- 掌握长期股权投资的初始计量、后续计量、核算方法转换及处置的核算原则。

技能目标

- 能够正确辨别长期股权投资。
- 能够正确核算长期股权投资的初始计量、后续计量、转换及处置。
- 能够对长期股权投资相关业务进行正确的账务处理。

素质目标

● 职业道德：遵守职业道德规范，保持诚信、公正的职业操守，维护企业的利益和声誉。

● 风险意识：具备强烈的风险意识，能够敏锐地识别和评估长期股权投资可能带来的潜在风险，并采取相应的防范措施。

● 谨慎态度：在处理长期股权投资时保持谨慎、客观的态度，遵循会计准则和规定，确保财务信息的真实性和可靠性。

● 持续学习：具备持续学习的意识和能力，关注长期股权投资相关的最新法规、准则和案例，不断提升自己的专业水平和综合素质。

◇ 思维导图

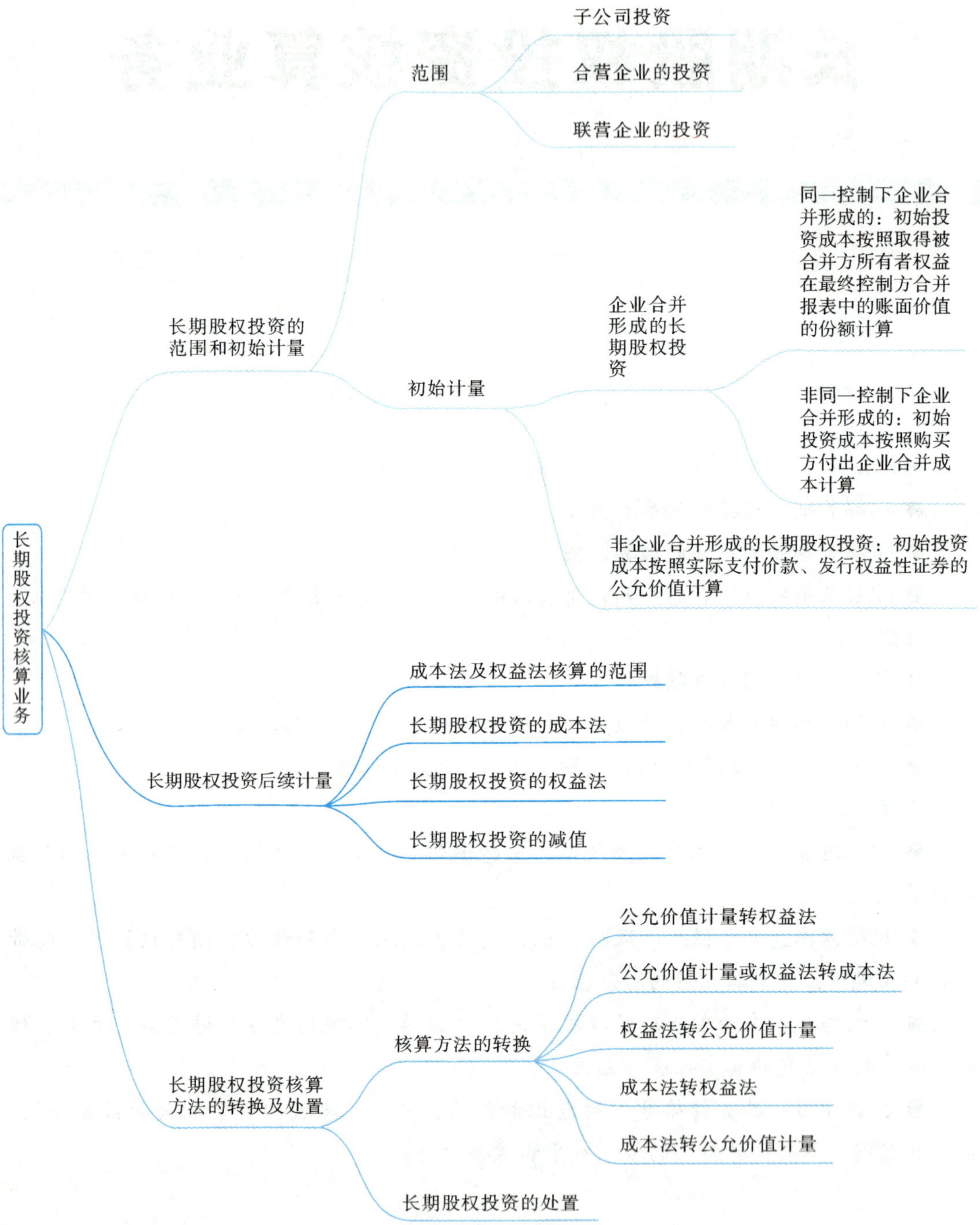

图 4-1　长期股权投资核算业务思维导图

◇ 学习任务

股权投资，又称权益性投资，是指通过付出现金或非现金资产等取得被投资单位的股份或股权，享有一定比例的权益份额代表的资产。企业在其生产经营之外，会为了有效地利用其资金，进行各种长期权益性投资，以获取一定的经济利益。

任务一　长期股权投资的范围和初始计量

一、长期股权投资的范围

长期股权投资主要包括三个方面：

（一）投资方能够对被投资单位实施控制的权益性投资，即对子公司投资

控制，是指投资方拥有对被投资方的权力，通过参与被投资方的相关活动而享有可变回报，并且有能力运用对被投资方的权力影响其回报金额。

（二）投资方与其他合营方一同对被投资单位实施共同控制且对被投资单位净资产享有权利的权益性投资，即对合营企业的投资

共同控制，是指按照相关约定对某项安排所共有的控制，并且该安排的相关活动必须经过分享控制权的参与方一致同意后才能决策。合营企业是共同控制一项安排的参与方仅对该安排的净资产享有权利的合营安排。

相关活动是指对被投资方的回报产生重大影响的活动。包括但不限于：商品或劳务的销售和购买；金融资产的管理；资产的购买和处置；研究与开发活动；确定资本结构和获取融资。

在判断是否存在共同控制时，应当首先判断所有参与方或参与方组合是否集体控制该安排，其次再判断该安排相关活动的决策是否必须经过这些集体控制该安排的参与方一致同意。如果存在两个或两个以上的参与方组合能够集体控制某项安排的情况，不构成共同控制。仅享有保护性权利的参与方不享有共同控制。

（三）投资方对被投资单位具有重大影响的权益性投资，即对联营企业的投资

重大影响，是指投资方对被投资单位的财务和经营政策有参与决策的权力，但并不能够控制或者与其他方一起共同控制这些政策的制定。投资方能够对被投资单位施加重大影响的，被投资单位为其联营企业。实务中，较为常见的重大影响体现为在被投资单位的董事会或类似权力机构中派有代表，通过在被投资单位财务和经营决策制定过程中

的发言权实施重大影响。

投资方直接或通过子公司间接持有被投资单位20%以上但低于50%的表决权时，一般认为对被投资单位具有重大影响，除非有明确的证据表明该种情况下不能参与被投资单位的生产经营决策，不形成重大影响。

长期股权投资在取得时，应按初始投资成本入账。长期股权投资的初始投资成本，应分别企业合并和非企业合并两种情况确定（上述对子公司的投资称企业合并：又分同一控制下的企业合并和非同一控制下的企业合并，对联营企业及合营企业的投资称非企业合并）。

二、长期股权投资的初始计量

（一）企业合并形成的长期股权投资

1. 同一控制下的企业合并形成的长期股权投资

同一控制下的企业合并，合并方以支付现金、转让非现金资产或承担债务方式作为合并对价的，应当在合并日按照取得的被合并方所有者权益在最终控制方合并财务报表中的账面价值的份额作为长期股权投资的初始投资成本。长期股权投资初始投资成本与支付的现金、转让的非现金资产以及所承担债务账面价值之间的差额，应当调整资本公积（资本溢价或股本溢价）；资本公积（资本溢价或股本溢价）不足冲减的，调整留存收益。

合并方以发行权益性证券作为合并对价的，应当在合并日按照取得的被合并方所有者权益在最终控制方合并财务报表中的账面价值的份额作为长期股权投资的初始投资成本。按照发行股份的面值总额作为股本，长期股权投资初始投资成本与所发行股份面值总额之间的差额，应当调整资本公积（资本溢价或股本溢价）；资本公积（资本溢价或股本溢价）不足冲减的，调整留存收益。发行权益性证券的发行费用应冲减资本公积，购买方为企业合并发生的审计、法律服务、评估咨询等中介费用以及其他相关管理费用，应于发生时计入当期损益。

【实务 4-1】2024 年 12 月 30 日，振兴门业公司向其母公司 P 发行 10 000 000 股普通股（每股面值为 1 元，市价为 4.28 元），取得母公司 P 拥有对 S 公司 100% 的股权，并于当日起能够对 S 公司实施控制。合并后 S 公司仍维持其独立法人地位继续经营。2024 年 12 月 30 日 P 公司合并财务报表中的 S 公司净资产账面价值为 40 020 000 元。假定振兴门业公司和 S 公司在企业合并前采用的会计政策相同。合并日，振兴门业公司与 S 公司所有者权益的构成如表 4-1 所示。

表 4-1　2024 年 12 月 30 日　　　　单位：元

	振兴门业公司	S 公司
实收资本	30 000 000	10 000 000
资本公积	20 000 000	6 000 000

表4-1(续)

	振兴门业公司	S 公司
盈余公积	20 000 000	20 000 000
未分配利润	23 550 000	4 020 000
合计	93 550 000	40 020 000

S 公司在合并后维持其法人资格继续经营，合并日振兴门业公司在其账簿及个别财务报表中应确认对 S 公司的长期股权投资，其成本为合并日享有 S 公司在 P 公司合并财务报表中的净资产账面价值的份额，账务处理为：

借：长期股权投资——S 公司　　40 020 000
　贷：股本　　10 000 000
　　资本公积——股本溢价　　30 020 000

2. 非同一控制下企业合并形成的长期股权投资

非同一控制下的控股合并中，购买方应当按照确定的企业合并成本作为长期股权投资的初始投资成本。企业合并成本包括购买方付出的资产、发生或承担的负债、发行的权益性工具或债务性工具的公允价值之和。购买方为企业合并发生的审计、法律服务、评估咨询等中介费用以及其他相关管理费用，应于发生时计入当期损益；购买方作为合并对价发行的权益性工具或债务性工具的交易费用，应当计入权益性工具或债务性工具的初始确认金额。

非同一控制下的企业合并，投出资产为非货币性资产时，投出资产公允价值与其账面价值的差额应分不同资产进行会计处理：

（1）投出资产为固定资产或无形资产，其差额计入资产处置损益。

（2）投出资产为存货，按其公允价值确认主营业务收入或其他业务收入，按其成本结转主营业务成本或其他业务成本。

（3）投出资产为以公允价值计量且其变动计入当期损益的金融资产等投资的，其差额计入投资收益。以公允价值计量且其变动计入其他综合收益的金融资产持有期间公允价值变动形成的“其他综合收益”应一并转入相关科目。

【实务 4-2】2024 年 12 月 10 日，振兴门业公司以一项专利权和银行存款 2 000 000 元向丙公司投资（振兴门业公司和丙公司不属于同一控制的两个公司），占丙公司注册资本的 70%，该专利权的账面原价为 50 000 000 元，已计提累计摊销 6 000 000 元，已计提无形资产减值准备 2 000 000 元，公允价值为 40 000 000 元。不考虑其他相关税费。振兴门业公司的会计处理如下：

借：长期股权投资——丙公司　　42 000 000
　　累计摊销　　6 000 000
　　无形资产减值准备　　2 000 000
　　资产处置损益　　2 000 000

贷：无形资产　　　　　　　　　　　　　　　　　　　　　　50 000 000
　　银行存款　　　　　　　　　　　　　　　　　　　　　　　2 000 000

【实务 4-3】振兴门业公司 2024 年 12 月 10 日与乙公司原投资者 A 公司签订协议，振兴门业公司和乙公司不属于同一控制下的公司。振兴门业公司以存货和承担 A 公司的短期还贷款义务换取 A 持有的乙公司股权，2024 年 12 月 10 日合并日乙公司可辨认净资产公允价值为 10 000 000 元，振兴门业公司取得 70%的份额。振兴门业公司投出存货的公允价值为 5 000 000 元，增值税率为 13%，账面成本 4 000 000 元，承担归还短期贷款义务 2 000 000 元。会计处理如下：

借：长期股权投资——乙公司　　　　　　　　　　　7 650 000
　贷：短期借款　　　　　　　　　　　　　　　　　　　　2 000 000
　　主营业务收入　　　　　　　　　　　　　　　　　　　5 000 000
　　应交税费——应交增值税（销项税额）　　　　　　　　　650 000
借：主营业务成本　　　　　　　　　　　　　　　　4 000 000
　贷：库存商品　　　　　　　　　　　　　　　　　　　　4 000 000

【实务 4-4】2024 年 12 月 10 日，振兴门业公司以一项以公允价值计量且其变动计入其他综合收益的金融资产（债券）向丙公司投资（振兴门业公司和丙公司不属于同一控制的两个公司），占丙公司注册资本的 70%，该金融资产 12 月 10 日的公允价值为 25 000 000 元，累计计入其他综合收益的金额为 5 000 000 元，取得时成本为 20 000 000 元。不考虑其他相关税费。振兴门业公司的会计处理如下：

借：长期股权投资——丙公司　　　　　　　　　　25 000 000
　贷：其他债权投资　　　　　　　　　　　　　　　　　25 000 000
借：其他综合收益　　　　　　　　　　　　　　　　5 000 000
　贷：投资收益　　　　　　　　　　　　　　　　　　　　5 000 000

（二）企业合并以外方式取得的长期股权投资

除企业合并形成的长期股权投资以外，以其他方式取得的长期股权投资，应当按照下列规定确定其初始投资成本：

1. 以支付现金取得的长期股权投资，应当按照实际支付的购买价款作为初始投资成本。初始投资成本包括与取得长期股权投资直接相关的费用、税金及其他必要支出。企业取得长期股权投资，实际支付的价款或对价中包含的已宣告但尚未发放的现金股利或利润，应作为应收项目处理。

【实务 4-5】2024 年 12 月 10 日，振兴门业公司从证券市场上购入丁公司发行在外的 1 000 万股股票作为长期股权投资，每股 8 元（含已宣告但尚未发放的现金股利 0.5 元），实际支付价款 80 000 000 元，另支付相关税费 400 000 元。振兴门业公司的会计处理如下：

借：长期股权投资——丁公司——投资成本 75 400 000

应收股利 5 000 000

贷：银行存款 80 400 000

2. 以发行权益性证券取得的长期股权投资，应当按照发行权益性证券的公允价值作为初始投资成本。为发行权益性证券支付的手续费、佣金等应自权益性证券的溢价发行收入中扣除，溢价收入不足的，应冲减盈余公积和未分配利润。

【实务 4-6】2024 年 12 月 10 日，振兴门业公司发行股票 10 000 000 股作为对价向 A 公司投资，每股面值为 1 元，实际发行价为每股 3 元，另支付相关费用 90 000 元。不考虑相关税费。振兴门业公司的会计处理如下：

借：长期股权投资——A 公司——投资成本 30 000 000

贷：股本 10 000 000

资本公积——股本溢价 20 000 000

借：资本公积——股本溢价 90 000

贷：银行存款 90 000

3. 投资者投入的长期股权投资，应当按照投资合同或协议约定的价值作为初始投资成本，但合同或协议约定价值不公允的除外。

【实务 4-7】2024 年 12 月 10 日，振兴门业公司接受 B 公司投资，B 公司将持有的对 C 公司的长期股权投资投入到振兴门业公司。B 公司持有的对 C 公司的长期股权投资的账面余额为 8 000 000 元，未计提减值准备。振兴门业公司和 B 公司投资合同约定的价值为 10 000 000 元，振兴门业公司的注册资本为 50 000 000 元，B 公司投资持股比例为 20%。振兴门业公司的会计处理如下：

借：长期股权投资——C 公司——投资成本 10 000 000

贷：实收资本 10 000 000

4. 以非货币性资产交换、债务重组等方式取得的长期股权投资，其初始投资成本的确定应当分别按照《企业会计准则第 7 号——非货币性资产交换》《企业会计准则第 12 号——债务重组》的有关规定进行会计处理。

课程思政

通过话题讨论——“谈谈不同方式取得长期股权投资的初始计量”，引导学生深入比较合并方式（同一控制下和非同一控制下）形成的与非企业合并方式形成的长期股权投资不同的计量，同一控制下企业合并形成的长期股权投资是指发生在同一企业集团内部企业之间的合并，因为是集团内部的合并，所以强调的是一个账面价值的概念，可以理解为内部交易，则初始计量不体现损益。而非同一控制下合并方式形成的与非企业合并方式形成的长期股权投资，不是集团内部交易，初始计量体现的是公允价值，从而让学生树立创新的金融理念及风险意识，采用科学的方法观察和探讨金融问题，提升学生运用金融理论处理金融现实问题的综合能力，培养良好的职业素养，增强社会责任感。

任务二　长期股权投资后续计量

一、成本法及权益法核算的范围

长期股权投资后续计量方法见表4-2。

表4-2　长期股权投资后续计量方法

取得方式		后续计量
企业合并方式	同一控制	成本法核算
	非同一控制	成本法核算
企业合并以外的方式（共同控制或重大影响）		权益法核算

二、长期股权投资的成本法

采用成本法核算的长期股权投资，除取得投资时实际支付的价款或对价中包含的已宣告但尚未发放的现金股利或利润外，投资企业应当按照享有被投资单位宣告发放的现金股利或利润确认投资收益，不再划分是否属于投资前和投资后被投资单位实现的净利润。

企业按照上述规定确认被投资单位应分得的现金股利或利润后，应当考虑长期股权投资是否发生减值。在判断该类长期股权投资是否存在减值迹象时，应当关注长期股权投资的账面价值是否大于享有被投资单位净资产（包括相关商誉）账面价值的份额等类似情况。出现类似情况时，企业应当按照《企业会计准则第8号——资产减值》对长期股权投资进行减值测试，可收回金额低于长期股权投资账面价值的，应当计提减值准备。

【实务4-8】振兴门业公司与乙公司2024年与投资有关资料如下：

（1）2024年4月1日振兴门业公司支付现金10 000 000元取得乙公司60%的股权（非同一控制）。

（2）2024年4月20日，乙公司宣告分配2023年实现的净利润，现金股利总共2 000 000元。

（3）振兴门业公司于2024年5月10日收到现金股利。

（4）2024年，乙公司发生亏损2 000 000元。

要求：编制振兴门业公司上述与投资有关的业务的会计分录。

(1) 借：长期股权投资——乙公司 10 000 000
　　贷：银行存款 10 000 000
(2) 借：应收股利 (2 000 000×60%) 1 200 000
　　贷：投资收益 1 200 000
(3) 借：银行存款 1 200 000
　　贷：应收股利 1 200 000
(4) 振兴门业公司采用成本法核算，不作账务处理。

三、长期股权投资的权益法

采用权益法核算的长期股权投资，一般的会计处理为：

(1) 初始投资或追加投资时，按照初始投资成本或追加投资的投资成本，增加长期股权投资的账面价值。

(2) 比较初始投资成本与投资时应享有被投资单位可辨认净资产公允价值的份额，前者大于后者的，不调整长期股权投资账面价值；前者小于后者的，应当按照两者之间的差额调整长期股权投资的账面价值，同时计入取得投资当期损益（营业外收入）。

(3) 持有投资期间，随着被投资单位所有者权益的变动相应调整增加或减少长期股权投资的账面价值，并分为以下情况处理：投资方对于因被投资单位实现净损益和其他综合收益而产生的所有者权益的变动，应当按照应享有的份额，增加或减少长期股权投资的账面价值，同时确认投资损益和其他综合收益；对于被投资单位宣告分派的利润或现金股利计算应分得的部分，相应减少长期股权投资的账面价值；对于被投资单位除净损益、其他综合收益以及利润分配以外的因素导致的其他所有者权益变动，相应调整长期股权投资的账面价值，同时确认资本公积（其他资本公积）。投资企业取得长期股权投资后，应当按照应享有或应分担的被投资单位实现的净损益的份额，确认投资损益并调整长期股权投资的账面价值。投资企业按照被投资单位宣告分派的利润或现金股利计算应分得的部分，相应减少长期股权投资的账面价值。

（一）初始投资成本调整

对于共同控制、重大影响这两种方式的长期股权投资，当初始投资成本大于投资时应享有被投资单位可辨认净资产公允价值份额时，不调整长期股权投资的初始投资成本；当初始投资成本小于投资时应享有被投资单位可辨认净资产公允价值份额时，应按其差额，借记“长期股权投资”科目，贷记“营业外收入”科目。

【实务 4-9】振兴门业公司以银行存款 10 000 000 元取得 B 公司 30%的股权，取得投资时被投资单位可辨认净资产的公允价值为 30 000 000 元。

如振兴门业公司能够对 B 公司施加重大影响，则振兴门业公司应进行的会计处理为：

借：长期股权投资——B 公司——投资成本　　10 000 000

　贷：银行存款　　10 000 000

注：商誉 1 000 000 元（10 000 000−30 000 000×30%）体现在长期股权投资成本中。

（2）如投资时 B 公司可辨认净资产的公允价值为 35 000 000 元，则振兴门业公司应进行的处理为：

借：长期股权投资——B 公司——投资成本　　10 000 000

　贷：银行存款　　10 000 000

借：长期股权投资——B 公司——投资成本（35 000 000×30%−10 000 000）　　500 000

　贷：营业外收入　　500 000

【实务 4-10】振兴门业公司于 2024 年 12 月 10 日取得 B 公司 30% 的股权，实际支付价款 28 000 000 元。取得投资时被投资单位账面所有者权益的构成如下（假定该时点被投资单位各项可辨认资产、负债的公允价值与其账面价值相同）：

实收资本	30 000 000
资本公积	24 000 000
盈余公积	6 000 000
未分配利润	15 000 000
所有者权益总额	75 000 000

假定在 B 公司的董事会中，所有股东均以其持股比例行使表决权。振兴门业公司在取得对 B 公司的股权后，派人参与了 B 公司的财务和生产经营决策。因能够对 B 公司的生产经营决策施加重大影响，振兴门业公司对该项投资采用权益法核算。取得投资时，A 公司应进行的账务处理为：

借：长期股权投资——B 公司——投资成本　　28 000 000

　贷：银行存款　　28 000 000

长期股权投资的成本 28 000 000 元大于取得投资时应享有 B 公司可辨认净资产公允价值的份额 22 500 000 元（75 000 000×30%），不对其初始投资成本进行调整。

假定上例中取得投资时 B 公司可辨认净资产公允价值为 100 000 000 元，振兴门业公司按持股比例 30% 计算确定应享有 30 000 000 元，则初始投资成本与应享有 B 公司可辨认净资产公允价值份额之间的差额 2 000 000 元应计入取得投资当期的损益。

借：长期股权投资——B 公司——投资成本　　30 000 000

　贷：银行存款　　28 000 000

　　　营业外收入　　2 000 000

（二）投资损益的确认

采用权益法核算的长期股权投资，在确认应享有（或分担）被投资单位的净利润（或净亏损）时，在被投资单位账面净利润的基础上，应考虑以下因素进行适当调整：

（1）被投资单位采用的会计政策和会计期间与投资方不一致的，应按投资方的会计政策和会计期间对被投资单位的财务报表进行调整，在此基础上确定被投资单位的损益。

（2）以取得投资时被投资单位固定资产、无形资产等的公允价值为基础计提的折旧额或摊销额，以及有关资产减值准备金额等对被投资单位净利润的影响。投资方取得投资时，被投资单位有关资产、负债的公允价值与其账面价值不同的，未来期间，在计算归属于投资方应享有的净利润或应承担的净亏损时，应考虑对被投资单位计提的折旧额、摊销额以及资产减值准备金额等进行调整。

投资方在对被投资单位的净利润进行调整时，应考虑重要性原则，不具有重要性的项目可不予调整。投资企业无法合理确定取得投资时被投资单位各项可辨认资产、负债等公允价值的，或者投资时被投资单位可辨认资产、负债的公允价值与账面价值之间的差额不具有重要性的，或是其他原因导致无法取得对被投资单位净利润进行调整所需资料的，可以被投资单位的账面净利润为基础，经调整未实现内部交易损益后，计算确认投资收益。

【实务 4-11】沿用【实务 4-10】资料，假定振兴门业公司长期股权投资的成本大于取得投资时乙公司可辨认净资产公允价值份额的情况下，2024 年乙公司实现净利润 6 000 000 元。振兴门业公司、乙公司均以公历年度作为会计年度，采用相同的会计政策。由于投资时乙公司各项资产、负债的账面价值与其公允价值相同，不需要对乙公司的净利润进行调整，振兴门业公司应确认的投资收益为 1 800 000 元（6 000 000×30%），一方面增加长期股权投资的账面价值，另一方面作为利润表中的投资收益确认。振兴门业公司的会计处理如下：

借：长期股权投资——乙公司——损益调整　　　　1 800 000

　贷：投资收益　　　　1 800 000

【实务 4-12】振兴门业公司于 2024 年 1 月 2 日购入乙公司 30%的股份，购买价款为 21 000 000 元，自取得股份之日起振兴门业公司派人参与乙公司的生产经营决策。取得投资日，乙公司可辨认净资产公允价值为 65 000 000 元，除表 4-3 所列项目外，其他资产、负债的公允价值与账面价值相同。

表 4-3　存货、固定资产、无形资产的账面原价、折旧及公允价值情况

项目	账面原价/元	已提折旧/元	公允价值/元	原预计使用年限/年	剩余使用年限/年
存货	5 000 000		7 000 000		
固定资产	10 000 000	2 000 000	12 000 000	20	16
无形资产	6 000 000	1 200 000	8 000 000	10	8
小计	21 000 000	3 200 000	27 000 000		

假定乙公司2024年实现净利润8 000 000元，其中在振兴门业公司取得投资时的账面存货5 000 000元中有80%对外出售。振兴门业公司与乙公司的会计年度和采用的会计政策相同。固定资产、无形资产等均按直线法提取折旧或摊销，预计净残值均为0。假定振兴门业公司和乙公司间未发生其他任何内部交易。振兴门业公司在确定其应享有乙公司2024年的投资收益时，应在乙公司实现净利润的基础上，根据取得投资时乙公司有关资产的账面价值与其公允价值差额的影响进行调整（假定不考虑相关税费等其他因素影响）：

调整后的净利润=8 000 000 －（7 000 000－5 000 000）×80% －（12 000 000 ÷ 16 －10 000 000 ÷20）－（8 000 000÷8－6 000 000 ÷ 10）= 5 750 000（元）

振兴门业公司应享有份额=5 750 000×30% =1 725 000（元）

借：长期股权投资——乙公司——损益调整　　　　1 725 000

　贷：投资收益　　　　1 725 000

（3）对于投资方或纳入投资方合并财务报表范围的子公司与其联营企业及合营企业之间发生的未实现内部交易损益应予抵销。即投资方与联营企业及合营企业之间发生的未实现内部交易损益，按照应享有的比例计算归属于投资方的部分，应当予以抵销，在此基础上确认投资损益。投资方与被投资单位发生的内部交易损失，按照资产减值准则等规定属于资产减值损失的，应当全额确认。

未实现内部交易损益的抵销，应当分别顺流交易和逆流交易进行会计处理。顺流交易是指投资方向其联营企业或合营企业投出或出售资产。逆流交易是指联营企业或合营企业向投资方投出或出售资产。未实现内部交易损益体现在投资方或其联营企业、合营企业持有的资产账面价值中的，在计算确认投资损益时应予抵销。

①对于投资方向联营企业或合营企业投出或出售资产的顺流交易，在该交易存在未实现内部交易损益的情况下（即有关资产未对外部独立第三方出售或未被消耗），投资方在采用权益法计算确认应享有联营企业或合营企业的投资损益时，应抵销该未实现内部交易损益的影响，同时调整对联营企业或合营企业长期股权投资的账面价值。投资方因投出或出售资产给其联营企业或合营企业而产生的损益中，应仅限于确认归属于联营企业或合营企业其他投资方的部分。

【实务4-13】振兴门业公司持有乙公司20%有表决权的股份，能够对乙公司施加重大影响。2024年9月，振兴门业公司将其账面价值为6 000 000元的商品以10 000 000元的价格出售给乙公司，乙公司将取得的商品作为管理用固定资产，预计使用寿命为10年，净残值为0。假定振兴门业公司取得该项投资时，乙公司各项可辨认资产、负债的公允价值与其账面价值相同，两者在以前期间未发生过内部交易。乙公司2024年实现净利润为18 000 000元。不考虑相关税费等其他因素影响。振兴门业公司在该项交易中实现利润4 000 000（10 000 000－6 000 000）元，其中的800 000元（4 000 000×20%）是针对本公司持有的对联营企业的权益份额，在采用权益法计算确认投资损益时应予抵销，同时应考虑相关固定资产折旧对损益的影响，即振兴门业公司应当进行以下账务处理：

借：长期股权投资——乙公司——损益调整

[（18 000 000 −4 000 000 + 4 000 000÷10÷12×3）×20%] 2 820 000

贷：投资收益 2 820 000

②对于联营企业或合营企业向投资方投出或出售资产的逆流交易，比照上述顺流交易处理。

【实务 4-14】振兴门业公司持有乙公司 20%有表决权股份，能够对乙公司施加重大影响。2024 年 8 月，乙公司将其成本为 9 000 000 元的某商品以 15 000 000 元的价格出售给振兴门业公司，振兴门业公司将取得的商品作为存货。至 2024 年 12 月 31 日，振兴门业公司仍未对外出售该存货。乙公司 2024 年实现净利润 50 000 000 元。假定振兴门业公司取得该项投资时，乙公司各项可辨认资产、负债的公允价值与其账面价值相同，两者在以前期间未发生过内部交易。假定不考虑相关税费等其他因素影响。

振兴门业公司在按照权益法确认应享有乙公司 2024 年净损益时，应进行以下账务处理：

借：长期股权投资——乙公司——损益调整[（50 000 000 － 6 000 000）×20%]

8 800 000

贷：投资收益 8 800 000

假定 2025 年，振兴门业公司将该商品以 18 000 000 元的价格出售给外部独立第三方，因该部分内部交易损益已经实现，振兴门业公司在确认应享有乙公司 2025 年净损益时，应考虑将原未确认的该部分内部交易损益计入投资损益，即应在考虑其他因素计算确定的投资损益基础上调整增加 1 200 000 元。

假定乙公司 2025 年实现的净利润为 40 000 000 元。

振兴门业公司的账务处理如下：

借：长期股权投资——乙公司——损益调整 [（40 000 000 +6 000 000）×20%]

9 200 000

贷：投资收益 9 200 000

应当说明的是，投资方与联营、合营企业之间的顺流交易或逆流交易产生的未实现内部交易损失，其中属于所转让资产发生减值损失的，有关未实现内部交易损失不应予以抵销。

【实务 4-15】振兴门业公司持有乙公司 20%有表决权的股份，能够对乙公司施加重大影响。2024 年，振兴门业公司将其账面价值为 1 800 000 元的商品以 1 500 000 元的价格出售给乙公司。至 2024 年 12 月 31 日，该批商品尚未对外部第三方出售。假定振兴门业公司取得该项投资时，乙公司各项可辨认资产、负债的公允价值与其账面价值相同，两者在以前期间未发生过内部交易。乙公司 2024 年实现净利润为 20 000 000 元。不考虑相关税费等其他因素影响。

振兴门业公司在确认应享有乙公司 2024 年净损益时，如果有证据表明该商品交易价格 1 500 000 元与其账面价值 1 800 000 元之间的差额为减值损失的，不应予以抵销。振兴门业公司应当进行以下会计处理：

借：长期股权投资——乙公司——损益调整（20 000 000 × 20%） 4 000 000

贷：投资收益 4 000 000

（三）超额亏损的确认

按照权益法核算的长期股权投资，投资企业确认应分担被投资单位发生的损失，原则上应以长期股权投资及其他实质上构成对被投资单位净投资的长期权益减记至零为限，投资企业负有承担额外损失义务的除外。这里所讲“其他实质上构成对被投资单位净投资的长期权益”通常是指长期应收项目，比如，企业对被投资单位的长期债权，该债权没有明确的清收计划、且在可预见的未来期间不准备收回的，实质上构成对被投资单位的净投资，但不包括投资企业与被投资单位之间因销售商品、提供劳务等日常活动所产生的长期债权。

投资企业在确认应分担被投资单位发生的亏损时，具体应按照以下顺序处理：

首先，减记长期股权投资的账面价值。

其次，在长期股权投资的账面价值减记至零的情况下，对于未确认的投资损失，考虑除长期股权投资以外，账面上是否有其他实质上构成对被投资单位净投资的长期权益项目，如果有，则应以其他长期权益的账面价值为限，继续确认投资损失，冲减长期应收项目等的账面价值。

最后，经过上述处理，按照投资合同或协议约定，投资企业仍需要承担额外损失弥补等义务的，应按预计将承担的义务金额确认预计负债，计入当期投资损失。

企业在实务操作过程中，在发生投资损失时，应借记“投资收益”科目，贷记“长期股权投资——损益调整”科目。在长期股权投资的账面价值减记至零以后，考虑其他实质上构成对被投资单位净投资的长期权益，继续确认的投资损失，应借记“投资收益”科目，贷记“长期应收款”科目；因投资合同或协议约定导致投资企业需要承担额外义务的，按照或有事项准则的规定，对于符合确认条件的义务，应确认为当期损失，同时确认预计负债，借记“投资收益”科目，贷记“预计负债”科目。除上述情况仍未确认的应分担被投资单位的损失，应在账外备查登记。

在确认了有关的投资损失以后，被投资单位于以后期间实现盈利的，应按以上相反顺序分别减记账外备查登记的金额、已确认的预计负债、恢复其他长期权益及长期股权投资的账面价值，同时确认投资收益。即应当按顺序分别借记“预计负债”“长期应收款”“长期股权投资”科目，贷记“投资收益”科目。

【实务 4-16】振兴门业公司持有乙公司 40%的股权，能够对乙公司施加重大影响，2023 年 12 月 31 日该项长期股权投资的账面价值为 60 000 000 元。乙公司 2024 年由于一项主要经营业务市场条件发生变化，当年度亏损 90 000 000 元。假定振兴门业公司在取得该投资时，乙公司各项可辨认资产、负债的公允价值与其账面价值相等，双方所采用的会计政策及会计期间也相同。则振兴门业公司当年度应确认的投资损失为 36 000 000 元。确认上述投资损失后，长期股权投资的账面价值变为 24 000 000 元。

如果乙公司当年度的亏损额为 180 000 000 元，则振兴门业公司按其持股比例确认应分担的损失为 72 000 000 元，但长期股权投资的账面价值仅为 60 000 000 元，如果没有企业实质上构成对被投资单位净投资的长期权益项目，则振兴门业公司应确认的投资损失仅为 60 000 000 元，超额损失在账外进行备查登记；在确认了 60 000 000 元投资损失，长期股权投资的账面价值减记至零以后，如果振兴门业公司账上仍有应收乙公司的长期应收款 24 000 000 元，该款项从目前情况看，没有明确的清偿计划（并非产生于商品购销等日常活动），则在长期应收款的账面价值大于 12 000 000 元的情况下，应以长期应收款的账面价值为限进一步确认投资损失 12 000 000 元。振兴门业公司应进行的账务处理为：

借：投资收益	60 000 000	
贷：长期股权投资——乙公司——损益调整		60 000 000
借：投资收益	12 000 000	
贷：长期应收款		12 000 000

（四）被投资单位其他综合收益变动的处理

投资企业在持有长期股权投资期间，应当按照应享有或应分担被投资单位实现其他综合收益的份额，借记“长期股权投资——其他综合收益”科目，贷记“其他综合收益”科目。这里所讲的“其他综合收益”，是指企业根据其他会计准则规定未在当期损益中确认的各项利得和损失。

【实务 4-17】振兴门业公司持有 B 公司 30%的股份，能够对 B 公司施加重大影响。当期 B 公司因持有的以公允价值计量且其变动计入其他综合收益的金融资产公允价值的变动计入其他综合收益的金额为 18 000 000 元，除该事项外，B 公司当期实现的净损益为 96 000 000 元。振兴门业公司在确认应享有被投资单位所有者权益的变动时，应进行的账务处理为：

借：长期股权投资——B 公司——损益调整	28 800 000	
——B 公司——其他综合收益	5 400 000	
贷：投资收益		28 800 000
其他综合收益		5 400 000

（五）取得现金股利或利润的处理

按照权益法核算的长期股权投资，投资企业自被投资单位取得的现金股利或利润，应抵减长期股权投资的账面价值。在被投资单位宣告分派现金股利或利润时，借记“应收股利”科目，贷记“长期股权投资（损益调整）”科目。

（六）被投资单位所有者权益的其他变动

采用权益法核算时，投资企业对于被投资单位除净损益、其他综合收益和利润分配外所有者权益的其他变动，应按照持股比例计算应享有的份额，借记或贷记“长期股权投资——其他权益变动”科目，贷记或借记“资本公积——其他资本公积”科目。

四、长期股权投资的减值

长期股权投资在按照规定进行核算确定其账面价值的基础上，如果存在减值迹象的，应当按照相关准则的规定计提减值准备。投资企业应当按照《企业会计准则第 8 号——资产减值》对长期股权投资进行减值测试，其可收回金额低于账面价值时，应当将该长期股权投资的账面价值减记至可收回金额，减记的金额确认为减值损失，计入当期损益，同时计提相应的资产减值准备。计提长期股权投资减值准备的账务处理：

借：资产减值损失

　贷：长期股权投资减值准备

长期股权投资的减值损失一经确认，在以后会计期间不得转回。

任务三　长期股权投资核算方法的转换及处置

一、长期股权投资核算方法的转换

（一）公允价值计量转权益法核算

原持有的对被投资单位的股权投资（不具有控制、共同控制或重大影响的），因追加投资等原因导致持股比例上升，能够对被投资单位施加共同控制或重大影响的，在转按权益法核算时，投资方应当按其确定的原股权投资的公允价值加上为取得新增投资而应支付对价的公允价值，作为改按权益法核算的初始投资成本。

原持有的股权投资分类为以公允价值计量且其变动计入当期损益的金融资产的，其公允价值与账面价值之间的差额应当转入改按权益法核算的当期损益；原持有的股权投资指定为以公允价值计量且其变动计入其他综合收益的非交易性权益工具投资的，其公允价值与账面价值之间的差额以及原计入其他综合收益的累计公允价值变动应当直接转入留存收益。然后，比较上述计算所得的初始投资成本，与按照追加投资后全新的持股比例计算确定的应享有被投资单位在追加投资日可辨认净资产公允价值份额之间的差额，前者大于后者时，不调整长期股权投资的账面价值；前者小于后者时，差额应调整长期股权投资的账面价值，并计入当期营业外收入。

【实务 4-18】2022 年 2 月，振兴门业公司以 8 000 000 元现金自非关联方处取得乙公司 10%的股权，将其作为以公允价值计量且其变动计入当期损益的金融资产。2024 年 1 月 2 日，振兴门业公司又以 17 000 000 元的现金自另一非关联方处取得乙公司 15%的股权，相关手续于当日完成。当日，乙公司可辨认净资产公允价值总额为 120 000 000 元，振兴门业公司原持有乙公司 10%的股权（以公允价值计量且其变动计入当期损益的金融资产）公允价值为 15 000 000 元（假定其公允价值在 2022 年末未发生改变）。取得该部分股权后，振兴门业公司能够对乙公司施加重大影响，对该项股权投资转为采用权益法核算。不考虑相关税费等其他因素影响。

本例中，振兴门业公司原持有 10%股权的公允价值为 15 000 000 元，取得成本为 8 000 000 元，由于其公允价值在 2022 年末未发生改变，因此，在 2024 年 1 月 2 日产生的公允价值变动为 7 000 000 元（15 000 000 −8 000 000）应当计入当期损益。由于为取得新增投资而支付对价的公允价值为 17 000 000 元，因此，振兴门业公司对乙公司 25%股权的初始投资成本为 32 000 000 元。

振兴门业公司对乙公司新持股比例为 25%，应享有乙公司可辨认净资产公允价值的份额为 30 000 000 元（120 000 000×25%），由于初始投资成本（32 000 000 元）大于应享有乙公司可辨认净资产公允价值的份额（30 000 000 元），因此，振兴门业公司无须调整长期股权投资的成本。

2024 年 1 月 2 日，振兴门业公司应进行如下账务处理：

借：交易性金融资产——公允价值变动　　7 000 000

　贷：公允价值变动损益　　7 000 000

借：长期股权投资——乙公司——投资成本　　32 000 000

　贷：交易性金融资产　　15 000 000

　　　银行存款　　17 000 000

【实务 4-19】沿用【实务 4-18】，如果振兴门业公司将以 8 000 000 元现金自非关联方处取得乙公司 10%的股权，指定为以公允价值计量且其变动计入其他综合收益的非交易性权益工具投资，其他条件均未改变。

本例中，振兴门业公司原持有 10%股权的公允价值为 15 000 000 元，取得成本为 8 000 000 元，因此，在 2024 年 1 月 2 日产生的公允价值变动 7 000 000 元应当计入其他综合收益，并在改按权益法核算时转入留存收益。假定不考虑提取公积金等其他因素影响。

2024 年 1 月 2 日，振兴门业公司应进行如下账务处理：

借：其他权益工具投资——公允价值变动　　7 000 000

　贷：其他综合收益　　7 000 000

借：长期股权投资——乙公司——投资成本　　32 000 000
　贷：其他权益工具投资　　15 000 000
　　　银行存款　　17 000 000
借：其他综合收益　　7 000 000
　贷：利润分配——未分配利润　　7 000 000

（二）公允价值计量或权益法核算转成本法核算

投资方原持有的对被投资单位不具有控制、共同控制或重大影响的权益性投资，或者原持有对联营企业、合营企业的长期股权投资，因追加投资等原因，能够对被投资单位实施控制的长期股权投资，应按多次交易实现企业合并形成的长期股权投资有关内容进行会计处理。

1. 多次交易实现同一控制下企业合并

企业通过多次交易分步取得同一控制下被投资单位的股权，最终形成企业合并的，应当判断多次交易是否属于“一揽子”交易。多次交易的条款、条件以及经济影响符合以下一种或多种情况，通常表明应将多次交易事项作为“一揽子”交易进行会计处理：

（1）这些交易是同时或者在考虑了彼此影响的情况下订立的；

（2）这些交易整体才能达成一项完整的商业结果；

（3）一项交易的发生取决于其他至少一项交易的发生；

（4）一项交易单独看是不经济的，但和其他交易一并考虑时是经济的。

属于“一揽子”交易的，合并方应当将各项交易作为一项取得控制权的交易进行会计处理。不属于“一揽子”交易的，取得控制权日，应按照以下步骤进行会计处理：

（1）确定同一控制下企业合并形成的长期股权投资的初始投资成本。在合并日，根据合并后应享有被合并方净资产在最终控制方合并财务报表中的账面价值的份额，确定长期股权投资的初始投资成本。

（2）长期股权投资初始投资成本与合并对价账面价值之间的差额的处理。合并日长期股权投资的初始投资成本，与达到合并前的长期股权投资账面价值加上合并日进一步取得股份新支付对价的账面价值之和的差额，调整资本公积（资本溢价或股本溢价），资本公积不足冲减的，冲减留存收益。

（3）合并日之前持有的股权投资，因采用权益法核算或前期核算而确认的其他综合收益，暂不进行会计处理，直至处置该项投资时采用与被投资单位直接处置相关资产或负债相同的基础进行会计处理；因采用权益法核算而确认的被投资单位净资产中除净损益、其他综合收益和利润分配以外的所有者权益其他变动，暂不进行会计处理，直至处置该项投资时转入当期损益。其中，处置后的剩余股权采用成本法或权益法核算的，其他综合收益和其他所有者权益应按比例结转。

【实务 4-20】2022 年 1 月 1 日，振兴门业公司取得同一控制下的乙公司 25% 的股份，实际支付款项 100 000 000 元，能够对乙公司施加重大影响。相关手续于当日办理完毕。当日，乙公司可辨认净资产账面价值和公允价值均为 330 000 000 元。2022 年度及 2023 年度，乙公司共实现净利润 20 000 000 元，无其他所有者权益变动。2024 年 1 月 1 日，振兴门业公司以定向增发 40 000 000 股普通股（每股面值为 1 元）的方式取得同一控制下另一企业所持有的乙公司 35% 股权，相关手续于当日完成。进一步取得股权后，振兴门业公司能够对乙公司实施控制。当日，乙公司在最终控制方合并财务报表中的净资产的账面价值为 350 000 000 元。假定振兴门业公司和乙公司采用的会计政策和会计期间相同，均按照 10% 的比例提取法定盈余公积。振兴门业公司和乙公司一直受同一最终控制方控制。上述交易不属于“一揽子”交易。不考虑相关税费等其他因素影响。假定振兴门业公司初次取得乙公司 25% 的股权，已按规定进行了会计处理。

（1）确定合并日长期股权投资的初始投资成本。

合并日追加投资后振兴门业公司持有乙公司股权比例为 60%（25% +35%）。合并日振兴门业公司享有乙公司在最终控制方合并财务报表中净资产的账面价值份额为 210 000 000 元（350 000 000×60%）。

（2）长期股权投资初始投资成本与合并对价账面价值之间的差额的处理。

原 25% 的股权投资采用权益法核算，在合并日的原账面价值为 105 000 000 元（100 000 000 +20 000 000 ×25%）。

追加投资（35%）所支付对价的账面价值为 40 000 000 元。合并对价账面价值为 145 000 000 元（105 000 000 +40 000 000）。长期股权投资初始投资成本与合并对价账面价值之间的差额为 65 000 000 元（210 000 000 － 145 000 000）。

合并日，振兴门业公司应进行的账务处理为：

借：长期股权投资——乙公司	210 000 000	
贷：长期股权投资——乙公司——投资成本		100 000 000
——损益调整		5 000 000
股本		40 000 000
资本公积——股本溢价		65 000 000

2. 多次交易实现非同一控制下企业合并

企业通过多次交易分步实现非同一控制下企业合并的，应当区分个别财务报表和合并财务报表进行会计处理。在编制个别财务报表时，应当按照原持有的股权投资的账面价值加上新增投资成本之和，作为改按成本法核算的初始投资成本。

购买日之前持有的股权采用权益法核算的，相关其他综合收益应当在处置该项投资时采用与被投资单位直接处置相关资产或负债相同的基础进行会计处理，因被投资方除净损益、其他综合收益和利润分配以外的其他所有者权益变动而确认的所有者权益，应当在处置该项投资时相应转入处置期间的当期损益。其中，处置后的剩余股权采用成本法或权益法核算的，其他综合收益和其他所有者权益应按比例结转。

购买日之前持有的股权投资，应当将按其确定的股权投资的公允价值加上新增投资成本之和，作为改按成本法核算的初始投资成本。对于购买日前持有的股权投资，分类为以公允价值计量且其变动计入当期损益的金融资产的，其公允价值与账面价值之间的差额转入改按成本法核算的当期投资收益；对于购买日前持有的股权投资指定为以公允价值计量且其变动计入其他综合收益的非交易性权益工具的，其公允价值与账面价值之间的差额以及原计入其他综合收益的累积公允价值变动应当直接转入留存收益。

【实务4-21】2022年1月1日，振兴门业公司以每股6元的价格购入某上市公司乙公司的股票2 000 000股，并由此持有乙公司6%的股权。振兴门业公司与乙公司不存在关联方关系。振兴门业公司将对乙公司的投资指定为以公允价值计量且其变动计入其他综合收益的非交易性权益工具投资（以下简称“其他权益工具投资”），并进行会计处理。2024年1月1日，振兴门业公司以现金145 000 000元为对价，向乙公司大股东收购乙公司51%的股权，相关手续于当日完成。假设振兴门业公司购买乙公司6%的股权和后续购买51%的股权不构成“一揽子”交易，振兴门业公司取得乙公司控制权之日为2024年1月1日，乙公司当日股价为每股7元，乙公司可辨认净资产的公允价值为240 000 000元，不考虑相关税费等其他因素影响。

本例中，购买日前，振兴门业公司持有对乙公司的股权投资作为其他权益工具投资进行会计处理，购买日前振兴门业公司原持有其他权益工具投资的账面价值为14 000 000元（7×2 000 000）。

本次追加投资支付对价的公允价值为145 000 000元。购买日对子公司按成本法核算的初始投资成本为159 000 000元（145 000 000 + 14 000 000）。

购买日前振兴门业公司原持有其他权益工具投资相关的累积公允价值变动已计入其他综合收益的金额为2 000 000元［（7−6）×2 000 000］，购买日该其他综合收益转入留存收益。假定不考虑提取公积金等其他因素影响。

借：长期股权投资——乙公司　　159 000 000

　贷：其他权益工具投资——乙公司——成本　　12 000 000

　　　　　　　　　　　　　　　——公允价值变动　　2 000 000

　　银行存款　　145 000 000

借：其他综合收益　　2 000 000

　贷：利润分配——未分配利润　　2 000 000

（三）权益法核算转公允价值计量

原持有的对被投资单位具有共同控制或重大影响的长期股权投资，因部分处置等原因导致持股比例下降，不能再对被投资单位实施共同控制或重大影响的，应对剩余股权投资进行会计处理，其在丧失共同控制或重大影响之日的公允价值与账面价值之间的差额计入当期损益。原采用权益法核算的相关其他综合收益应当在终止采用权益法核算时，采用与被投资单位直接处置相关资产或负债相同的基础进行会计处理，因被投资方除净损益、其他综合收益和利润分配以外的其他所有者权益变动而确认的所有者权益，应当在终止采用权益法核算时全部转入当期损益。

【实务 4-22】振兴门业公司持有乙公司 30%的有表决权股份，能够对乙公司施加重大影响，对该股权投资采用权益法核算。2024 年 10 月，振兴门业公司将该项投资中的 70%出售给非关联方，取得价款 36 000 000 元。相关手续于当日完成。振兴门业公司无法再对乙公司施加重大影响，将剩余股权投资转为以公允价值计量且其变动计入当期损益的金融资产。出售时，该项长期股权投资的账面价值为 48 000 000 元，其中投资成本为 40 000 000 元，损益调整为 5 000 000 元，其他综合收益为 2 000 000 元（为被投资单位其他债权投资的累计公允价值变动），除净损益、其他综合收益和利润分配外的其他所有者权益变动为 1 000 000 元；剩余股权的公允价值为 18 000 000 元。不考虑相关税费等其他因素影响。

振兴门业公司的账务处理如下：

（1）确认有关股权投资的处置损益。

借：银行存款　　36 000 000

　贷：长期股权投资——乙公司——投资成本　（40 000 000×70%）28 000 000

　　　　　　　　　　　　　　——损益调整　（5 000 000×70%）3 500 000

　　　　　　　　　　　　　　——其他综合益　（2 000 000×70%）1 400 000

　　　　　　　　　　　　　　——其他权益变动　（1 000 000×70%）700 000

　　　投资收益　　2 400 000

（2）由于终止采用权益法核算，将原确认的相关其他综合收益全部转入当期损益。

借：其他综合收益　　2 000 000

　贷：投资收益　　2 000 000

（3）由于终止采用权益法核算，将原计入资本公积的其他所有者权益变动全部转入当期损益。

借：资本公积——其他资本公积　　1 000 000

　贷：投资收益　　1 000 000

（4）剩余股权投资转为以公允价值计量且其变动计入当期损益的金融资产，当日公允价值为 18 000 000 元，账面价值为 14 400 000 元，两者差异应计入当期投资收益。

借：交易性金融资产　　18 000 000

　贷：长期股权投资——乙公司——投资成本　　12 000 000

　　　　　　　　　　　　　　——损益调整　　1 500 000

　　　　　　　　　　　　　　——其他综合收益　　600 000

　　　　　　　　　　　　　　——其他权益变动　　300 000

　　　投资收益　　3 600 000

（四）成本法核算转权益法核算

因处置投资等原因导致对被投资单位由能够实施控制转为具有重大影响或者与其他投资方一起实施共同控制的情况，首先应按处置投资的比例结转应终止确认的长期股权投资成本。然后比较剩余长期股权投资的成本与按照剩余持股比例计算原投资时应享有被投资单位可辨认净资产公允价值的份额，前者大于后者的，不调整长期股权投资的账面价值；前者小于后者的，在调整长期股权投资成本的同时，调整留存收益。

对于原取得投资时至处置投资时（转为权益法核算）之间被投资单位实现净损益中投资方应享有的份额，应调整长期股权投资的账面价值，同时，对于原取得投资时至处置投资当期期初被投资单位实现的净损益（扣除已宣告发放的现金股利和利润）中应享有的份额，调整留存收益，对于处置投资当期期初至处置投资之日被投资单位实现的净损益中享有的份额，调整当期损益；对于被投资单位其他综合收益变动中应享有的份额，在调整长期股权投资账面价值的同时，应当计入其他综合收益；除净损益、其他综合收益和利润分配外的其他原因导致被投资单位其他所有者权益变动中应享有的份额，在调整长期股权投资账面价值的同时，应当计入资本公积（其他资本公积）。

【实务 4-23】振兴门业公司原持有乙公司 60%的股权，能够对乙公司实施控制。2024 年 9 月 6 日，振兴门业公司对乙公司的长期股权投资账面价值为 30 000 000 元，未计提减值准备，振兴门业公司将其持有的对乙公司长期股权投资中的 1/3 出售给非关联方，取得价款 19 000 000 元，当日被投资单位可辨认净资产公允价值总额为 85 000 000 元。相关手续于当日完成，振兴门业公司不再对乙公司实施控制，但具有重大影响。振兴门业公司原取得乙公司 60%股权时，乙公司可辨认净资产公允价值总额为 46 000 000 元（假定公允价值与账面价值相同）。自振兴门业公司取得对乙公司长期股权投资后至部分处置投资前，乙公司实现净利润 28 000 000 元。其中，自振兴门业公司取得投资日至 2024 年初实现净利润 22 000 000 元。假定乙公司一直未进行利润分配，也未发生其他计入资本公积的交易或事项。振兴门业公司按净利润的 10%提取法定盈余公积。不考虑相关税费等其他因素影响。

振兴门业公司有关账务处理如下：

（1）确认长期股权投资处置损益。

错：银行存款	19 000 000
贷：长期股权投资——乙公司	10 000 000
投资收益	9 000 000

（2）调整长期股权投资账面价值。剩余长期股权投资的账面价值为 20 000 000 元，与原投资时应享有被投资单位可辨认净资产公允价值份额之间的差额 1 600 000 元（20 000 000 −46 000 000 ×40%）为商誉，该部分商誉的价值不需要对长期股权投资的成本进行调整。处置投资以后按照持股比例计算享有被投资单位自购买日至处置投资当

期期初之间实现的净损益为 8 800 000 元（22 000 000 ×40%），应调整增加长期股权投资的账面价值，同时调整留存收益；处置期初至处置日之间实现的净损益 2 400 000 元（6 000 000 ×40%），应调整增加长期股权投资的账面价值，同时计入当期投资收益。

借：长期股权投资——乙公司——损益调整　　11 200 000
　贷：盈余公积——法定盈余公积　　880 000
　　利润分配——未分配利润　　7 920 000
　　投资收益　　2 400 000

（五）成本法核算转公允价值计量

原持有的对被投资单位具有控制的长期股权投资，因部分处置等原因导致持股比例下 降，不再对被投资单位实施控制、共同控制或重大影响的，应按照金融资产的相关内容进行会计处理，在丧失控制之日把公允价值与账面价值之间的差额计入当期投资收益。

【实务 4-24】振兴门业公司持有乙公司 60%的有表决权股份，能够对乙公司实施控制，对该股权投资采用成本法核算。2024 年 8 月，振兴门业公司将该项投资中的 80%出售给非关联方，取得价款 88 000 000 元，相关手续于当日完成。振兴门业公司无法再对乙公司实施控制，也不能施加共同控制或重大影响，将剩余股权投资分类为以公允价值计量且其变动计入当期损益的金融资产。出售时，该项长期股权投资的账面价值为 90 000 000 元，剩余股权投资的公允价值为 20 000 000 元。不考虑相关税费等其他因素影响。

振兴门业公司有关账务处理如下：

（1）确认有关股权投资的处置损益。

借：银行存款　　88 000 000
　贷：长期股权投资——乙公司　　72 000 000
　　投资收益　　16 000 000

（2）剩余股权投资转为以公允价值计量且其变动计入当期损益的金融资产，当日公允价值为 20 000 000 元，账面价值为 18 000 000 元，两者差异应计入当期投资收益。

借：交易性金融资产　　20 000 000
　贷：长期股权投资——乙公司　　18 000 000
　　投资收益　　2 000 000

二、长期股权投资的处置

企业处置长期股权投资时，应相应结转与所售股权相对应的长期股权投资的账面价值，出售所得价款与处置长期股权投资账面价值之间的差额，应确认为投资收益。

投资方全部处置权益法核算的长期股权投资时，原权益法核算的相关其他综合收益应当在终止采用权益法核算时采用与被投资单位直接处置相关资产或负债相同的基础进行会计处理，因被投资方除净损益、其他综合收益和利润分配以外的其他所有者权益变动而确认的所有者权益，应当在终止采用权益法核算时全部转入当期投资收益。投资方部分处置权益法核算的长期股权投资，剩余股权仍采用权益法核算的，原权益法核算的相关其他综合收益应当采用与被投资单位直接处置相关资产或负债相同的基础处理并按比例结转，因被投资方除净损益、其他综合收益和利润分配以外的其他所有者权益变动而确认的所有者权益，应当按比例结转入当期投资收益。

【实务 4-25】振兴门业公司原持有 B 公司 40%的股权，2024 年 12 月 20 日，振兴门业公司决定出售 B 公司全部股权，出售时振兴门业公司账面上对 B 公司长期股权投资的构成为：投资成本 18 000 000 元，损益调整 4 800 000 元，其他综合收益 3 000 000 元，出售取得价款 28 200 000 元。

（1）振兴门业公司确认处置损益的账务处理为：

借：银行存款	28 200 000	
贷：长期股权投资——投资成本		18 000 000
——损益调整		4 800 000
——其他综合收益		3 000 000
投资收益		2 400 000

（2）除应将实际取得价款与出售长期股权投资的账面价值进行结转，确认出售损益以外，还应将原计入其他综合收益的转入当期损益。

借：其他综合收益	3 000 000	
贷：投资收益		3 000 000

◇ 本项目工作小结

长期股权投资，包括三个方面：①投资方能够对被投资单位实施控制的权益性投资，即对子公司投资；②投资方与其他合营方一同对被投资单位实施共同控制且对被投资单位净资产享有权利的权益性投资，即对合营企业的投资；③投资方对被投资单位具有重大影响的权益性投资，即对联营企业的投资。能够正确对子公司、合营企业及联营企业形成的长期股权投的初始计量、后续计量、转换及处置进行会计核算和账务处理。

◇ 任务实战

1. 2023 年 2 月 1 日，振兴门业公司以银行存款 500 万元取得 B 公司 80%的股份。该项投资属于非同一控制下的企业合并。B 公司所有者权益的账面价值为 700 万元。

2023 年 5 月 2 日，B 公司宣告分配 2022 年度现金股利 100 万元，5 月 20 日已收到股利，2023 年度 B 公司实现利润 200 万元。2024 年 5 月 2 日，B 公司宣告分配现金股利 300 万元，5 月 15 日收到此现金股利，2024 年度 B 公司实现利润 300 万元。

要求：做出振兴门业公司上述股权投资的会计处理。

2. 振兴门业公司 2022 年至 2024 年投资业务有关的资料如下：

（1）2022 年 2 月 1 日，振兴门业公司以银行存款 1 000 万元，购入乙公司股票，占乙公司有表决权股份的 30%，对乙公司的财务和经营政策具有重大影响。不考虑相关费用。2022 年 2 月 1 日，乙公司可辨认净资产总额为 3 000 万元（与公允价值一致）。

（2）2022 年 5 月 2 日，乙公司宣告发放 2021 年度的现金股利 200 万元，并于 2022 年 5 月 26 日实际发放。

（3）2022 年度，乙公司实现净利润 1 200 万元。

（4）2023 年 5 月 2 日，乙公司宣告发放 2022 年度的现金股利 300 万元，并于 2023 年 5 月 20 日实际发放。

（5）2023 年度，乙公司发生净亏损 600 万元。

（6）2023 年 12 月 31 日，振兴门业公司预计对乙公司长期股权投资的可收回金额为 900 万元。

（7）2024 年 1 月 5 日，振兴门业公司与丙公司签订协议，将其所持有乙公司的全部股权全部转让给丙公司，股权转让价款总额为 1 000 万元，股权转让的过户手续办理完毕。

假定除上述交易或事项外，乙公司未发生导致其所有者权益发生变动的其他交易或事项。

要求：编制振兴门业公司 2022 年至 2024 年投资业务相关的会计分录。

3. 2022 年 5 月 10 日，振兴门业公司以其库存商品对乙公司投资，投出商品的成本为 180 万元，公允价值和计税价格均为 200 万元，增值税率为 13%。振兴门业公司对乙公司的投资占乙公司注册资本的 20%，振兴门业公司采用权益法核算该项长期股权投资。2022 年 5 月 10 日，乙公司所有者权益总额为 1 000 万元（假定为公允价值）。乙公司 2022 年实现净利润 600 万元。假设 2023 年乙公司发生亏损 2 200 万元。假定振兴门业公司账上有应收乙公司长期应收款 80 万元。假设 2024 年乙公司实现净利润 1 000 万元。

要求：根据上述资料，编制振兴门业公司对乙公司投资及确认投资收益的会计分录。

4. 振兴门业公司 2022 年 1 月 1 日以 950 万元（含支付的相关费用 10 万元）购入 B 公司股票 400 万股，每股面值 1 元，占 B 公司发行在外股份的 20%，振兴门业公司采用权益法核算该项投资。2022 年 1 月 1 日 B 公司股东权益的公允价值总额为 4 000 万元。

2022 年 B 公司实现净利润 600 万元，提取盈余公积 120 万元。

2023 年 B 公司实现净利润 800 万元，提取盈余公积 160 万元，宣告发放现金股利 100 万元，振兴门业公司已经收到现金股利。

2023 年 B 公司由于以公允价值计量且其变动计入其他综合收益的金融资产公允价值变动增加其他综合收益 200 万元。

2023 年末该项股权投资的可收回金额为 1 200 万元。

2024 年 1 月 5 日振兴门业公司转让对 B 公司的全部投资，实得价款 1 300 万元。

要求：根据上述资料编制振兴门业公司有关投资业务的会计分录。

◇ 知识巩固

习题　　习题答案解析

项目五

或有事项核算业务

◇ 学习目标

知识目标

● 理解或有事项的基本概念。

● 掌握或有事项的确认和计量。

● 掌握或有事项会计处理原则和应用。

技能目标

● 能够正确辨析或有事项。

● 能够准确地对或有事项相关金额进行计量。

● 能够准确地对或有事项进行相关的会计处理。

素质目标

● 职业道德：遵守职业道德规范，保持诚信、公正的职业操守，维护企业的利益和声誉。

● 风险意识：具备强烈的风险意识，能够敏锐地识别和评估或有事项可能带来的潜在风险，并采取相应的防范措施。

● 谨慎态度：在处理或有事项时保持谨慎、客观的态度，遵循会计准则和规定，确保财务信息的真实性和可靠性。

● 持续学习：具备持续学习的意识和能力，关注或有事项相关的最新法规、准则和案例，不断提升自己的专业水平和综合素质。

◇ 思维导图

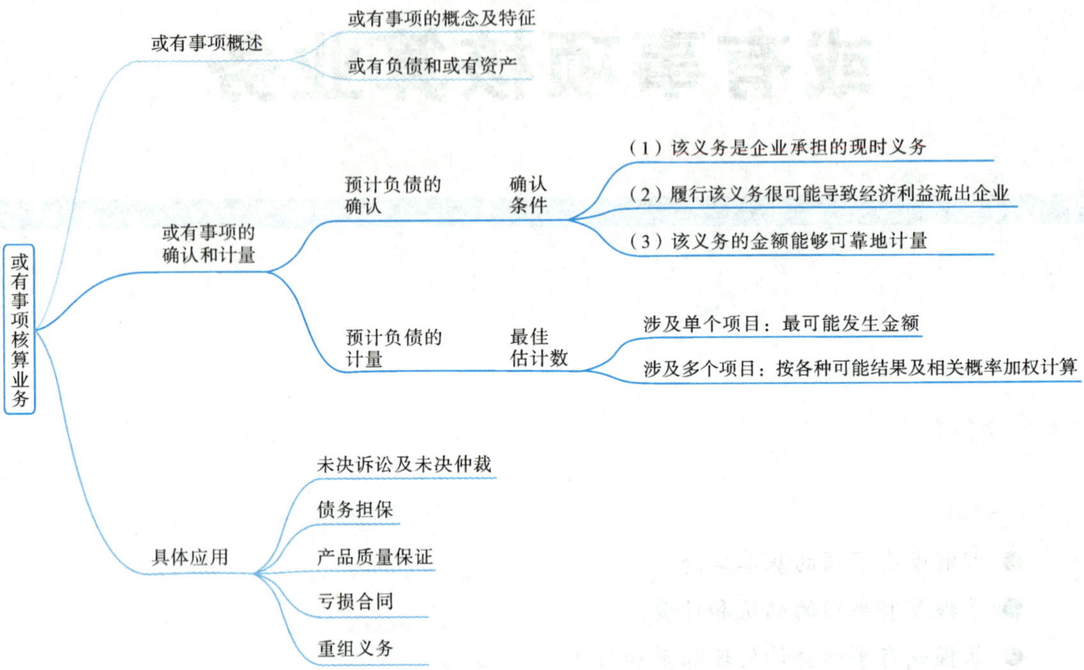

图 5-1　或有事项核算业务思维导图

◇ 学习任务

任务一　或有事项概述

一、或有事项的概念及其特征

企业在经营活动中有时会面临诉讼、仲裁、债务担保、产品质量保证、重组等具有较大不确定性的经济事项，这些不确定事项对企业的财务状况和经营成果可能会产生较大的影响，其最终结果须由某些未来事项的发生或不发生加以决定。例如，企业对商品提供产品质量保证，承诺在商品发生质量问题时由企业无偿提供修理服务，从而会发生一些费用。至于这笔费用是否发生以及发生金额是多少，取决于未来是否发生修理请求以及修理工作量的大小等。按照权责发生制的要求，企业不能等到客户提出修理请求时，才确认因提供产品质量保证而发生的义务，而应当在资产负债表日对这一不确定事项做出判断，以决定是否在当期确认可能承担的修理义务。会计上将这种不确定事项称为或有事项。

或有事项，是指过去的交易或者事项形成的，其结果须由某些未来事项的发生或不发生才能决定的不确定事项。常见的或有事项包括：未决诉讼或未决仲裁、债务担保、产品质量保证（含产品安全保证）、亏损合同、重组义务、承诺、环境污染整治等。

或有事项具有以下特征：

（一）或有事项是由过去的交易或者事项形成的

例如，未决诉讼是企业因过去的经济行为导致起诉其他单位或被其他单位起诉，是现存的一种状况，而不是未来将要发生的事项。又如，产品质量保证是企业对已售出商品或已提供劳务的质量提供的保证，不是为尚未出售商品或尚未提供劳务的质量提供的保证。基于这一特征，未来可能发生的自然灾害、交通事故、经营亏损等事项，都不属于或有事项。

（二）或有事项的结果具有不确定性

或有事项的结果具有不确定性，是指或有事项的结果是否发生具有不确定性或者或有事项的结果预计将会发生，但发生的具体时间或金额具有不确定性。首先，或有事项的结果是否发生具有不确定性。例如，债务的担保方在债务到期时是否承担和履行连带责任，需要根据被担保方能否按时还款决定，其结果在担保协议达成时具有不确定性。又如，有些未决诉讼，被起诉的一方是否会败诉，在案件审理过程中是难以确定的，需要根据人民法院的判决情况加以确定。其次，或有事项的结果预计将会发生，但发生的具体时间或金额具有不确定性。例如，某企业因生产过程中排污治理不力并对周围环境造成污染而被起诉，如无特殊情况，该企业很可能败诉。但是，在诉讼成立时，该企业因败诉将支出多少金额，或者何时将发生这些支出，可能是难以确定的。

（三）或有事项的结果须由未来事项决定

由未来事项决定，是指或有事项的结果只能由未来不确定事项的发生或不发生才能决定。

或有事项发生时，将会对企业产生有利影响还是不利影响，或虽已知是有利影响或不利影响，但影响有多大，在或有事项发生时是难以确定的。这种不确定性的消失，只能由未来不确定事项的发生或不发生才能证实。例如，企业为其他单位提供债务担保，该担保事项最终是否会要求企业履行偿还债务的连带责任，要看被担保方的未来经营情况和偿债能力。如果被担保方经营情况和财务状况良好且有较好的信用，那么企业将不需要履行该连带责任。只有在被担保方到期无力还款时，担保方才承担偿还债务的连带责任。又如，未决诉讼只能等到人民法院判决才能决定其结果。或有事项与不确定性联系在一起，但在会计处理过程中存在的不确定性的事项并不都是或有事项，企业应当按照或有事项的定义和特征进行判断是不是或有事项。例如，对固定资产计提折旧虽然也涉及对固定资产预计净残值和使用寿命进行分析和判断，带有一定的不确定性，但是，固定资产折旧是已经发生的损耗，固定资产的原值是确定的，其价值最终会转移到成本或费用中也是确定的，该事项的结果是确定的，因此，对固定资产计提折旧不属于或有事项。

二、或有负债和或有资产

（一）或有负债

或有负债，是指过去的交易或事项形成的潜在义务，其存在须通过未来不确定事项的发生或不发生予以证实；或过去的交易或事项形成的现时义务，履行该义务不是很可能导致经济利益流出企业或该义务的金额不能可靠计量。

或有负债涉及两类义务，一类是潜在义务，另一类是现时义务。

（1）潜在义务，是指结果取决于未来不确定事项的可能义务。也就是说，潜在义务最终是否转变为现时义务，由某些未来不确定事项的发生或不发生才能决定。

（2）现时义务，是指企业在现行条件下已承担的义务，该现时义务的履行不是很可能导致经济利益流出企业，或者该现时义务的金额不能可靠地计量。例如，振兴门业公司涉及一桩诉讼案，根据以往的审判案例推断，振兴门业公司很可能要败诉。但人民法院尚未判决，振兴门业公司无法根据经验判断未来将要承担多少赔偿金额，因此该现时义务的金额不能可靠地计量，该诉讼案件即形成一项振兴门业公司的或有负债。

或有负债无论是潜在义务还是现时义务，均不符合负债的确认条件，因而不能在财务报表中予以确认，但应当按照相关规定在财务报表附注中披露有关信息，包括或有负债的种类及其形成原因、经济利益流出不确定性的说明、预计产生的财务影响以及获得补偿的可能性等。

（二）或有资产

或有资产，是指过去的交易或者事项形成的潜在资产，其存在须通过未来不确定事项的发生或不发生予以证实。

或有资产作为一种潜在资产，其结果具有较大的不确定性，只有随着经济情况的变化，通过某些未来不确定事项的发生或不发生才能证实其是否会形成企业真正的资产。

例如，甲企业向法院起诉乙企业侵犯了其专利权。法院尚未对该案件进行公开审理，甲企业是否胜诉尚难判断。对于甲企业而言，将来可能胜诉而获得的赔偿属于一项或有资产，但这项或有资产是否会转化为真正的资产，要由人民法院的判决结果确定。如果终审判决结果是甲企业胜诉，那么这项或有资产就转化为企业的一项资产。如果终审判决结果是甲企业败诉，那么或有资产就消失了，不会形成企业的资产。

正如或有负债不符合负债确认条件一样，或有资产也不符合资产确认条件，因而也不能在财务报表中确认。企业通常不应当披露或有资产，但或有资产很可能给企业带来经济利益的，应当披露其形成的原因、预计产生的财务影响等。

（三）或有负债和或有资产转化为预计负债（负债）和资产

需要指出的是，影响或有负债和或有资产的多种因素处于不断变化之中，企业应当持续地对这些因素予以关注。随着时间的推移和事态的进展，或有负债对应的潜在义务可能转化为现时义务，原来不是很可能导致经济利益流出的现时义务也可能被证实将很可能导致经济利益流出企业，并且现时义务的金额也能够可靠计量。企业应当对或有负债相关义务进行评估，分析判断其是否符合预计负债确认条件。如符合预计负债确认条件，应将其确认为负债。类似地，或有资产对应的潜在权利也可能随着相关因素的改变而发生变化，其对应的潜在资产最终是否能够流入企业会逐渐变得明确，如果某一时点企业基本确定能够收到这项潜在资产并且其金额能够可靠计量，应当将其确认为企业的资产。

例如，未决诉讼对于预期会胜诉的一方而言，因未决诉讼形成了一项或有资产；该或有资产最终是否转化为企业的资产，要根据诉讼的最终判决而定。最终判决胜诉的一方，这项或有资产就转化为企业真正的资产。对于预期会败诉的一方而言，因未决诉讼形成了一项或有负债或预计负债，如为或有负债，该或有负债最终是否转化为企业的预计负债，只能根据诉讼的进展而定。企业根据法律规定、律师建议等因素判断自己很可能败诉且赔偿金额能够合理估计的，这项或有负债就转化为企业的预计负债。

任务二 或有事项的确认和计量

一、或有事项的确认

或有事项的确认，通常是指与或有事项相关义务的确认。或有事项形成的或有资产只有在企业基本确定该资产能够收到的情况下，才能转变为真正的资产，从而应当予以确认。与或有事项有关的义务在同时符合以下三个条件时，应当确认为预计负债：①该义务是企业承担的现时义务；②履行该义务很可能导致经济利益流出企业；③该义务的金额能够可靠地计量。

（一）该义务是企业承担的现时义务

该义务是企业承担的现时义务，是指与或有事项相关的义务是在企业当前条件下已承担的义务，企业没有其他现实的选择，只能履行该现时义务。通常情况下，过去的事项是否导致现时义务是比较明确的，但也存在极少情况，特定事项是否已发生或这些事项是否已产生了一项现时义务可能难以确定。企业应当考虑包括资产负债表日后所有可获得的证据、专家意见等，以此确定资产负债表日是否存在现时义务。如果据此判断，资产负债表日很可能存在现时义务，且符合预计负债确认条件的，应当确认一项预计负债；如果资产负债表日现时义务不是很可能存在的，企业应披露一项或有负债，除非含有经济利益的资源流出企业的可能性极小。这里所指的义务包括法定义务和推定义务。其中，法定义务是指因合同、法规或其他司法解释等产生的义务，通常是企业在经济管理和经济协调中，依照经济法律、法规的规定必须履行的责任。例如，企业与其他企业签订购货合同产生的义务就属于法定义务。推定义务，是指因企业的特定行为而产生的义务。企业的“特定行为”，泛指企业以往的习惯做法、已公开的承诺或已公开宣布的经营政策。并且，由于以往的习惯做法，或通过这些承诺或公开的声明，企业向外界表明了它将承担特定的责任，从而使受影响的各方形成了其将履行哪些责任的合理预期。例如，某公司是一家化工企业，因扩大经营规模，到 B 国创办了一家分公司。假定 B 国尚未针对该公司这类企业的生产经营可能产生的环境污染制定相关法律，因而该公司的分公司对在 B 国生产经营可能产生的环境污染不承担法定义务。但是，该公司为在 B 国树立良好的形象，自行向社会公告，宣称将对其生产经营可能产生的环境污染进行治理，该公司的分公司为此承担的义务就属于推定义务。

（二）履行该义务很可能导致经济利益流出企业

履行该义务很可能导致经济利益流出企业，是指履行与或有事项相关的现时义务时，导致经济利益流出企业的可能性超过50%，但尚未达到基本确定的程度。履行或有事项相关义务导致经济利益流出企业的可能性，通常按照一定的概率区间加以判断。一般情况下，发生的概率分为以下几个层次：基本确定、很可能、可能、极小可能。企业通常可以结合下列情况判断经济利益流出的可能性：

结果的可能性	对应的概率区间
基本确定	大于95%但小于100%
很可能	大于50%但小于或等于95%
可能	大于5%但小于或等于50%
极小可能	大于0但小于或等于5%

企业因或有事项承担了现时义务，并不说明该现时义务很可能导致经济利益流出企业。例如，2024年5月1日，A企业与B企业签订协议，承诺为B企业的2年期银行借款提供全额担保。对于A企业而言，由于该担保事项而承担了一项现时义务，但这项义务的履行是否很可能导致经济利益流出企业，需依据B企业的经营情况和财务状况等因素加以确定。假定2024年末，B企业的财务状况恶化，且没有迹象表明可能发生好转，此种情况出现，表明B企业很可能违约，从而A企业履行承担的现时义务将很可能导致经济利益流出企业；如果B企业财务状况良好，一般可以认定B企业不会违约，从而A企业履行承担的现时义务不是很可能导致经济利益流出。

（三）该义务的金额能够可靠地计量

该义务的金额能够可靠地计量，是指与或有事项相关的现时义务的金额能够合理地估计。或有事项具有不确定性，因或有事项产生的现时义务的金额也具有不确定性，需要估计。要对或有事项确认一项预计负债，相关现时义务的金额应当能够可靠地估计。只有在其金额能够可靠地估计，并同时满足其他两个条件时，企业才能加以确认。

例如，B公司涉及一起诉讼案。根据以往的审判结果，B公司很可能败诉，相关的赔偿金额也可以估算。在这种情况下，就可以认为该公司因未决诉讼承担的现时义务的金额能够可靠地估计，从而对未决诉讼确认一项因或有事项形成的预计负债。但是如果没有以往的审判结果作为比照，而相关的法律条文又没有明确解释，那么即使该公司预计可能败诉，在判决以前也很可能无法合理地估计其须承担的现时义务的金额，这种情况下不应确认为预计负债。

二、预计负债的计量

当与或有事项有关的义务符合确认为负债的条件时，应当将其确认为预计负债。预计负债应当按照履行相关现时义务所需支付的最佳估计数进行初始计量。此外，企业清偿预计负债所需支出还可能从第三方或其他方获得补偿。因此，预计负债的计量主要涉及两个方面，一是最佳估计数的确定，二是预期可获得补偿的处理。

（一）最佳估计数的确定

预计负债应当按照履行相关现时义务所需支出的最佳估计数进行初始计量。最佳估计数的确定应当分为两种情况处理：

（1）所需支出存在一个连续范围（或区间，下同），且该范围内各种结果发生的可能性相同，则最佳估计数应当按照该范围内的中间值，即上下限金额的平均数确定。

【实务 5-1】2024 年 12 月 1 日，振兴门业公司因合同违约而被乙公司起诉。2024 年 12 月 31 日，振兴门业公司尚未接到人民法院的判决。振兴门业公司预计，最终的法律判决很可能对公司不利。假定预计将要支付的赔偿金额为 1 300 000～1 500 000 元的某一金额，而且这个区间内每个金额的可能性都大致相同。

在这种情况下，振兴门业公司应在 2024 年 12 月 31 日的资产负债表中确认一项预计负债，金额为（1 300 000+1 500 000）÷2＝1 400 000（元）。

有关账务处理：

借：营业外支出——赔偿支出——乙公司　　　　1 400 000

　贷：预计负债——未决诉讼——乙公司　　　　1 400 000

（2）所需支出不存在一个连续范围，或者虽然存在一个连续范围，但该范围内各种结果发生的可能性不相同。在这种情况下，最佳估计数按照如下方法确定：

①如果或有事项涉及单个项目，最佳估计数按照最可能发生金额确定。“涉及单个项目”指或有事项涉及的项目只有一个，如一项未决诉讼、一项未决仲裁或一项债务担保等。

【实务 5-2】2024 年 10 月 2 日，振兴门业公司涉及一起诉讼案。2024 年 12 月 31 日，振兴门业公司尚未接到人民法院的判决。在咨询了公司的法律顾问后，振兴门业公司认为：胜诉的可能性为 40%，败诉的可能性为 60%；如果败诉，需要赔偿 2 000 000 元。

在这种情况下，振兴门业公司在 2024 年 12 月 31 日资产负债表中应确认的预计负债金额应为最可能发生的金额，即 2 000 000 元。

有关账务处理：

借：营业外支出——赔偿支出　　　　2 000 000

　贷：预计负债——未决诉讼　　　　2 000 000

②如果或有事项涉及多个项目，最佳估计数按照各种可能结果及相关概率加权计算确定。“涉及多个项目”指或有事项涉及的项目不止一个，如产品质量保证。在产品质量保证中，提出产品保修要求的可能有许多客户，相应地，企业对这些客户负有保修义务。

【实务 5-3】振兴门业公司是生产并销售 A 产品的企业，2024 年度第一季度共销售 A 产品 40 000 件，销售收入为 20 000 000 元。根据公司的产品质量保证条款，该产品售出后一年内，如发生正常质量问题，公司将负责免费维修。根据以前年度的维修记录，如果发生较小的质量问题，发生的维修费用为销售收入的 1%；如果发生较大的质量问题，发生的维修费用为销售收入的 2%。根据公司质量部门的预测，本季度销售的产品中，80%不会发生质量问题；15%可能发生较小质量问题；5%可能发生较大质量问题。

根据上述资料，2024 年第一季度末振兴门业公司应确认的预计负债金额为：

20 000 000×（0×80%+ 1%×15%+2%×5%）= 50 000（元）

有关账务处理：

借：主营业务成本——产品质量保证——A 产品　　50 000

　贷：预计负债——产品质量保证——A 产品　　50 000

（二）预期可获得补偿的处理

如果企业清偿因或有事项而确认的负债所需支出全部或部分预期由第三方或其他方补偿，则此补偿金额只有在基本确定能收到时，才能作为资产单独确认，确认的补偿金额不能超过所确认负债的账面价值。

预期可能获得补偿的情况通常有：发生交通事故等情况时，企业通常可从保险公司获得合理的赔偿；在某些索赔诉讼中，企业可对索赔人或第三方另行提出赔偿要求；在债务担保业务中，企业在履行担保义务的同时，通常可向被担保企业提出追偿要求。

企业预期从第三方获得的补偿，是一种潜在资产，其最终是否会转化为企业真正的资产（即企业是否能够收到这项补偿）具有较大的不确定性，企业只有在基本确定能够收到补偿时才能对其进行确认。根据资产和负债不能随意抵消的原则，预期可获得的补偿在基本确定能够收到时应当确认为一项资产，而不能作为预计负债金额的扣减。

补偿金额的确认涉及两个方面：一是确认时间，补偿只有在“基本确定”能够收到时才予以确认；二是确认金额，确认的金额是基本确定能够收到的金额，而且不能超过相关预计负债的账面价值。

【实务 5-4】2024 年 12 月 31 日，振兴门业公司因或有事项而确认了一笔金额为 800 000 元的预计负债；同时，振兴门业公司因该或有事项基本确定可从甲保险公司获得 500 000 元的赔偿。本例中，振兴门业公司应分别确认一项金额为 800 000 元的预计负债和一项金额为 500 000 元的资产，而不能只确认一项金额为 300 000 元（800 000 - 500 000）的预计负债。同时，该公司所确认的补偿金额 500 000 元未超过所确认的负债的账面价值 800 000 元。

（三）预计负债的计量需要考虑的其他因素

企业在确定最佳估计数时应当综合考虑与或有事项有关的风险、不确定性、货币时间价值和未来事项等因素。

1. 风险和不确定性

风险是对交易或事项结果的收益不确定性的一种描述。风险的变动可能增加负债计量的金额。企业在不确定的情况下进行判断需要谨慎，让收入或资产不会被高估，或负债不会被低估。但是，不确定性并不说明应当确认过多的预计负债和故意夸大支出或费用。

企业应当充分考虑与或有事项有关的风险和不确定性，既不能忽略风险和不确定性对或有事项计量的影响，也要避免对风险和不确定性进行重复调整，从而在低估和高估预计负债金额之间寻找平衡点。

2. 货币时间价值

预计负债的金额通常应当等于未来应支付的金额。但是，因货币时间价值的影响，资产负债表日后不久发生的现金流出，要比一段时间之后发生的同样金额的现金流出负有更大的义务。所以，如果预计负债的确认时点距离实际清偿有较长的时间跨度，货币时间价值的影响重大，那么在确定预计负债的确认金额时，应考虑采用现值计量，即对相关未来现金流出进行折现后确认最佳估计数。例如，油气井或核电站的弃置费用等，应按照未来应支付金额的现值确定。确定预计负债的金额不应考虑预期处置相关资产形成的利得。

将未来现金流出折算为现值时，需要注意以下三点：①用来计算现值的折现率应当是反映货币时间价值的当前市场估计和相关负债特有风险的税前利率。②风险和不确定性既可以在计量未来现金流出时作为调整因素，也可以在确定折现率时予以考虑，但不能重复反映。③随着时间的推移，即使在未来现金流出和折现率均不改变的情况下，预计负债的现值将逐渐增长。企业应当在资产负债表日对预计负债的现值进行重新计量。

3. 未来事项

企业应当考虑可能影响履行现时义务所需金额的相关未来事项。也就是说，对于这些未来事项，如果有足够的客观证据表明它们将发生，如未来技术进步、相关法规出台等，则应当在预计负债计量中予以考虑，但不应考虑预期处置相关资产形成的利得。

预期的未来事项可能对预计负债的计量较为重要。例如，某核电企业预计在生产结束时处理核废料的费用将会因为未来技术的变化而显著降低，那么，该企业因此确认的预计负债金额应当反映有关专家对技术发展以及处理费用减少做出的合理预测。但是，这种预计需要取得确凿的客观证据予以支持。

三、资产负债表日对预计负债账面价值的复核

企业应当在资产负债表日对预计负债的账面价值进行复核。有确凿证据表明该账面价值不能真实反映当前最佳估计数的，应当按照当前最佳估计数对该账面价值进行调整。

例如，某化工企业对环境造成了污染，按照当时的法律规定，只需要对污染进行清理。随着国家对环境保护越来越重视，按照现在的法律规定，该企业不但需要对污染进

行清理，还很可能要对居民进行赔偿。这种法律要求的变化，会对企业预计负债的计量产生影响。企业应当在资产负债表日对确认的预计负债金额进行复核，相关因素发生变化表明预计负债金额不再能反映真实情况时，需要按照当前情况下企业清理和赔偿支出的最佳估计数对预计负债的账面价值进行相应的调整。又如，企业对固定资产弃置费用形成的预计负债进行确认后，由于技术进步、法律要求或市场环境变化等原因，履行弃置义务可能发生支出金额、预计弃置时点、折现率等变动的，需要对预计负债的账面价值进行调整。

企业对已经确认的预计负债在实际支出发生时，应当仅限于最初为之确定该预计负债的支出。也就是说，只有与该预计负债有关的支出才能冲减预计负债，否则将会混淆不同预计负债确认事项的影响。

课程思政

通过话题讨论——“谈谈或有事项可能给企业带来的风险和不确定性”，培养他们的风险意识和应对能力，强调在处理或有事项时应保持诚信，遵循道德规范，不做虚假陈述和误导性行为。

任务三　或有事项会计处理的具体应用

一、未决诉讼或未决仲裁

诉讼，是指当事人不能通过协商解决争议，因而在人民法院起诉、应诉，请求人民法院通过审判程序解决纠纷的活动。诉讼尚未裁决之前，对于被告来说，可能形成一项或有负债或者预计负债；对于原告来说，则可能形成一项或有资产。

仲裁，是指经济关系的各方当事人依照事先约定或事后达成的书面仲裁协议，共同选定仲裁机构并由其对争议依法做出具有约束力裁决的一种活动。作为当事人一方，仲裁的结果在仲裁决定公布以前是不确定的，会构成一项潜在义务或现时义务，或者潜在资产。

【实务 5-5】振兴门业公司 2024 年度发生的有关交易或事项如下：

2024 年 10 月 1 日有一笔已到期的 A 银行贷款本金 20 000 000 元，利息 2 500 000 元，振兴门业公司具有还款能力，但因与 A 银行存在其他经济纠纷，而未按时归还 A 银行的贷款，2024 年 12 月 1 日，A 银行向人民法院提起诉讼。截至 2024 年 12 月 31 日人民法院尚未对该案件进行审理。振兴门业公司法律顾问认为败诉的可能性为 60%，预计将要支付的罚息、诉讼费用为 2 000 000~2 200 000 元，其中诉讼费 60 000 元。

振兴门业公司2022年10月6日委托银行向丙公司贷款50 000 000元。2024年10月6日贷款到期，丙公司由于经营困难无力偿还贷款，振兴门业公司依法起诉丙公司，2024年12月6日，人民法院一审判决振兴门业公司胜诉，责成丙公司向振兴门业公司偿付贷款本息50 000 000元，并支付罚息及其他费用6 000 000元，两项合计66 000 000元，但由于种种原因，丙公司未履行判决，直到2024年12月31日，振兴门业公司尚未采取进一步的行动。

在本例中，振兴门业公司的会计处理如下：

1. 振兴门业公司与A银行之间的诉讼案败诉的可能性为60%，即很可能败诉，且相关罚息和诉讼费用等支出能可靠计量，因此，振兴门业公司应在2024年12月31日确认一项预计负债，金额为：

（2 000 000+2 200 000）÷2=2 100 000（元）。

振兴门业公司的有关账务处理如下：

借：管理费用——诉讼费　　60 000

　　营业外支出——罚息支出（2 100 000 −60 000）　　2 040 000

　贷：预计负债——未决诉讼——A银行　　2 100 000

同时，振兴门业公司应在2024年12月31日的财务报表附注中作如下披露：本公司欠A银行贷款于2024年10月6日到期，到期本金和利息合计22 500 000元，由于与A银行存在其他经济纠纷，故本公司尚未偿还上述借款本金和利息，为此，A银行起诉本公司，除要求本公司偿还本金和利息外，还要求支付罚息等费用。由于以上情况，本公司在2024年12月31日确认了一项预计负债2 100 000元。目前，此案正在审理中。

2. 虽然一审判决振兴门业公司胜诉，将很可能从丙公司收回委托贷款本金、利息及罚息，但是由于丙公司本身经营困难，该款项是否能全额收回存在较大的不确定性，因此，振兴门业公司2024年12月31日不应确认资产，但应考虑该项委托贷款的减值问题。同时，振兴门业公司应在2024年12月31日的财务报表附注中作如下披露：本公司2022年10月6日委托银行向丙公司贷款50 000 000元，丙公司逾期未还，为此本公司依法向人民法院起诉丙公司。2024年12月6日，一审判决本公司胜诉，并可从丙公司索偿款项66 000 000元，其中贷款本金50 000 000元、利息10 000 000元以及罚息等其他费用6 000 000元。截至2024年12月31日，丙公司未履行判决，本公司尚未采取进一步的措施。

二、债务担保

债务担保在企业中是较为普遍的现象。作为提供担保的一方，在被担保方无法履行合同的情况下，常常承担连带责任。从保护投资者、债权人的利益出发，客观、充分地反映企业因担保义务而承担的潜在风险是十分必要的。

企业对外提供债务担保常常会涉及未决诉讼，这时可以分别以下情况进行处理：

（1）企业已被判决败诉，则应当按照人民法院判决的应承担的损失金额，确认为负债，并计入当期营业外支出；

（2）企业已被判决败诉，但企业正在上诉，或者经上一级人民法院裁定暂缓执行，或者由上一级人民法院发回重审等，企业应当在资产负债表日，根据已有判决结果合理估计可能产生的损失金额，确认为预计负债，并计入当期营业外支出；

（3）人民法院尚未判决的，企业应向其律师或法律顾问等咨询，估计败诉的可能性，以及败诉后可能发生的损失金额，并取得有关书面意见。如果败诉的可能性大于胜诉的可能性，并且损失金额能够合理估计的，应当在资产负债表日将预计担保损失金额确认为预计负债，并计入当期营业外支出。

【实务 5-6】2022 年 1 月，振兴门业公司为乙公司提供 20 000 000 元、期限为 2 年的丙银行贷款全额担保。截至 2024 年 12 月 31 日，乙公司贷款逾期未还，丙银行已起诉乙公司和振兴门业公司，振兴门业公司因连带责任需赔偿多少金额尚无法确定；对乙公司而言，振兴门业公司很可能需履行连带责任，但损失金额是多少，目前还难以预估。这项债务担保形成振兴门业公司的或有负债，但不符合预计负债的确认条件，振兴门业公司应在 2024 年 12 月 31 日的财务报表附注中披露相关债务担保的被担保单位、担保金额以及财务影响等。

假设本例中，振兴门业公司对乙公司的贷款很可能负连带责任，法律顾问估计振兴门业公司败诉的可能性为 80%，需要赔偿金额为 10 000 000~16 000 000 元，而且这个区间内每个金额的可能性都大致相同。

本例中，振兴门业公司很可能承担连带责任，且需赔偿的金额能够可靠地计量，因此，甲公司应在 2024 年 12 月 31 日确认一项预计负债。

预计负债金额 =（10 000 000+16 000 000）÷2 = 13 000 000（元）。

甲公司的有关账务处理如下：

借：营业外支出——债务担保——乙公司　　　　13 000 000

　贷：预计负债——未决诉讼——丙银行　　　　　13 000 000

三、产品质量保证

产品质量保证，通常指销售商或制造商在销售产品或提供劳务后，对客户提供服务的一种承诺。在约定期内（或终身保修），若产品或劳务在正常使用过程中出现质量或与之相关的其他属于正常范围的问题，企业负有更换产品、免费或只收成本价进行修理等责任。按照权责发生制的要求，上述相关支出符合确认条件就应在收入实现时确认相关预计负债。

【实务 5-7】振兴门业公司对其销售的产品作出承诺：产品售出后 3 年内如出现非意外事件造成的质量问题，振兴门业公司免费负责保修（含零部件更换）。振兴门业公司 2024 年第一季度、第二季度、第三季度、第四季度分别销售产品 400 件、600 件、800 件和 700 件，每件售价为 50 000 元。根据以往的经验，产品发生的保修费一般为销售额的 1%～1.5%。振兴门业公司 2024 年四个季度实际发生的维修费用分别为 40 000 元、400 000 元、360 000 元和 700 000 元（假定用银行存款支付 50%，另外 50% 为耗用的原材料）。假定 2023 年 12 月 31 日，“预计负债——产品质量保证”科目年末余额为 240 000 元。

本例中，振兴门业公司因销售产品而承担了现时义务，该现时义务的履行很可能导致经济利益流出振兴门业公司，且该义务的金额能够可靠计量。因此，振兴门业公司应在每季度末确认一项预计负债。

（1）第一季度：发生产品质量保证费用（维修费）。

借：预计负债——产品质量保证　　40 000

　贷：银行存款　　20 000

　　　原材料　　20 000

应确认的产品质量保证负债金额 = 400×50 000×（1%+1.5%）÷2 = 250 000（元）

借：主营业务成本——产品质量保证　　250 000

　贷：预计负债——产品质量保证　　250 000

第一季度末“预计负债——产品质量保证”科目余额 = 240 000 + 250 000 − 40 000 = 450 000（元）。

（2）第二季度：发生产品质量保证费用（维修费）。

借：预计负债——产品质量保证　　400 000

　贷：银行存款　　200 000

　　　原材料　　200 000

应确认的产品质量保证负债金额 = 600×50 000×（1%+1.5%）÷2 = 375 000（元）

借：主营业务成本——产品质量保证　　375 000

　贷：预计负债——产品质量保证　　375 000

第二季度末“预计负债——产品质量保证”科目余额 = 450 000 + 375 000 − 400 000 = 425 000（元）。

（3）第三季度：发生产品质量保证费用（维修费）

借：预计负债——产品质量保证　　360 000

　贷：银行存款　　180 000

　　　原材料　　180 000

应确认的产品质量保证负债金额 = 800×50 000×（1%+1.5%）÷2 = 500 000（元）

借：主营业务成本——产品质量保证　　500 000

　贷：预计负债——产品质量保证　　500 000

第三季度末“预计负债——产品质量保证”科目余额 = 425 000 + 500 000 − 360 000 = 565 000（元）。

（4）第四季度：发生产品质量保证费用（维修费）

借：预计负债——产品质量保证　　700 000

　贷：银行存款　　350 000

　　原材料　　350 000

应确认的产品质量保证负债金额 = 700×50 000×（1%+1.5%）÷2 =437 500（元）

借：主营业务成本——产品质量保证　　437 500

　贷：预计负债——产品质量保证　　437 500

第四季度末“预计负债——产品质量保证”科目余额=565 000+437 500−700 000=302 500（元）。

在对产品质量保证确认预计负债时，需要注意的是：

第一，如果发现保证费用的实际发生额与预计数相差较大，应及时对预计比例进行调整；

第二，如果企业针对特定批次产品确认预计负债，则在保修期结束时，应将“预计负债——产品质量保证”余额冲销，同时冲销主营业务成本；

第三，已对其确认预计负债的产品，如企业不再生产了，那么应在相应的产品质量保证期满后，将“预计负债——产品质量保证”余额冲销，同时冲销主营业务成本。

四、亏损合同

亏损合同，是指履行合同义务不可避免会发生的成本超过预期经济利益的合同。亏损合同产生的义务满足预计负债确认条件的，应当确认为预计负债。预计负债的计量应当反映退出该合同的最低净成本，即履行该合同的成本与未能履行该合同而发生的补偿或处罚两者之中的较低者。企业与其他企业签订的商品销售合同、劳务合同、租赁合同等，均可能变为亏损合同。

企业对亏损合同进行会计处理，需要遵循以下两点原则：

（1）如果与亏损合同相关的义务不需支付任何补偿即可撤销，企业通常就不存在现时义务，不应确认预计负债；如果与亏损合同相关的义务不可撤销，企业就存在现时义务，同时满足该义务很可能导致经济利益流出企业且该金额能够可靠地计量的，应当确认预计负债。

（2）亏损合同存在标的资产的，应当对标的资产进行减值测试并按规定确认减值损失，在这种情况下，企业通常不需确认预计负债，如果预计亏损超过该减值损失，应将超过部分确认为预计负债；合同不存在标的资产的，亏损合同相关义务满足预计负债确认条件时，应当确认预计负债。

【实务 5-8】振兴门业公司 2023 年 12 月 10 日与丙公司签订不可撤销合同，约定在 2024 年 12 月 1 日以每件 200 元的价格向丙公司提供 A 产品 1 000 件，若不能按期交货，将对振兴门业公司处以总价款 20% 的违约金。签订合同时 A 产品尚未开始生产，振兴门业公司准备采购原材料生产 A 产品时，原材料价格突然上涨，预计生产 A 产品的单位成本将超过合同单价。不考虑相关税费。

（1）若生产 A 产品的单位成本为 210 元。

履行合同发生的损失 = 1 000×（210 −200） = 10 000（元）

不履行合同支付的违约金 = 1 000×200×20% = 40 000（元）

本例中，振兴门业公司与丙公司签订了不可撤销合同，但是执行合同发生的费用超过了预期获得的经济利益，属于亏损合同。由于该合同变为亏损合同时不存在标的资产，振兴门业公司应当按照履行合同造成的损失与违约金两者中的较低者确认一项预计负债，即应确认预计负债 10 000 元。

借：营业外支出——亏损合同损失——A 产品　　10 000

　贷：预计负债——亏损合同损失——A 产品　　10 000

待产品完工后，将已确认的预计负债冲减产品成本。

借：预计负债——亏损合同损失——A 产品　　10 000

　贷：库存商品——A 产品　　10 000

（2）若生产 A 产品的单位成本为 270 元。

履行合同发生的损失 = 1 000×（270 − 200） = 70 000（元）

不履行合同支付的违约金 = 1 000×200×20% = 40 000（元）

应确认预计负债 40 000 元。

借：营业外支出——亏损合同损失——A 产品　　40 000

　贷：预计负债——亏损合同损失——A 产品　　40 000

支付违约金时

借：预计负债——亏损合同损失——A 产品　　40 000

　贷：银行存款　　40 000

【实务 5-9】振兴门业公司与乙公司于 2024 年 11 月签订不可撤销合同，振兴门业公司向乙公司销售 B 产品 50 件，每件产品合同价格 1 000 000 元（不含税）。该批产品在 2024 年 12 月 25 日交货。至 2024 年末振兴门业公司已生产 40 件 B 产品，由于原材料价格上涨，单位成本达到 1 020 000 元，每销售一台 A 产品亏损 20 000 元，因此这项合同已成为亏损合同。预计其余未生产的 10 件 B 产品的单位成本与已生产的 B 产品的单位成本相同。则振兴门业公司应对有标的物 40 件 B 产品计提存货跌价准备，对不是标的物 10 件 B 产品确认预计负债。不考虑相关税费。

有关账务处理如下：

（1）有标的部分，合同为亏损合同，确认减值损失。

借：资产减值损失——存货跌价损失——B 产品　　800 000

　贷：存货跌价准备——B 产品（40×20 000）　　800 000

（2）无标的部分，合同为亏损合同，确认预计负债。

借：营业外支出——亏损合同损失——B 产品　　200 000

　贷：预计负债——亏损合同损失——B 产品（10×20 000）　　200 000

在产品生产出来后，将预计负债冲减成本。

借：预计负债——亏损合同损失——B 产品　　200 000

　贷：库存商品——B 产品　　200 000

五、重组义务

重组，是指企业制定和控制的，将显著改变企业组织形式、经营范围或经营方式的计划实施行为。属于重组的事项主要包括：①出售或终止企业的部分业务；②对企业的组织结构进行较大调整；③关闭企业部分营业场所，或将营业活动由一个国家或地区迁移到其他国家或地区。

企业应当将重组与企业合并、债务重组区别开。因为重组通常是企业内部资源的调整和组合，谋求现有资产效能的最大化；企业合并是在不同企业之间的资本重组和规模扩张；而债务重组是债权人对债务人做出让步，使债务人减轻债务负担，债权人尽可能减少损失。

（一）重组义务的确认

企业因重组而承担了重组义务，并且同时满足预计负债确认条件时，才能确认预计负债。首先，同时存在下列情况时，表明企业承担了重组义务：①有详细、正式的重组计划，包括重组涉及的业务、主要地点、需要补偿的职工人数、预计重组支出、计划实施时间等；②该重组计划已对外公告，重组计划已经开始实施，或已向受其影响的各方通告了该计划的主要内容，从而使各方形成了对该企业将实施重组的合理预期。

企业制订了详细、正式的重组计划，并已经对外公告，使那些受其影响的其他单位或个人可以合理预期企业将实施重组，这构成了企业的一项推定义务。而管理层或董事会在资产负债表日前做出的重组决定，在资产负债表日并不形成一项推定义务，除非企业在资产负债表日前已经对外进行了公告，将重组计划传达给受其影响的各方，使他们形成了对企业将实施重组的合理预期。

其次，需要判断重组义务是否同时满足预计负债的三个确认条件，即判断其承担的重组义务是否是现时义务、履行重组义务是否很可能导致经济利益流出企业、重组义务的金额是否能够可靠计量。只有同时满足这三个确认条件，才能将重组义务确认为预计负债。

【实务 5-10】2024 年 12 月 31 日，振兴门业公司司董事会决定关闭一个事业部。2024 年度财务报告报出前，振兴门业公司董事会尚未将有关决定传达到受影响的各方，也未采取任何措施实施该项决定，在 2024 年 12 月 31 日，振兴门业公司不应对此项决定确认预计负债。

【实务 5-11】2024 年 12 月 16 日，振兴门业公司董事会决定关闭 A 产品事业部，有关计划已获批准。至 2024 年 12 月 31 日，关闭该事业部的决定已经向社会公告，受影响的公司职工、客户及供应商均收到了通知。如果该义务很可能导致经济利益流出振兴门业公司，且金额能够可靠计量，在 2024 年 12 月 31 日，振兴门业公司应对此项决定确认预计负债。

（二）重组义务的计量

企业应当按照与重组有关的直接支出确定预计负债金额，并计入当期损益。其中，直接支出是企业重组必须承担的直接支出，并且是与主体继续进行的活动无关的支出，不包括留用职工岗前培训、市场推广、新系统和营销网络投入等支出。因为这些支出与未来经营活动有关，在资产负债表日不是重组义务。

由于企业在计量预计负债时不应当考虑预期处置相关资产的利得，在计量与重组义务相关的预计负债时，也不考虑处置相关资产（厂房、店面，有时是一个事业部整体）可能形成的利得或损失，即使资产的出售构成重组的一部分也是如此，这些利得或损失应当单独确认。

企业可以参照表 5 -1 判断某项支出是否属于与重组有关的直接支出。

表 5-1　与重组有关的支出的判断

支出项目	包括	不包括	不包括的原因
自愿遣散	√		
强制遣散（如果自愿遣散目标未满足）	√		
将不再使用的厂房的租赁撤销费	√		
将职工和产品从拟关闭的工厂转移到继续使用的工厂		√	支出与继续进行的活动相关
剩余职工的再培训		√	支出与继续进行的活动相关
新经理的招聘成本		√	支出与继续进行的活动相关
推广公司新形象的营销成本		√	支出与继续进行的活动相关
对新营销网络的投资		√	支出与继续进行的活动相关
重组的未来可辨认经营损失（最新预计值）		√	支出与继续进行的活动相关
特定不动产、厂房和产品的减值损失		√	按企业会计准则进行计提

◇ 本项目工作小结

或有事项，是指过去的交易或者事项形成的，其结果须由某些未来事项的发生或不发生才能决定的不确定事项。常见的或有事项包括未决诉讼或未决仲裁、债务担保、产品质量保证（含产品安全保证）、亏损合同、重组义务、承诺、环境污染整治等。通过学习，理解或有事项的确认；掌握或有事项的账务处理。

◇ 任务实战

1. 乙公司主要生产 A、B、C 三种家电产品，2024 年发生如下事项：

（1）2 月 10 日，乙公司认为本企业应享受一项税收优惠，获得税收返还，但税务部门迟迟不予落实执行。乙公司遂将税务部门告上法庭。律师认为，法律已经有明文规定，本诉讼基本确定能获胜，如果获胜，将获得返还款 200 万元。

（2）6 月 1 日，乙公司接到法院的通知，其联营企业在两年前的一笔借款到期，本息合计为 1 000 万元，因联营企业无力偿还，债权单位（贷款单位）已将本笔贷款的担保企业乙公司告上法庭，要求乙公司履行担保责任，代为清偿。乙公司经研究认为，目前联营企业的财务状况较差，乙公司有 80%的可能性承担全部本息的偿还责任。

（3）7 月 1 日，乙公司与振兴门业公司签订了一份不可撤销合同，合同约定：乙公司在 2025 年 2 月 1 日以每件 3 万元的价格向振兴门业公司销售 10 件 A 产品，振兴门业公司应预付定金 5 万元，若乙公司违约，双倍返还定金。

2024 年 12 月 31 日，乙公司库存 A 产品 10 件，成本总额为 40 万元，按目前市场价格计算的市价总额为 38 万元，假定不考虑相关税费。

（4）12 月 25 日，乙公司司机驾驶大货车在高速公路上追尾，致使被追尾车辆连同产品遭受重大损失，受害单位要求赔偿 20 万元。交警已明确责任，这次事故应由乙公司负全部责任，乙公司认为情况属实，是因为当时急需材料，强令司机日夜兼程，疲劳驾驶，引致重大交通事故。乙公司已同意将赔偿损失 20 万元，款项已于 12 月 31 日支付。

要求：

（1）判断资料（1）（2）（3）（4）是否属于或有事项，标明序号即可。

（2）根据上述资料，针对判断出来的或有事项符合负债确认条件的业务，编制相应的会计分录。（答案中的金额单位用万元表示）

2. 振兴门业公司 2024 年发生如下经济业务：

（1）8 月 1 日，由于振兴门业公司提供贷款担保的丙公司发生财务困难无法支付到期贷款本息 1 000 万元，贷款银行提起诉讼，至 12 月 31 日法院一审判决振兴门业公司承担连带偿还责任，振兴门业公司不服从判决进行上诉。至12月31日，振兴门业公司法律顾问认为，振兴门业公司很可能需要为丙公司所欠贷款本息承担80%的连带责任。

（2）9月1日，因为振兴门业公司产品质量问题，被丁公司提起诉讼，至12月31日法院尚未判决。期末振兴门业公司法律顾问认为败诉的可能性为65%，预计赔偿金额为200万~250万元（该区间内支付各种金额的可能性相等）。鉴于振兴门业公司对该产品买了产品质量保险，期末振兴门业公司基本确定可从保险公司获得赔偿250万元。

（3）振兴门业公司11月1日与戊公司签订不可撤销的产品销售合同，预收定金150万元。约定在2024年12月31日以每件10万元的价格向戊公司提供C产品100件，若违约，振兴门业公司将双倍返还定金，签订合同时，C产品尚未开始生产。振兴门业公司准备生产C产品时，原材料上涨，预计生产C产品的成本为12万元，不考虑其他因素。

要求：

（1）根据上述资料，分别编制与或有事项相关的会计分录；

（2）计算上述事项对2024年度利润总额的影响金额。

（答案中的金额单位用万元表示）

◇ 知识巩固

习题

习题答案解析

项目六

借款费用核算业务

◇ 学习目标

知识目标

● 理解借款费用的相关概念。

● 掌握借款费用资本化金额范围的确定。

● 掌握借款费用资本化金额的计算与账务处理。

技能目标

● 能够正确辨别借款费用。

● 能够正确确定借款费用资本化金额。

● 能够对借款费用进行相应的账务处理。

素质目标

● 风险意识：具备强烈的风险意识，能够敏锐地识别和评估借款费用业务可能带来的潜在风险，并采取相应的防范措施。

● 谨慎态度：在处理借款费用核算时保持谨慎、客观的态度，遵循会计准则和规定，确保财务信息的真实性和可靠性。

● 职业道德：遵守职业道德规范，保持诚信、公正的职业操守，维护企业的利益和声誉。

● 持续学习：具备持续学习的意识和能力，关注与借款费用业务相关的法规、准则和案例，不断提升自己的专业水平和综合素质。

◇ 思维导图

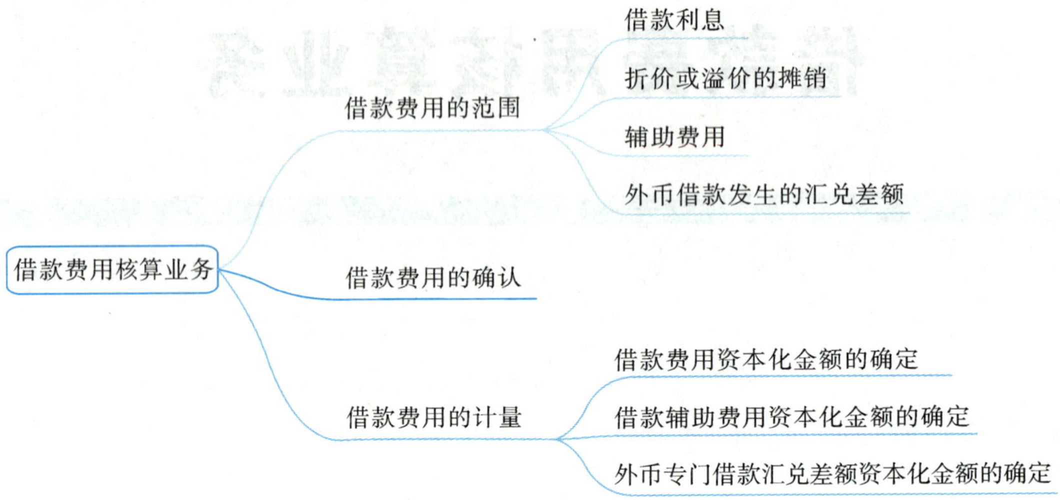

图 6-1　借款费用核算业务思维导图

◇ 学习任务

任务一 借款费用的范围

借款费用是企业因借入资金所付出的代价，包括借款利息、折价或者溢价的摊销、辅助费用以及因外币借款而发生的汇兑差额等。

因借款而发生的利息包括企业向银行或者其他金融机构等借入资金发生的利息、发行公司债券或企业债券发生的利息，以及为购建或者生产符合资本化条件的资产而发生的带息债务所承担的利息等。

因借款而发生的折价或者溢价主要是指发行债券等发生的折价或者溢价。发行债券中的折价或者溢价，实质是对债券票面利息的调整（即将债券票面利率调整为实际利率），属于借款费用的范畴。例如，振兴门业公司发行公司债券，每张公司债券票面价值为 100 元，票面年利率为 6%，期限为 4 年，而同期市场利率为年利率 8%，由于公司债券的票面利率低于市场利率，为成功发行公司债券，振兴门业公司采取了折价发行的方式，折价金额实质上是用于补偿投资者在购入债券后所受到的名义利息上的损失，应当作为以后各期利息费用的调整额。

因借款而发生的辅助费用，是指企业在借款过程中发生的诸如手续费、佣金费等费用，由于这些费用是因安排借款而发生的，也属于借入资金所付出的代价，是借款费用的构成部分。

因外币借款而发生的汇兑差额，是指由于汇率变动导致市场汇率与账面汇率出现的差异，从而对外币借款本金以及其利息的记账本位币金额所产生的影响金额。

对于企业发生的权益性融资费用，不应包括在借款费用中。

【实务 6-1】振兴门业公司 2024 年 9 月发生了借款手续费 100 000 元，发行公司债券佣金 10 000 000 元，发行公司股票佣金 20 000 000 元，借款利息 2 000 000 元。其中借款手续费 1 00 000 元、发行公司债券佣金 10 000 000 元和借款利息 2 000 000 元均属于借款费用。发行公司股票属于公司权益性融资，所发生的佣金应当冲减溢价，不属于借款费用范畴，不应按照《企业会计准则第 17 号——借款费用》核算。

任务二　借款费用的确认

一、确认的原则

借款费用的确认主要解决的是将每期发生的借款费用资本化、计入相关资产的成本，还是将有关借款费用费用化、计入当期损益的问题。借款费用确认的基本原则是：企业发生的可直接归属于符合资本化条件的资产购建或者生产的借款费用，应当予以资本化，计入相关资产成本；其他借款费用应当在发生时根据其发生额确认为费用，计入当期损益。

符合资本化条件的资产，是指需要经过相当长时间的购建或者生产活动才能达到预定可使用或者可销售状态的固定资产、投资性房地产和存货等资产。建造合同成本、无形资产的开发支出等在符合条件的情况下，也可以认定为符合资本化条件的资产。其中，相当长时间应当是指资产的购建或者生产所必要的时间，通常为一年以上（含一年）。

在实务中，如果由于人为或者故意等非正常因素导致资产的购建或者生产时间相当长的，该资产不属于符合资本化条件的资产。购入即可使用的资产，或者购入后需要安装但所需安装时间较短的资产，或者需要建造或生产但建造或生产时间较短的资产，均不属于符合资本化条件的资产。

【实务 6-2】振兴门业公司 2024 年 9 月向银行借入资金分别用于生产 A 产品和 B 产品。其中，A 产品的生产时间较短，为 1 个月。B 产品属于大型发电设备，生产周期较长，为 1 年零 3 个月。

为存货生产而借入的借款费用在符合资本化条件的情况下应当予以资本化。本例中，由于 A 产品的生产时间较短，不属于需要经过相当长时间的生产才能达到预定可销售状态的资产。因此，为 A 产品的生产而借入资金所发生的借款费用不应计入 A 产品的生产成本，而应当计入当期财务费用。而 B 产品的生产时间比较长，属于需要经过长时间的生产才能达到预定可销售状态的资产。因此，为 B 产品的生产而借入资金所发生的借款费用符合资本化的条件，应计入 B 产品的成本中。

二、借款费用应予资本化的借款范围

借款包括专门借款和一般借款。专门借款，是指为购建或者生产符合资本化条件的资产而专门借入的款项。专门借款通常应当有明确的用途，即为购建或者生产某项符合资本化条件的资产而专门借入，并通常应当具有标明该用途的借款合同。例如，振兴门业公司为建造一条生产线向某银行专门贷款 50 000 000 元；某房地产开发企业为了开发某住宅小区向某银行专门贷款 2 亿元等，其使用目的明确，均属于专门借款。一般借款是指专门借款之外的借款，相对于专门借款而言，一般借款在借入时，其用途通常没有特指用于符合资本化条件的资产的购建或者生产。

借款费用应予资本化的借款范围，既包括专门借款，也可包括一般借款。其中，对于一般借款，只有在购建或者生产某项符合资本化条件的资产占用了一般借款时，才应将与该部分一般借款相关的借款费用资本化；否则，所发生的借款费用应当计入当期损益。

三、借款费用资本化期间的确定

只有发生在资本化期间内的有关借款费用才允许资本化，资本化期间的确定是借款费用确认和计量的重要前提。借款费用资本化期间是指从借款费用开始资本化时点到停止资本化时点的期间，但不包括借款费用暂停资本化的期间。

（一）借款费用开始资本化的时点

允许借款费用开始资本化必须同时满足三个条件，即资产支出已经发生、借款费用已经发生、为使资产达到预定可使用或者可销售状态所必要的购建或者生产活动已经开始。

（1）资产支出已经发生的判断。

资产支出包括以支付现金、转移非现金资产和承担带息债务所发生的支出。

①支付现金，是指用货币资金支付符合资本化条件的资产的购建或者生产支出。

②转移非现金资产，是指企业将自己的非现金资产直接用于符合资本化条件的资产的购建或者生产。

【实务 6-3】振兴门业公司将自己生产的产品，包括水泥、钢材等，用于符合资本化条件的资产的建造或者生产，该企业同时还用自己生产的产品换取其他企业的工程物资，用于符合资本化条件的资产的建造或者生产，这些产品的成本均属于资产支出。

③承担带息债务，是指企业为了购建或者生产符合资本化条件的资产而承担的带息应付款项。企业以赊购方式购买这些物资所产生的债务可能带息，也可能不带息。如果企业赊购这些物资承担的是不带息的债务，就不应当将购买价款计入资产支出，因为该债务在偿付前不需要承担利息，也没有占用借款资金。企业只有等到实际偿付债务，发生了资源流出时，才能将其作为资产支出。如果企业赊购物资承担的是带息债务，企业要为这笔债务付出代价，支付利息，这与企业向银行借入款项用以支付资产支出在性质上是一致的。企业为购建或者生产符合资本化条件的资产而承担的带息债务应当作为资产支出，当该带息债务发生时，视同资产支出已经发生。

（2）借款费用已经发生的判断。

借款费用已经发生，是指企业已经发生了因购建或者生产符合资本化条件的资产而专门借入款项的借款费用，或者占用的一般借款的借款费用。

（3）为使资产达到预定可使用或者可销售状态所必要的购建或者生产活动已经开始的判断。

为使资产达到预定可使用或者可销售状态所必要的购建或者生产活动已经开始，是指符合资本化条件的资产的实体建造或者生产工作已经开始，如主体设备的安装、厂房的实际开工建造等。它不包括仅仅持有资产但没有发生为改变资产形态而进行的实质上的建造或者生产活动。

企业只有在上述三个条件同时满足的情况下，有关借款费用才可以开始资本化，只要其中有一个条件没有满足，借款费用就不能资本化，而应计入当期损益。

【实务 6-4】振兴门业公司专门借入款项建造某符合资本化条件的固定资产，相关借款费用已经发生，同时固定资产的实体建造工作也已开始，但为固定资产建造所需物资等都是赊购或者客户垫付的（且所形成的负债均为不带息负债），发生的相关薪酬等费用也尚未形成现金流出。

在这种情况下，固定资产建造本身并没有占用借款资金，没有发生资产支出，该事项只满足借款费用开始资本化的第二个和第三个条件，但没有满足第一个条件，所以，发生的借款费用不应予以资本化。

【实务 6-5】振兴门业公司为建造一项符合资本化条件的固定资产，使用自有资金购置了工程物资，该固定资产已经开始动工兴建，但专门借款资金尚未到位，也没有占用一般借款资金。

在这种情况下，企业尽管满足了借款费用开始资本化的第一个和第三个条件，但是不符合借款费用开始资本化的第二个条件，因此，不允许开始借款费用的资本化。

【实务 6-6】振兴门业公司为了建造某一项符合资本化条件的厂房，已经使用银行存款购置了水泥、钢材等，发生了资产支出，相关借款也已经计息，但是厂房因各种原因迟迟未能开工兴建。

在这种情况下，企业尽管符合了借款费用开始资本化的第一个和第二个条件，但不符合借款费用开始资本化的第三个条件，因此，所发生的借款费用不允许资本化。

（二）借款费用暂停资本化的时间

符合资本化条件的资产在购建或者生产过程中发生非正常中断且中断时间连续超过 3 个月的，应当暂停借款费用的资本化。中断的原因必须是非正常中断，属于正常中断的，相关借款费用仍可资本化。在实务中，企业应当遵循“实质重于形式”等原则来判断借款费用暂停资本化的时间，如果相关资产购建或者生产的中断时间较长而且满足其他规定条件的，相关借款费用应当暂停资本化。

非正常中断，通常是企业管理决策上的原因或者其他不可能预见的原因等所导致的中断。例如，企业因与施工方发生了质量纠纷，或者工程、生产用料没有及时供应，或者资金周转发生了困难，或者施工、生产发生了安全事故，或者发生了与资产购建、生产有关的劳动纠纷等原因，导致资产购建或者生产活动发生中断，均属于非正常中断。

【实务 6-7】振兴门业公司于 2024 年 1 月 1 日利用专门借款开工兴建一幢厂房，支出已经发生，因此借款费用从当日起开始资本化，工程预计于 2025 年 3 月完工。

2024 年 5 月 15 日，由于工程施工发生了安全事故，导致工程中断，直到 9 月 10 日才复工。

该中断属于非正常中断，因此，上述专门借款在 5 月 15 日至 9 月 10 日间所发生的借款费用不应资本化，而应作为财务费用计入当期损益。

非正常中断与正常中断显著不同。正常中断通常仅限于购建或者生产符合资本化条件的资产达到预期可使用或者可销售状态所必要的程序，或者事先可预见的不可抗力因素导致的中断。例如，某些工程建造到一定阶段必须暂停下来进行质量或者安全检查，检查通过后才可能继续下一阶段的建造工作，这类中断是在施工前可以预见的，而且是工程建造必须经过的程序，属于正常中断。某些地区的工程在建造的过程中，由于可预见的不可抗力因素（如雨季或冰冻季节）导致施工出现停顿，也属于正常中断。

【实务 6-8】振兴门业公司在北方某地建造某工程期间，遇上冰冻季节（通常为 6 个月），工程施工因此中断，待冰冻季节过后方能继续施工。

由于该地区在施工期间出现较长时间的冰冻属于正常情况，由此导致的施工中断是可预见的不可抗力因素导致的中断，属于正常中断。在正常中断期间所发生的借款费用可以继续资本化，计入相关资产的成本。

（三）借款费用停止资本化的时点

购建或者生产符合资本化条件的资产达到预定可使用或者可销售状态时，借款费用应当停止资本化。在符合资本化条件的资产达到预定可使用或者可销售状态之后所发生的借款费用，应当在发生时根据其发生额确认为费用，计入当期损益。

资产达到预定可使用或者可销售状态，是指所购建或者生产的符合资本化条件的资产已经达到建造方、购买方或者企业自身等预先设计、计划或者合同约定的可以使用或者可以销售的状态。企业在确定借款费用停止资本化的时点时需要运用职业判断，应当遵循实质重于形式原则，针对具体情况，依据经济实质判断所购建或者生产的符合资本化条件的资产达到预定可使用或者可销售状态的时点，具体可从以下几个方面进行判断：

（1）符合资本化条件的资产的实体建造（包括安装）或者生产活动已经全部完成或者实质上已经完成。

（2）所购建或者生产的符合资本化条件的资产与设计要求、合同规定或者生产要求符合或者基本符合，即使有极个别与设计、合同或者生产要求不相符的地方，也不影响其正常使用或者销售。

（3）继续发生在所购建或者生产的符合资本化条件的资产上的支出金额很少或者几乎不再发生。

购建或者生产的符合资本化条件的资产需要试生产或者试运行的，在试生产结果表明资产能够正常生产出合格产品，或者试运行结果表明资产能够正常运转或者营业时，应当认为该资产已经达到预定可使用或者可销售的状态。

【实务 6-9】振兴门业公司借入一笔款项，于 2024 年 2 月 1 日采用出包方式开工兴建一幢厂房，2024 年 10 月 10 日工程全部完工，达到合同要求。10 月 30 日工程验收合格，11 月 15 日办理工程竣工结算，11 月 20 日完成全部资产移交手续，12 月 1 日厂房正式投入使用。

在本例中，企业应当将 2024 年 10 月 10 日确定为工程达到预定可使用状态的时点，以及借款费用停止资本化的时点，后续的工程验收日、竣工结算日、资产移交日和投入使用日均不应作为借款费用停止资本化的时点，否则会导致资产价值和利润的高估。

在符合资本化条件的资产的实际购建或者生产过程中，如果所购建或者生产的符合资本化条件的资产分别建造、分别完工，企业也应当遵循实质重于形式原则，区别不同情况，界定借款费用停止资本化的时点。

如果所购建或者生产的符合资本化条件的资产的各部分分别完工，且每部分在其他部分继续建造或者生产过程中可供使用或者可对外销售，且为使该部分资产达到预定可使用或可销售状态所必要的购建或者生产活动实质上已经完成的，应当停止与该部分资产相关的借款费用的资本化，因为该部分资产已经达到了预定可使用或者可销售状态。

如果企业购建或者生产的资产的各部分分别完工，但必须等到整体完工后才可使用或者对外销售的，应当在该资产整体完工时停止借款费用的资本化。在这种情况下，即使各部分资产已经完工，也不能够认为该部分资产已经达到了预定可使用或者可销售状态。企业只能在所购建固定资产整体完工时，才能认为资产已经达到了预定可使用或者可销售状态，借款费用方可停止资本化。

【实务 6-10】振兴门业公司在建设某一涉及数项工程的钢铁冶炼项目时，每个单项工程都是根据各道冶炼工序设计建造的，因此，只有在每项工程都建造完毕后，整个冶炼项目才能正式运转，达到生产和设计要求，所以每一个单项工程完工后不应认为资产就达到了预定可使用的状态，企业只有等到整个冶炼项目全部完工，达到预定可使用状态时，才能停止借款费用的资本化。

任务三 借款费用的计量

一、借款利息资本化金额的确定

在借款费用资本化期间内，每一会计期间的利息（包括折价或溢价的摊销，下同）的资本化金额，应当按照下列原则确定：

（1）为购建或者生产符合资本化条件的资产而借入专门借款的，应当以专门借款当期实际发生的利息费用减去将尚未动用的借款资金存入银行取得的利息收入或进行暂时性投资取得的投资收益后的金额，确定专门借款应予资本化的利息金额。

（2）为购建或者生产符合资本化条件的资产而占用了一般借款的，企业应当根据累计资产支出超过专门借款部分的资产支出加权平均数乘以所占用一般借款的资本化率，计算确定一般借款应予资本化的利息金额。资本化率应当根据一般借款加权平均利率计算确定。即企业占用一般借款购建或者生产符合资本化条件的资产时，一般借款的借款费用的资本化金额的确定应当与资产支出相挂钩。有关计算公式如下：

一般借款利息费用资本化金额=累计资产支出超过专门借款部分的资产支出加权平均数×所占用一般借款的资本化率

所占用的一般借款的资本化率=所占用一般借款加权平均利率=所占用一般借款当期实际发生的利息之和÷所占用的一般借款本金加权平均数

（3）每一会计期间的利息资本化金额不应当超过当期相关借款实际发生的利息金额。

【实务 6-11】振兴门业公司于 2023 年 1 月 1 日正式动工建造一幢厂房，工期预计为 18 个月，工程采用出包方式，分别于 2023 年 1 月 1 日、2023 年 7 月 1 日和 2024 年 1 月 1 日支付工程进度款。

振兴门业公司为建造厂房于 2023 年 1 月 1 日专门借款 30 000 000 元，借款期限为 3 年，年利率为 5%。另外，在 2023 年 7 月 1 日又专门借款 60 000 000 元，借款期限为 5 年，年利率为 6%，借款利息按年支付（如无特别说明，本章例题中名义利率与实际利率相同）。

振兴门业公司将闲置借款资金用于固定收益债券短期投资，该短期投资月收益率为 0.5%。

厂房于 2024 年 6 月 30 日完工，达到预定可使用状态。

振兴门业公司建造该厂房的支出金额如表 6-1 所示。

表 6-1 振兴门业厂房建造资金支出及闲置借款资金投资情况 单位：元

日期	每期资产支出金额	累计资产支出金额	闲置借款资金用于短期投资金额
2023-01-01	15 000 000	15 000 000	15 000 000
2023-07-01	35 000 000	50 000 000	40 000 000
2024-01-01	35 000 000	85 000 000	5 000 000
总计	85 000 000	—	60 000 000

由于振兴门业公司使用了专门借款建造厂房，而且厂房建造支出没有超过专门借款金额。因此，公司于 2023 年、2024 年建造厂房应予资本化的利息金额计算如下：

（1）确定借款费用资本化期间为 2023 年 1 月 1 日至 2024 年 6 月 30 日。

（2）计算在资本化期间内专门借款实际发生的利息金额：

2023 年专门借款发生的利息金额

=30 000 000 ×5%+60 000 000×6%×6/12=3 300 000（元）

2024 年 1 月 1 日至 2024 年 6 月 30 日专门借款发生的利息金额

=3 000 000×5%×6/12+60 000 000×6%×6/12=2 550 000（元）

（3）计算在资本化期间内利用闲置专门借款资金进行短期投资的收益。

2023 年短期投资收益=15 000 000×0. 5%×6+40 000 000×0. 5%×6=1 650 000（元）

2024 年 1 月 1 日至 2024 年 6 月 30 日短期投资收益=5 000 000×0. 5%×6=150 000（元）

（4）由于在资本化期间内，专门借款利息费用的资本化金额应当以其实际发生的利息费用减去将闲置的借款资金进行短期投资取得的投资效益后的金额确定。因此：

公司 2023 年的利息资本化金额=3 300 000-1 650 000=1 650 000（元）

公司 2024 年的利息资本化金额=2 550 000-150 000=2 400 000（元）

（5）有关账务处理如下：

①2023 年 12 月 31 日

借：在建工程——××厂房　　1 650 000

　　银行存款　　1 650 000

　贷：长期借款——应计利息　　3 300 000

②2024 年 6 月 30 日

借：在建工程——××厂房　　2 400 000

　　银行存款　　150 000

　贷：长期借款——应计利息　　2 550 000

【实务 6-12】沿用【实务 6-11】资料假定振兴门业公司建造厂房没有专门借款，占用的都是一般借款。

振兴门业公司为建造厂房占用的一般借款有两笔，具体如下：

（1）向 A 银行贷款 20 000 000 元，期限为 2022 年 12 月 1 日至 2024 年 12 月 1 日，

年利率为6%，按年支付利息。

（2）2022年1月1日发行公司债券1亿元，期限为5年，年利率为8%，按年支付利息。

假定这两笔一般借款除了用于厂房建设外，没有用于其他符合资本化条件的资产的购建或者生产活动。

鉴于振兴门业公司建设厂房没有占用专门借款，而是占用了一般借款，因此，公司应当首先计算所占用一般借款的加权平均利率作为资本化率，然后计算建设厂房的累计资产支出加权平均数，将其与资本化率相乘，计算求得当期应予资本化的借款利息金额，具体如下：

（1）计算所占用一般借款资本化率。

一般借款资本化率（年）＝（20 000 000×6%＋100 000 000×8%）÷（20 000 000＋100 000 000）×100%＝7.67%

（2）计算累计资产支出加权平均数。

2023年累计资产支出加权平均数＝15 000 000×360÷360＋35 000 000×180÷360＝32 500 000（元）

2024年累计资产支出加权平均数＝85 000 000×180÷360＝42 500 000（元）

（3）计算每期利息资本化金额。

2023年为建设厂房的资本化利息金额＝32 500 000×7.67%＝2 492 750（元）

2024年实际发生的一般借款利息费用＝20 000 000×6%＋100 000 000×8%＝9 200 000(元)

2024年为建设厂房的利息资本化金额＝42 500 000×7.67%＝3 259 750（元）

2024年1月1日至2024年6月30日实际发生的一般借款利息费用＝20 000 000×6%×180÷360＋100 000 000×8%×180÷360＝4 600 000（元）

上述计算的利息资本化金额没有超过两笔一般借款实际发生的利息费用，可以资本化。

（4）根据上述计算结果，账务处理如下：

①2023年12月31日

借：在建工程——厂房	2 492 750	
财务费用	6 707 250	
贷：长期借款——应计利息		1 200 000
应付债券——应计利息		8 000 000

②2024年6月30日

借：在建工程——厂房	3 259 750	
财务费用	1 340 250	
贷：长期借款——应计利息		600 000
应付债券——应计利息		4 000 000

【实务 6-13】沿用【实务 6-11】、【实务 6-12】资料，假定振兴门业公司为建设厂房于 2023 年 1 月 1 日专门借款 30 000 000 元，借款期限为 3 年，年利率为 5%，除此之外，没有其他专门借款。在厂房建造过程中所占用的一般借款仍为两笔，一般借款利息资本化率为 7.67%。

在这种情况下，公司应当首先计算专门借款利息的资本化金额，然后计算所占用一般借款利息的资本化金额，具体如下：

（1）计算专门借款利息资本化金额。

2023 年专门借款利息资本化金额=30 000 000×5%-15 000 000×0.5%×6=1 050 000（元）

2024 年专门借款利息资本化金额=30 000 000×5%×180÷360=750 000（元）

（2）计算一般借款资本化金额。

在建造厂房的过程中，自 2023 年 7 月 1 日起已经有 20 000 000 元占用了一般借款。另外，2024 年 1 月 1 日支出的 35 000 000 元也占用了一般借款，计算这两笔资产支出的加权平均数如下：

2023 年占用了一般借款的资产支出加权平均数=20 000 000×180÷360=10 000 000（元）

一般借款利息资本化率为 7.67%，所以：

2023 年应予资本化的一般借款利息金额=10 000 000×7.67%=767 000（元）

2024 年占用了一般借款的资产支出加权平均数=（20 000 000+35 000 000）×180÷360=27 500 000（元）

则 2024 年应予资本化的一般借款利息金额=27 500 000×7.67%=2 109 250（元）

（3）根据上述计算结果，公司建造厂房应予资本化的利息金额如下：

2023 年利息资本化金额=1 050 000+767 000=1 817 000（元）

2024 年利息资本化金额=750 000+2 109 250=2 859 250（元）

（4）有关账户处理如下

①2023 年 12 月 31 日

借：在建工程——××厂房	1 817 000	
财务费用	8 433 000	
银行存款	450 000	
贷：长期借款——应计利息		2 700 000
应付债券——应计利息		8 000 000

注：2023 年实际发生的借款利息=30 000 000×5%+20 000 000×6%+100 000 000×8%=10 700 000（元）

②2024 年 6 月 30 日

借：在建工程——××厂房	2 859 250	
财务费用	2 490 750	

贷：长期借款——应计利息　　　　1 350 000

应付债券——应计利息　　　　4 000 000

注：2024 年 1 月 1 日至 6 月 30 日实际发生的借款利息 = 10 700 000÷2 = 5 350 000（元）

【实务 6-14】振兴门业公司拟在厂区内建造一幢新厂房，有关资料如下：

（1）2023 年 1 月 1 日向银行专门借款 60 000 000 元，期限为 3 年，年利率为 6%，每年 1 月 1 日付息。

（2）除专门借款外，公司只有一笔其他借款，为公司于 2022 年 12 月 1 日借入的长期借款为 72 000 000 元，期限为 5 年，年利率为 8%，每年 12 月 1 日付息。假设振兴门业公司在 2023 年和 2024 年均未支付当年利息。

（3）由于审批、办手续等原因，厂房于 2023 年 4 月 1 日才开始动工兴建，当日支付工程款 24 000 000 元，工程建设期间的支出情况如表 6-2 所示。

表 6-2　振兴门业厂房建造资金支出及闲置借款资金投资情况　　单位：元

日期	每期资产支出金额	累计资产支出金额	闲置借款资金用于短期投资金额
2023-04-01	24 000 000	24 000 000	36 000 000
2023-06-01	12 000 000	36 000 000	24 000 000
2023-07-01	36 000 000	72 000 000	占用一般借款
2024-01-01	12 000 000	84 000 000	
2024-04-01	6 000 000	90 000 000	
2024-07-01	6 000 000	96 000 000	
总计	96 000 000	—	—

工程于 2024 年 9 月 30 日完工，达到预定可使用状态。其中，由于施工质量问题，工程于 2023 年 9 月 1 日至 2023 年 12 月 31 日停工四个月。

（4）专门借款中未支出部分全部存入银行，假定月利率为 0.25%。假定全年按照 360 天计算，每月按照 30 天计算。

根据上述资料，有关利息资本化金额的计算和账务处理如下：

（1）计算 2023 年、2024 年全年发生的专门借款和一般借款利息费用：

2023 年专门借款发生的利息金额 = 60 000 000×6% = 3 600 000（元）

2023 年一般借款发生的利息金额 = 72 000 000×8% = 5 760 000（元）

2024 年专门借款发生的利息金额 = 60 000 000×6% = 3 600 000（元）

2024 年一般借款发生的利息金额 = 72 000 000×8% = 5 760 000（元）

（2）在本例中，尽管专门借款于 2023 年 1 月 1 日借入，但是厂房建设于 4 月 1 日方才开工。因此，借款利息费用只有在 4 月 1 日起才符合开始资本化的条件，计入在建工程成本。同时，由于厂房建设在 2023 年 9 月 1 日至 2023 年 12 月 31 日期间发生非正常中断4个月，该期间发生的利息费用应当暂停资本化，计入当期损益。

（3）计算2023年借款利息资本化金额和应计入当期损益金额及其账务处理：

①计算2023年专门借款应予资本化的利息金额。

2023年1~3月和9~12月专门借款发生的利息费用 = 60 000 000×6%×210÷360 = 2 100 000（元）

2023年专门借款转存入银行取得的利息收入 = 60 000 000×0.25%×3+36 000 000×0.25%×2+24 000 000×0.25%×1 = 690 000（元）

其中，专门借款在资本化期间内取得的利息收入 = 36 000 000×0.25%×2+24 000 000×0.25%×1 = 240 000（元）

公司在2023年应予资本化的专门借款利息金额 = 3 600 000－2 100 000－240 000 = 1 260 000（元）

公司在2023年应当计入当期损益（财务费用）的专门借款利息金额（减利息收入）= 2 100 000－（690 000－240 000）= 1 650 000（元）

②计算2023年一般借款应予资本化的利息金额。

公司在2023年占用了一般借款资金的资金支出加权平均数 =（24 000 000+12 000 000+36 000 000－60 000 000）×60÷360 = 2 000 000（元）

公司在2023年一般借款应予资本化的利息金额 = 2 000 000×8% = 160 000（元）

公司在2023年应当计入当期损益的一般借款利息金额 = 5 760 000－160 000 = 5 600 000（元）

③计算2023年应予资本化和应当计入当期损益的借款利息金额。

公司在2023年应予资本化的借款利息金额 = 1 260 000+160 000 = 1 420 000（元）

公司在2023年应当计入当期损益的借款利息金额 = 1 650 000+5 600 000 = 7 250 000（元）

④2023年有关会计分录。

借：在建工程——××厂房	1 420 000	
财务费用	7 700 000	
银行存款	240 000	
贷：长期借款——应计利息		9 360 000
借：银行借款	450 000	
贷：财务费用		450 000

（4）计算2024年借款利息资本化金额和应计入当期损益金额以及账务处理：

①计算2024年专门借款应予资本化的利息金额。

公司在2024年应予资本化的专门借款利息金额 = 60 000 000×6%×270÷360 = 2 700 000（元）

公司在2024年应当计入当期损益的专门借款利息金额 = 3 600 000－2 700 000 = 900 000（元）

②计算 2024 年一般借款应予资本化的利息金额。

公司在 2024 年占用了一般借款资金的资产支出加权平均数 = 24 000 000×270÷360+6 000 000×180÷360+6 000 000×90÷360 = 22 500 000（元）

公司在 2024 年一般借款应予资本化的利息金额 = 22 500 000×8% = 1 800 000（元）

公司在 2024 年应当计入当期损益的一般借款利息金额 = 5 760 000 − 1 800 000 = 3 960 000（元）

③计算 2024 年应予资本化和应当计入当期损益的借款利息金额。

公司在 2024 年应予资本化的借款利息金额 = 2 700 000+1 800 000 = 4 500 000（元）

公司在 2024 年应当计入当期损益的借款利息金额 = 900 000+3 960 000 = 4 860 000(元)

④2024 年有关会计分录。

借：在建工程——××厂房	4 500 000	
财务费用	4 860 000	
贷：长期借款——应计利息		9 360 000

课程思政

通过话题讨论——“谈谈信用的重要性”，介绍当前社会“诚信机制”“征信体系”，引导学生在日常生活中讲究诚信，遵循道德规范。

二、借款辅助费用资本化金额的确定

辅助费用是企业为了安排借款而发生的必要费用，包括借款手续费（如发行债券手续费）、佣金等，如果企业不发生这些费用，就无法取得借款，因此，辅助费用是企业借入款项所付出的一种代价，是借款费用的有机组成部分。

对于企业发生的专门借款辅助费用，在所购建或者生产的符合资本化条件的资产达到预定可使用或者可销售状态之前发生的，应当在发生时根据其发生额予以资本化：在所购建或者生产的符合资本化条件的资产达到预定可使用或者可销售状态之后发生的，应当在发生时根据其发生额确认为费用，计入当期损益。上述资本化或计入当期损益的辅助费用的发生额，是根据《企业会计准则第 22 号——金融工具确认和计量》，按照实际利率法所确定的金融负债交易费用对每期利息费用的调整额。借款实际利率与合同利率差异较小的，也可以采用合同利率计算确定利息费用。一般借款发生的辅助费用，也应当按照上述原则确定其发生额。考虑到借款辅助费用与金融负债交易费用是一致的，其会计处理相同。

根据《企业会计准则第 22 号——金融工具确认和计量》的规定，除以公允价值计量且其变动计入当期损益的金融负债之外，其他金融负债相关的交易费用应当计入金融负债的初始确认金额。为购建或者生产符合资本化条件的资产的专门借款或者一般借款，通常属于除以公允价值计量且其变动计入当期损益的金融负债之外的其他金融负债。对于这些金融负债所发生的辅助费用，需要计入借款的初始确认金额，即抵减相关借款的初始确认金额，从而影响以后各期实际利息的计算。换句话说，由于辅助费用的发生将导致相关借款实际利率的上升，从而需要对各期利息费用作相应的调整，在确定借款辅助费用资本化金额时可以结合借款利息资本化金额一并计算。

三、外币专门借款汇兑差额资本化金额的确定

在资本化期间内，外币专门借款本金及其利息的汇兑差额应当予以资本化，计入符合资本化条件的资产的成本；除外币专门借款之外的其他外币借款本金及其利息所产生的汇兑差额，应当作为财务费用计入当期损益。

【实务 6-15】振兴门业公司产品已经打入美国市场，为节约生产成本，决定在当地建造生产工厂并设立分公司。2023 年 1 月 1 日，为该工程项目专门向当地银行借入 10 000 000 美元，年利率为 8%，期限为 3 年，假定不考虑与借款有关的辅助费用，合同约定，振兴门业公司每年 1 月 1 日支付借款利息，到期偿还借款本金。

工程于 2023 年 1 月 1 日开始实体建造，2024 年 6 月 30 日完工，达到预定可使用状态，期间发生的资金支出如下：

2023 年 1 月 1 日，支出 2 000 000 美元；

2023 年 7 月 1 日，支出 5 000 000 美元；

2024 年 1 月 1 日，支出 3 000 000 美元。

公司的记账本位币为人民币，外币业务采用外币业务发生时的当日即期汇率即市场汇率折算。相关汇率如下：

2023 年 1 月 1 日，市场汇率为 1 美元 = 6.70 元人民币

2023 年 12 月 31 日，市场汇率为 1 美元 = 6.75 元人民币

2024 年 1 月 1 日，市场汇率为 1 美元 = 6.77 元人民币

2024 年 6 月 30 日，市场汇率为 1 美元 = 6.80 元人民币

本例中，振兴门业公司计算该外币借款汇兑差额资本化金额如下：

（1）计算 2023 年汇兑差额资本化金额

①应付利息 = 10 000 000×8%×6.75 = 5 400 000（元）

账务处理为：

借：在建工程——××工程	5 400 000	
贷：长期借款——应计利息		5 400 000

②外币借款本金及利息汇兑差额 = 10 000 000×(6.75−6.70) + 800 000×(6.75−6.75) = 500 000（元）

账务处理：

借：在建工程——××工程　　500 000

　贷：长期借款——应计利息　　500 000

（2）2024 年 1 月 1 日实际支付利息时，应当支付 800 000 美元，折算成人民币为 5 416 000 元，该金额与原账面金额之间的差额 16 000 元应当继续予以资本化，计入在建工程成本。账务处理为：

借：长期借款——应计利息　　5 400 000

　　在建工程——××工程　　16 000

　贷：银行存款　　5 416 000

（3）计算 2024 年 6 月 30 日时的汇兑差额资本化金额。

①应付利息＝10 000 000×8%×1/2×6.8＝2 720 000（元）

账务处理为：

借：在建工程——××工程　　2 720 000

　贷：长期借款——应计利息　　2 720 000

②外币借款本金及利息汇兑差额＝10 000 000×（6.80－6.75）＋400 000×（6.80－6.80）＝500 000（元）

账务处理：

借：在建工程——××工程　　500 000

　贷：长期借款——××银行——汇兑差额　　500 000

◇ 本项目工作小结

借款费用是企业因借入资金所付出的代价，包括借款利息、折价或者溢价的摊销、辅助费用以及因外币借款而发生的汇兑差额等。通过本项目的学习，要熟悉借款费用的定义、范围，掌握借款费用的确认条件，掌握专门借款、一般借款的计量以及借款辅助费用资本化金额、外币专门借款汇兑差额资本化金额的确定。

◇ 任务实战

1. 振兴门业公司为建造一条生产线于 2022 年 12 月 31 日借入一笔长期借款，本金为 1 000 万元，年利率为 6%，期限为 4 年，每年末支付利息，到期还本。工程采用出包方式，于 2023 年 2 月 1 日开工，工程期为 2 年，2023 年相关资产支出如下：2 月 1 日支付工程预付款 200 万元；5 月 1 日支付工程进度款 300 万元；7 月 1 日因工程事故一直停工至 11 月 1 日，11 月 1 日支付了工程进度款 300 万元。2024 年 3 月 1 日支付工程进度款 100 万元，6 月 1 日支付工程进度款 100 万元，工程于 2024 年 9 月 30 日完工。

闲置资金因购买国债可取得0.1%的月收益。

要求：计算2023年2024年专门借款利息费用资本化金额，并编制与借款利息相关的会计分录。

2. 湖南沙沙门业有限公司拟建造一栋厂房，预计工期为2年，有关资料如下：

（1）湖南沙沙门业有限公司于2023年1月1日为该项工程专门借款3 000万元，借款期限为3年，年利率6%，利息按年支付；

（2）工程建设期间占用了两笔一般借款，具体如下：

①2023年12月1日向某银行借入长期借款4 000万元，期限为3年，年利率为9%，利息按年于每年年初支付；

②2023年7月1日按面值发行5年期公司债券3 000万元，票面年利率为8%，利息按年于每年年初支付，款项已全部收存银行。

（3）工程于2023年1月1日开始动工兴建，工程采用出包方式建造，当日支付工程款1 500万元。工程建设期间的支出情况如下：

2023年7月1日：3 000万元；

2024年1月1日：2 000万元；

2024年7月1日：3 000万元；

截至2024年末，工程尚未完工。其中，由于施工质量问题工程于2024年8月1日—11月30日停工4个月。

（4）专门借款中未支出部分全部存入银行，假定月利率为0.5%。假定全年按照360天计算，每月按照30天计算。

根据上述资料，要求：

（1）计算2023年利息资本化和费用化的金额并编制会计分录；

（2）计算2024年利息资本化和费用化的金额并编制会计分录。

（计算结果保留两位小数，答案金额以万元为单位）

3. 湖南沙沙门业有限公司于2023年1月1日动工兴建一幢办公楼，工程采用出包方式，每半年支付一次工程进度款，工程于2024年6月30日完工，达到预定可使用状态。建造资产工程支出如下：2023年1月1日，支出1 500万元；2023年7月1日，支出2 500万元；2024年1月1日，支出1 500万元。公司为建造办公楼于2023年1月1日专门借款2 000万元，期限为3年，年利率8%。办公楼的建造还占用了两笔一般借款：商业银行长期贷款2 000万元，期限为2022年12月1日至2025年12月1日，年利率为6%，按年支付利息。发放公司债券1亿元，发行日为2022年1月1日，期限为5年，年利率为8%，按年支付利息。企业将专门借款中未支出部分全部存入银行，假定月利率为0.5%。

根据上述资料，要求：

（1）计算2023年利息资本化的金额并编制会计分录；

（2）计算2024年利息资本化的金额并编制会计分录。

（计算结果保留两位小数，答案金额以万元为单位）

4. 湖南沙沙门业有限公司于2024年1月1日动工兴建一幢办公楼，工期为1年，工程采用出包方式。公司分别于2024年1月1日、7月1日和10月1日支付工程进度款1 000万元、3 500万元和1 000万元。办公楼于2024年12月31日完工，达到预定可使用状态。公司为建造办公楼发生了两笔专门借款，分别为：

（1）2024年1月1日专门借款2 000万元，借款期限为3年，年利率为7%，利息按年支付；

（2）2024年7月1日专门借款2 000万元，借款期限为5年，年利率为11%，利息按年支付。闲置专门借款资金均用于固定收益债券短期投资，假定该短期投资月收益率为0.5%。

公司为建造办公楼的支出占用了一般借款。假定所占用一般借款有两笔，分别为：

（1）向A银行长期借款2 000万元，期限为2024年11月1日至2026年11月1日，年利率为6%，按年支付利息；

（2）发行公司债券10 000万元，于2024年1月1日发行，期限为5年，年利率为9%，按年支付利息。

要求：

（1）计算专门借款利息费用资本化金额；

（2）计算一般借款利息费用资本化金额；

（3）计算应予资本化的利息费用金额。

◇ 知识巩固

习题

习题答案解析

项目七

政府补助核算业务

◇ 学习目标

知识目标

● 了解政府补助的基本概念、主要形式。

● 掌握政府补助的特征、分类。

● 掌握与资产有关的政府补助会计处理原则和应用。

● 掌握与收益有关的政府补助会计处理原则和应用。

● 熟悉综合性项目政府补助、政府补助退回会计处理原则和应用。

技能目标

● 能够正确辨别政府补助。

● 能够正确地对政府补助进行相关的会计处理。

素质目标

● 职业道德：遵守职业道德规范，保持诚信、公正的职业操守，维护企业的利益和声誉。

● 风险意识：具备强烈的风险意识，能够敏锐地识别政府补助可能带来的涉税风险，并采取相应的防范措施。

● 谨慎态度：在处理政府补助时保持谨慎、客观的态度，遵循会计准则和规定，确保财务信息的真实性和可靠性。

● 持续学习：具备持续学习的意识和能力，关注或有事项相关的最新法规、准则和案例，不断提升自己的专业水平和综合素质。

◇ 思维导图

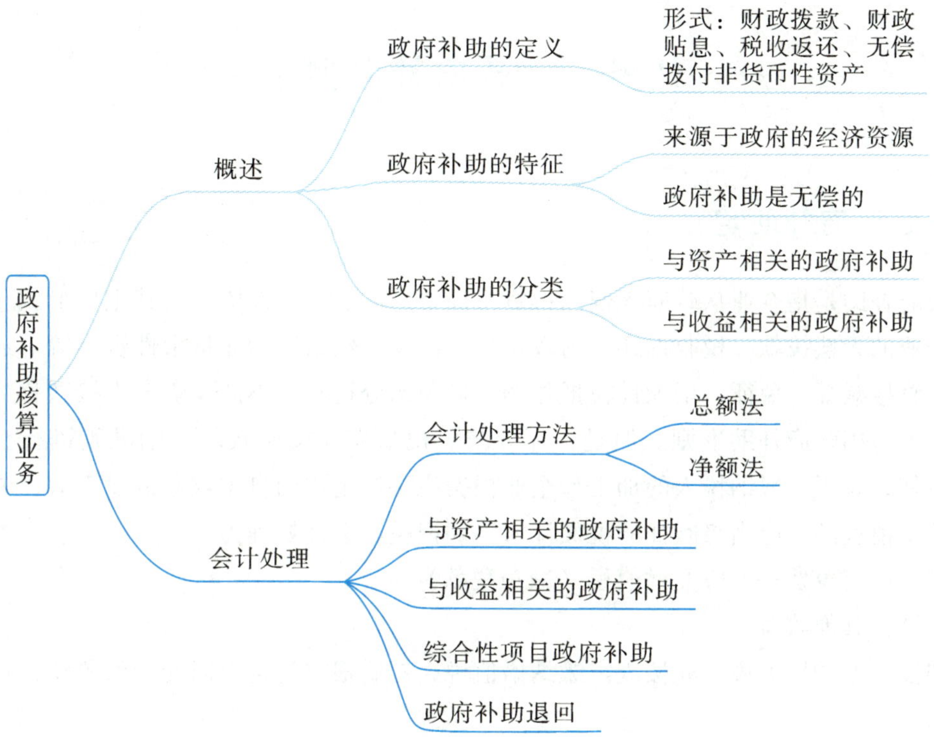

图 7-1　政府补助核算业务思维导图

◇ 学习任务

任务一　政府补助概述

一、政府补助定义

政府补助是指企业从政府无偿取得货币性资产或非货币性资产。其主要形式包括政府对企业的无偿拨款、税收返还、财政贴息，以及无偿给予的非货币性资产等。通常情况下，直接减征、免征、增加计税抵扣额、抵免部分税额等不涉及资产直接转移的经济资源，不适用政府补助准则。但是，部分减免税款需要按照政府补助准则进行会计处理。例如，属于一般纳税人的加工型企业根据税法规定招用自主就业退役士兵，并按定额扣减增值税的，应当将减征的税额计入当期损益，会计处理为：

借：应交税费——应交增值税（减免税款）

　贷：其他收益

即征即退的增值税，先按规定缴纳增值税，然后根据规定退回的增值税税额，会计处理为：

借：银行存款等

　贷：其他收益

另外，按规定直接减免应交的增值税税额的，也计入其他收益。

注意事项：增值税出口退税不属于政府补助。根据税法规定，在对出口货物取得的收入免征增值税的同时，退付出口货物前道环节发生的进项税额。增值税出口退税实际上是政府退回企业事先垫付的进项税，所以不属于政府补助。

二、政府补助特征

政府补助具有下列特征：

（一）政府补助是来源于政府的经济资源

这里的政府主要是指行政事业单位及类似机构。对于企业收到的来源于其他方的补助，有确凿证据表明政府是补助的实际拨付者，其他方只起到代收代付作用的，该项补助也属于来源于政府的经济资源。

（二）政府补助是无偿的

政府补助是无偿的即企业取得来源于政府的经济资源，且不需要向政府交付商品或服务等对价。无偿性是政府补助的基本特征，这一特征将政府补助与政府作为企业所有者投入的资本、政府购买服务等政府与企业之间的互惠性交易区别开来。

政府以投资者身份向企业投入资本，享有相应的所有者权益，政府与企业之间是投资者与被投资者的关系，属于互惠性交易，不适用政府补助准则，会计处理为

借：银行存款等

　贷：实收资本、资本公积等

企业从政府取得的经济资源，如果与企业销售商品或提供劳务等活动密切相关，且是企业商品或服务的对价或者是对价的组成部分，应当按照《企业会计准则第 14 号——收入》的规定处理，不适用政府补助。会计处理为

借：银行存款等

　贷：主营业务收入等

【实务 7-1】振兴门业公司所在地政府为推动科技创新，于 2023 年 10 月向振兴门业公司拨付了 100 000 元资金，要求振兴门业公司将这笔资金用于技术改造项目研究，研究成果归振兴门业公司享有。

本例中，振兴门业公司从政府取得了 100 000 元资金用于研发支出，且研究成果归振兴门业公司享有。因此，这项财政拨款具有无偿性的特征，振兴门业公司收到的 100 000 元资金应当按照政府补助准则的规定进行会计处理。

【实务 7-2】振兴门业公司作为政府推广使用 W 产品的中标企业，2023 年以 2 000 万元的中标价格将一批生产成本为 1 800 万元的 W 产品出售给客户，该批产品的市场价格为 2 200 万元，销售当日该批 W 产品控制权已转移，满足收入确认条件，2023 年振兴门业公司收到销售该批 W 产品财政补贴资金 200 万元。

对振兴门业公司而言，销售 W 产品是其日常经营活动，振兴门业公司仍按照中标协议供货价格销售了产品，其销售收入由两部分构成，一是终端用户支付的购买价款 2 000 万元，二是财政补贴资金 200 万元。财政补贴资金是甲企业产品销售对价的组成部分。因此，甲企业收到的补贴资金 200 万元应当按照《企业会计准则第 14 号——收入》规定进行会计处理。

借：银行存款	22 000 000	
贷：主营业务收入		22 000 000
借：主营业务成本	18 000 000	
贷：库存商品		18 000 000

三、政府补助的分类

确定了源于政府的经济利益属于政府补助后，还应当对其进行恰当的分类。根据政府补助准则规定，政府补助应当划分为与资产相关的政府补助和与收益相关的政府补

助，这是因为两类政府补助给企业带来的经济利益或者弥补企业的相关成本或费用的形式不同，从而在具体账务处理上存在差别。

（一）与资产相关的政府补助

与资产相关的政府补助，是指企业取得的、用于购建或以其他方式形成长期资产的政府补助。通常情况下，相关补助文件会要求企业将补助资金用于取得长期资产。长期资产将在较长的期间内给企业带来经济利益，会计上对其有两种处理方法可供选择：一是将与资产相关的政府补助确认为递延收益，随着资产的使用而逐步结转入损益；二是将补助冲减资产的账面价值，以反映长期资产的实际取得成本。

（二）与收益相关的政府补助

与收益相关的政府补助，是指除与资产相关的政府补助之外的政府补助。此类补助主要是用于补偿企业已发生或即将发生的费用或损失。其受益期相对较短，所以通常在满足补助所附条件时计入当期损益或冲减相关成本。

【实务 7-3】振兴门业公司租赁工业园作为厂房，租赁期为 5 年，每 3 个月支付一次租金。为支持振兴门业公司的经营发展，当地政府为其提供租金扶持补贴，振兴门业公司在每 3 个月支付租金后向政府提交租金支付凭证等申请文件，政府审核通过后发放相应的租金扶持补贴。

通常情况下，与资产相关的政府补助，文件会要求企业将补助资金用于取得固定资产或无形资产等长期资产。本例中，振兴门业公司收到的政府补助在性质上为政府对企业所付物业租金的补贴，弥补的是企业相关期间的租赁成本费用，不符合与资产相关的政府补助的定义，因此属于与收益相关的政府补助。

课程思政

通过话题讨论——“谈谈对政府补助的认识”，让学生了解中国政府与西方政府的职能定位存在显著差异。引导学生思考政府与市场关系，通过列举影星与科学家的消费差距、印度孟买一街之隔两区的巨大贫富差距，让学生明确市场机制的不完善，以及在中国实施政府调控的必要性。政府补助作为政府调控的一种重要手段，对于中国企业乃至中国经济的发展具有重要意义。通过一系列活动，培养学生树立社会主义核心价值观，建立实现中华民族伟大复兴的信念。

任务二 政府补助的会计处理

一、会计处理方法

政府补助有两种会计处理方法：总额法和净额法。企业应当根据经济业务的实质，具体判断政府补助业务应当采用总额法还是净额法。通常情况下，对同类或类似政府补助业务只能选用一种方法，同时，企业对该业务应当一贯地运用该方法，不得随意变更。

（一）总额法

总额法是在确认政府补助时将其全额确认为收益，而不是作为相关资产账面价值或者费用的扣减。企业选择总额法对与日常活动相关的政府补助进行会计处理的，应增设“其他收益”科目进行核算。

“其他收益”科目核算总额法下与日常活动相关的政府补助以及其他与日常活动相关且应直接计入本科目的项目。对于总额法下与日常活动相关的政府补助，企业在实际收到或应收时，或者将先确认为“递延收益”的政府补助分摊计入收益时，借记“银行存款”“其他应收款”“递延收益”等科目，贷记“其他收益”科目。期末，应将本科目余额转入“本年利润”科目，本科目结转后应无余额。

（二）净额法

净额法是将政府补助确认为对相关资产账面价值或者所补偿费用的扣减。对于净额法下与日常活动相关的政府补助，企业在实际收到或应收时，或者将先确认为“递延收益”的政府补助分摊冲减成本费用时，借记“银行存款”“其他应收款”“递延收益”等科目，贷记成本费用类科目。

与企业日常活动相关的政府补助，应当按照经济业务实质，计入其他收益或冲减相关成本费用。与企业日常活动无关的政府补助，计入营业外收支。通常情况下，若政府补助补偿的成本费用是营业利润之中的项目，或该补助与日常销售等经营行为密切相关，如增值税即征即退等，则认为该政府补助与日常活动相关。

二、与资产相关的政府补助

与资产相关的政府补助，是指企业取得的、用于购建或以其他方式形成长期资产的政府补助。

（一）企业收到货币性资产

1．如果企业先取得与资产相关的政府补助，再确认所购建的长期资产

（1）总额法下应当在开始对相关资产计提折旧或进行摊销时按照合理、系统的方法将递延收益分期计入当期收益。

①企业收到补助资金时

借：银行存款等

　贷：递延收益

②在开始对相关资产计提折旧或进行摊销时按照合理、系统的方法将递延收益分期计入当期收益

借：递延收益

　贷：其他收益（与企业日常活动相关的政府补助）

　　营业外收入（与企业日常活动无关的政府补助）

注意事项：如果对应的长期资产在持有期间发生减值损失，递延收益的摊销仍保持不变，不受减值因素的影响。

③相关资产在使用寿命结束时和结束前被处置，尚未分摊的递延收益余额，应当一次性转入资产处置当期的资产处置收益（营业外支出、资产处置损益），不再予以递延。

（2）净额法下应当在相关资产达到预定可使用状态或预定用途时用递延收益冲减相关资产账面价值。

①企业收到补助资金时

借：银行存款等

　贷：递延收益

②在相关资产达到预定可使用状态或预定用途时用递延收益冲减相关资产账面价值

借：递延收益

　贷：固定资产、无形资产（与企业日常活动相关的政府补助）

　　营业外支出（与企业日常活动无关的政府补助）

【实务 7-4】按照国家有关政策，企业购置环保设备可以申请补贴以补偿其环保支出。振兴门业公司于 2016 年 1 月向政府有关部门提交了 210 万元的补助申请，作为对其购置环保设备的补贴。2016 年 3 月 15 日，振兴门业公司收到了政府补贴款 210 万元。2016 年 4 月 20 日，振兴门业公司购入无须安装环保设备，实际成本为 480 万元，使用寿命 10 年，采用直线法计提折旧（不考虑净残值）。2024 年 4 月，振兴门业公司的这台设备发生毁损。本例中不考虑相关税费。

振兴门业公司的账务处理如下：

方法一：振兴门业公司选择总额法进行会计处理。

(1) 2016 年 3 月 15 日实际收到财政拨款，确认递延收益

借：银行存款　　2 100 000

　贷：递延收益　　2 100 000

(2) 2016 年 4 月 20 日购入设备时

借：固定资产　　4 800 000

　贷：银行存款　　4 800 000

(3) 自 2016 年 5 月起每月月末计提折旧，同时分摊递延收益

①计提折旧（假设该设备用于污染物排放测试，折旧费用计入制造费用）

借：制造费用　　40 000

　贷：累计折旧　　40 000

②分摊递延收益（月末）

借：递延收益　　17 500

　贷：其他收益　　17 500

(4) 2024 年 4 月设备毁损，同时转销递延收益余额

①设备毁损

借：固定资产清理　　960 000

　　累计折旧　　3 840 000

　贷：固定资产　　4 800 000

借：营业外支出　　960 000

　贷：固定资产清理　　960 000

②转销递延收益余额

借：递延收益　　420 000

　贷：固定资产清理　　420 000

借：固定资产清理　　420 000

　贷：营业外收入　　420 000

方法二：振兴门业公司选择净额法进行会计处理。

(1) 2016 年 3 月 15 日实际收到财政拨款时

借：银行存款　　2 100 000

　贷：递延收益　　2 100 000

(2) 2016 年 4 月 20 日购入设备时

借：固定资产　　4 800 000

　贷：银行存款　　4 800 000

借：递延收益　　2 100 000

　贷：固定资产　　2 100 000

(3) 自2016年5月起每月月末计提折旧

借：制造费用　22 500

　贷：累计折旧　22 500

(4) 2024年4月设备毁损时

借：固定资产清理　540 000

　　累计折旧　2 160 000

　贷：固定资产　2 700 000

借：营业外支出　540 000

　贷：固定资产清理　540 000

2. 如果相关长期资产投入使用后，企业再取得与资产相关的政府补助

总额法下应当在相关资产的剩余使用寿命内按照合理、系统的方法将递延收益分期计入当期收益；净额法下应当在取得补助时冲减相关资产的账面价值，并按照冲减后的账面价值和相关资产的剩余使用寿命计提折旧或进行摊销。

(二) 企业收到长期非货币性资产

政府无偿给予企业长期非货币性资产。如无偿给予土地使用权和天然起源的森林等。对无偿给予的非货币性资产，企业应当按照公允价值或名义金额对类似补助进行计量。

1. 收到非货币性资产时

借：相关资产科目

　贷：递延收益

2. 在相关资产使用寿命内按合理系统的方法分期计入损益

借：递延收益

　贷：其他收益

对以名义金额计量的政府补助在取得时计入当期损益。

三、与收益相关的政府补助

对于与收益相关的政府补助，企业应当选择采用总额法或净额法进行会计处理。选择总额法的，应当计入其他收益或营业外收入。选择净额法的，应当冲减相关成本费用或营业外支出。

(一) 用于补偿企业以后期间的相关成本费用或损失的政府补助会计处理

企业应当将其确认为递延收益，并在确认相关费用或损失的期间，计入当期损益或冲减相关成本。

1. 如果收到政府补助

借：银行存款

　贷：递延收益

2. 在确认费用和损失期间计入当期损益，或冲减相关成本。

（1）总额法

借：递延收益

  贷：其他收益（与企业日常活动相关的政府补助）

    营业外收入（与企业日常活动无关的政府补助）

（2）净额法

借：递延收益

  贷：管理费用、生产成本等（与企业日常活动相关的政府补助）

    营业外支出（与企业日常活动无关的政府补助）

【实务 7-5】振兴门业公司于 2024 年 3 月 15 日与企业所在地地方政府签订合作协议，根据协议约定当地政府向振兴门业公司提供 1 000 万元奖励基金，用于企业的人才激励和人才引进奖励。振兴门业公司必须按年向当地政府报送详细的资金使用计划，并按规定用途使用资金。协议同时还约定，振兴门业公司自获得奖励起 10 年内注册地不得迁离本区，否则政府有权追回奖励资金。振兴门业公司于 2024 年 4 月 10 日收到 1 000 万元补助资金。分别在 2024 年 12 月、2025 年 12 月、2026 年 12 月使用了 400 万元、300 万元、300 万元发放给总裁级别高管年度奖金。

要求：编制 2024 年振兴门业公司相关会计分录。

（1）2024 年 4 月 10 日振兴门业公司实际收到补助资金：

借：银行存款　　10 000 000

  贷：递延收益　　10 000 000

（2）2024 年 12 月振兴门业公司将补贴资金发放高管奖金时，总额法与净额法的会计处理见表 7-1。

表 7-1　总额法与净额法下政府补贴的奖励会计处理

总额法			净额法		
借：管理费用	4 000 000		借：管理费用	4 000 000	
贷：应付职工薪酬		4 000 000	贷：应付职工薪酬		4 000 000
借：应付职工薪酬	4 000 000		借：应付职工薪酬	4 000 000	
贷：银行存款		4 000 000	贷：银行存款		4 000 000
借：递延收益	4 000 000		借：递延收益	4 000 000	
贷：其他收益		4 000 000	贷：管理费用		4 000 000

（二）用于补偿企业已发生的相关成本费用或损失的，直接计入当期损益或冲减相关成本费用

这类补助，通常与企业已经发生的行为有关，是对企业已发生的成本费用或损失的补偿。或是对企业过去行为的奖励。

【实务 7-6】乙企业销售其自主开发生产的动漫软件。按照国家有关规定，该企业的这种产品适用增值税即征即退政策，按 13%的税率征收增值税后，对其增值税实际税负超过 3%的部分，实行即征即退。乙企业 2024 年 8 月在进行纳税申报时，对归属于 7 月的增值税即征即退提交退税申请，经主管税务机关审核后的退税额为 10 万元。

本例中，软件企业即征即退增值税与企业日常销售密切相关，属于与企业的日常活动相关的政府补助。乙企业 2024 年 8 月申请退税并确定了增值税退税额，账务处理如下：

借：其他应收款	100 000	
贷：其他收益		100 000

【实务 7-7】振兴门业公司 2023 年 11 月遭受重大自然灾害，并于 2023 年 12 月 20 日收到了政府补助资金 200 万元用于弥补其遭受自然灾害的损失。

2023 年 12 月 20 日，振兴门业公司实际收到补助资金并选择总额法进行会计处理，其账务处理如下：

借：银行存款	2 000 000	
贷：营业外收入		2 000 000

如果本例中振兴门业公司选择按净额法对此类政府补助进行会计处理，则应冲减营业外支出。

四、综合性项目政府补助

对于同时包含与资产相关部分和与收益相关部分的政府补助，企业应当将其进行分解，区分不同部分分别进行会计处理；难以区分的，企业应当将其整体归类为与收益相关的政府补助进行会计处理。

【实务 7-8】2024 年 6 月 15 日，某市科技创新委员会与甲企业签订了科技计划项目合同书，拟对甲企业的新药临床研究项目提供研究补助资金。该项目总预算为 600 万元，其中，市科技创新委员会资助 200 万元，甲企业自筹 400 万元。市科技创新委员会资助的 200 万元用于补助设备费 60 万元，材料费 15 万元，测试化验加工费 95 万元，会议费 30 万元，假定除设备费外的其他各项费用都属于研究支出。市科技创新委员会应当在合同签订之日起 30 日内将资金拨付给甲企业。甲企业于 2024 年 7 月 10 日收到补助资金，在项目期内按照合同约定的用途使用了补助资金。甲企业于 2024 年 7 月 25 日按项目合同书的约定购置了相关设备，设备成本 150 万元，其中使用补助资金 60 万元，该设备使用年限为 10 年，采用直线法计提折旧（不考虑净残值）。假设本例中不考虑相关税费等其他因素。

本例中，甲企业收到的政府补助是综合性项目政府补助，需要区分与资产相关的政府补助和与收益相关的政府补助并分别进行处理。假设甲企业对收到的与资产相关的政

府补助选择净额法进行会计处理。甲企业的账务处理如下

（1）2024 年 7 月 10 日甲企业实际收到补贴资金时

借：银行存款　　2 000 000

　贷：递延收益　　2 000 000

（2）2024 年 7 月 25 日购入设备时

借：固定资产　　1 500 000

　贷：银行存款　　1 500 000

借：递延收益　　600 000

　贷：固定资产　　600 000

（3）自 2024 年 8 月起每个资产负债表日（月末）计提折旧，折旧费用计入研发支出

借：研发支出　　7 500

　贷：累计折旧　　7 500

（4）对其他与收益相关的政府补助，甲企业应当按照相关经济业务的实质确定是计入其他收益还是冲减相关成本费用，在企业按规定用途实际使用补助资金时计入损益，或者在实际使用的当期期末根据当期累计使用的金额计入损益，借记“递延收益”科目，贷记有关损益科目。

五、政府补助退回

已确认的政府补助需要退回的，应当在需要退回的当期分情况按照以下规定进行会计处理：

（1）初始确认时冲减相关资产账面价值的，调整资产账面价值；

（2）存在相关递延收益的，冲减相关递延收益账面余额，超出部分计入当期损益；

（3）属于其他情况的，直接计入当期损益。此外，对于属于前期差错的政府补助退回，应当按照前期差错更正进行追溯调整。

【实务 7-9】振兴门业公司于 2021 年 11 月与某开发区政府签订合作协议，在开发区内投资设立生产基地。协议约定，开发区政府自协议签订之日起 6 个月内向振兴门业公司提供 300 万元产业补贴资金用于奖励该企业在开发区内投资并开展经营活动，振兴门业公司自获得补贴起 5 年内不迁离开发区。如果振兴门业公司在此期限内提前迁离开发区，开发区政府允许振兴门业公司按照实际留在本区的时间保留部分补贴，并按剩余时间追回补贴资金。振兴门业公司于 2022 年 1 月 3 日收到补贴资金。

假设振兴门业公司在实际收到补助资金时，客观情况表明振兴门业公司在未来 5 年内迁离开发区的可能性很小，振兴门业公司在收到补助资金时应当记入“递延收益”科目。由于协议约定如果振兴门业公司提前迁离开发区，开发区政府有权追回部分补助，说明企业每留在开发区内一年，就有权取得这一年相关的补助，与这一年补助有关

的不确定性基本消除，补贴收益得以实现，所以振兴门业公司应当将该补助在5年内平均摊销结转计入损益。本例中，开发区政府对振兴门业公司的补助是对该企业在开发区内投资并开展经营活动的奖励，并不指定用于补偿特定的成本费用。振兴门业公司的账务处理如下：

（1）2022年1月3日，振兴门业公司实际收到补助资金时

借：银行存款　　3 000 000

　贷：递延收益　　3 000 000

（2）2022年12月31日及以后年度，振兴门业公司分期将递延收益结转入当期损益时

借：递延收益　　600 000

　贷：其他收益　　600 000

假设2024年1月，振兴门业公司因重大战略调整迁离开发区，开发区政府根据协议要求振兴门业公司退回补助180万元：

借：递延收益　　1 800 000

　贷：其他应付款　　1 800 000

◇ 本项目工作小结

政府补助是指企业从政府无偿取得的货币性资产或非货币性资产。政府补助的主要形式包括政府对企业的无偿拨款、税收返还、财政贴息，以及无偿划拨非货币性资产等。通过学习，能根据交易或事项的实质对来源于政府的经济资源归属类型作出判断，正确选择会计准则；熟悉综合性项目政府补助、政府补助退回账务处理；掌握与资产相关政府补助、与收益相关的政府补助的账务处理。

◇ 任务实战

1. 2024年6月，甲公司发生的与政府补贴相关的交易或事项如下：

资料一

2024年6月10日，甲公司收到即征即退的增值税税款20万元，已存入银行。

资料二

2024年6月15日，甲公司与某市科技局签订科技研发项目合同书。该科技研发项目总预算为800万元，其中甲公司自筹500万元，市科技局资助300万元。市科技局资助的300万元用于补贴研发设备的购买，研发成果归甲公司所有。2024年6月20日，甲公司收到市科技局拨付的300万元补贴资金，款项已收存银行。2024年6月25日，

甲公司以银行存款400万元购入研发设备，并立即投入使用。

资料三

2024年6月30日，甲公司作为政府推广使用A产品的中标企业，以90万元的中标价格将一批生产成本为95万元的A产品出售给消费者。该批A产品的市场价格为100万元。当日，A产品的控制权已转移，满足收入确认条件。2024年6月30日，甲公司收到销售该批A产品的财政补贴资金10万元并存入银行。甲公司对政府补助采用总额法进行会计处理。

本题不考虑增值税、企业所得税及其他因素。要求：

（1）判断甲公司2024年6月10日收到即征即退的增值税税款是否属于政府补助，并编制收到该款项的会计分录。

（2）判断甲公司2024年6月20日收到市科技局拨付的补贴资金是否属于政府补助，并编制收到补贴款的会计分录。

（3）编制甲公司2024年6月25日购入设备的会计分录。

（4）判断甲公司2024年6月30日收到销售A产品的财政补贴资金是否属于政府补助，编制收到该款项的会计分录。

（答案中的金额单位用万元表示）

2. 振兴门业公司对政府补助采用总额法进行会计核算，其与政府补助的相关资料如下：

资料一

2023年4月1日，根据国家相关政策，振兴门业公司向政府有关部门提交了购置A环保设备的补贴申请，2023年5月20日，振兴门业公司收到政府补贴款12万元并存入银行。

资料二

2023年6月20日，振兴门业公司以银行存款60万元购入A环保设备并立即投入使用，预计使用年限为5年，预计净残值为零，按年限平均法计提折旧，假定环保设备的折旧计入制造费用。

资料三

2024年6月30日，因自然灾害导致A环保设备报废且无残值，相关政府补助无须退回。

本题不考虑增值税等相关税费及其他因素。

要求：

（1）编制振兴门业公司2023年5月20日收到政府补贴款的会计分录。

（2）编制振兴门业公司2023年6月20日购入A环保设备的会计分录。

（3）计算振兴门业公司2023年7月对该环保设备应计提的折旧金额并编制会计分录。

（4）计算振兴门业公司2023年7月政府补贴款分摊计入当期损益的金额并编制会计分录。

（5）编制振兴门业公司2024年6月30日A环保设备报废的会计分录。

（答案中的金额单位用万元表示）

◇ 知识巩固

习题　　习题答案解析

项目八

非货币性资产交换核算业务

◇ 学习目标

知识目标

● 理解非货币性资产交换的认定。

● 掌握以公允价值为基础计量的会计处理。

● 掌握以账面价值为基础计量的会计处理。

技能目标

● 能够正确辨别非货币性资产交换。

● 能够正确核算公允价值模式下的非货币性资产交换。

● 能够正确核算账面价值模式下的非货币性资产交换。

素质目标

● 职业道德：遵守职业道德规范，保持诚信、公正的职业操守，维护企业的利益和声誉。

● 风险意识：具备风险意识，能够敏锐地辨别非货币性资产交换可能带来的潜在风险，并采取相应的防范措施。

● 谨慎态度：在处理非货币性资产交换时保持谨慎、客观的态度，遵循会计准则和规定，确保财务信息的真实性和可靠性。

● 持续学习：具备持续学习的意识和能力，关注非货币资产交换相关的最新法规、准则和案例，不断提升自己的专业水平和综合素质。

◇ 思维导图

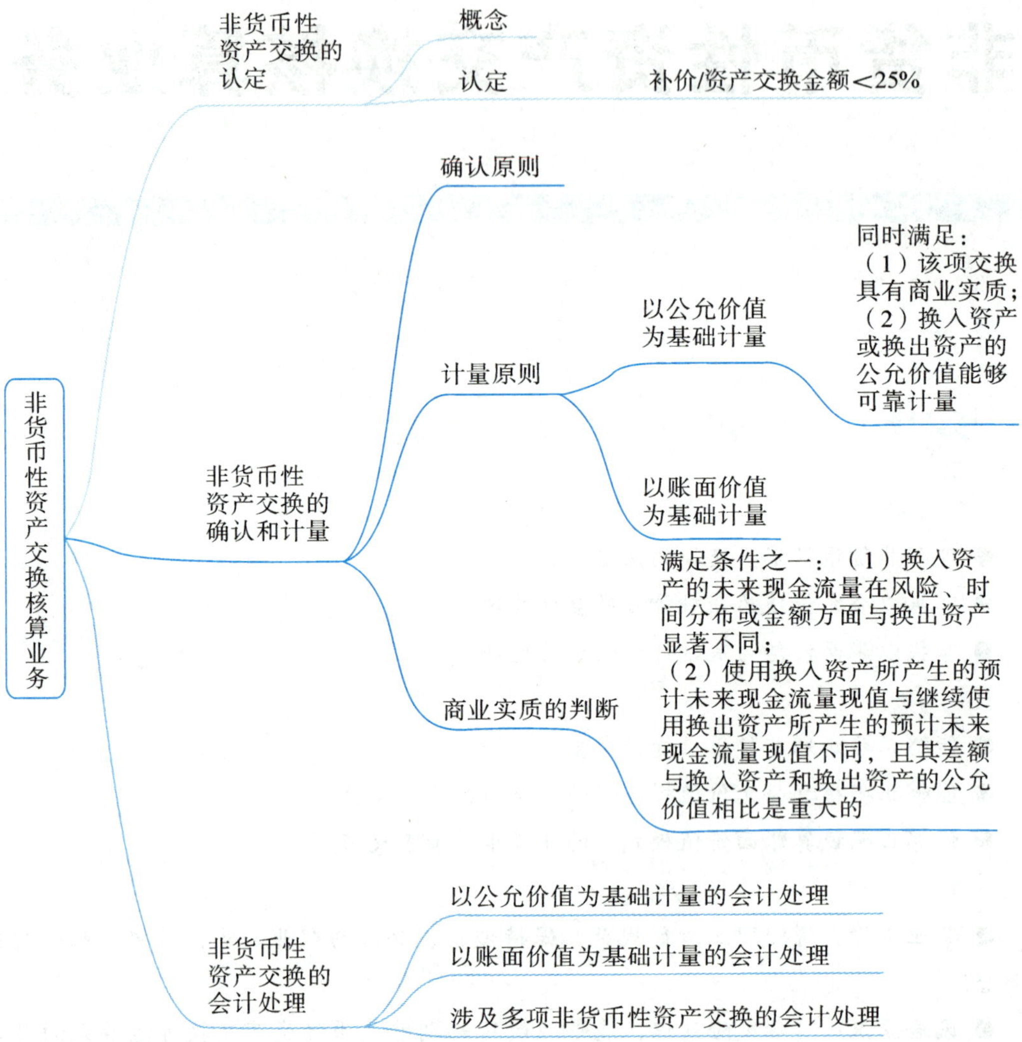

图 8-1　非货币性资产交换核算业务思维导图

◇ 学习任务

任务一 非货币性资产交换的认定

一、非货币性资产交换的概念

非货币性资产交换是一种非经常性的特殊交易行为，是交易双方主要以固定资产、无形资产、长期股权投资、投资性房地产等非货币性资产进行的交换。该交换不涉及或只涉及少量的货币性资产（即补价）。

其中，货币性资产是指企业持有的货币资金和将以固定或可确定的金额收取的资产，包括现金、银行存款、应收票据等。非货币性资产是指货币性资产以外的资产。非货币性资产交换的交易对象主要是非货币性资产。企业与所有者或所有者以外方面的非货币性资产非互惠转让（如以非货币性资产作为股利发放给股东，或以非货币性资产向职工发放福利，或政府无偿提供非货币性资产给企业等）或在企业合并、债务重组中取得的非货币性资产，或企业以发行股票形式取得的非货币性资产，或企业以存货换取客户的非货币性资产，或关联方之间发生的非货币性资产交换，或企业用于交换的资产目前尚不存在或尚不属于本企业等，均不属于本项目所讲的非货币性资产交换的范围。

二、非货币性资产交换的认定

从非货币性资产交换的概念可以看出，非货币性资产交换一般不涉及或只涉及少量货币性资产，即涉及少量的补价。在涉及少量补价的情况下，以补价占整个资产交换金额的比例低于25%作为参考。支付的货币性资产占换入资产公允价值（或者占换出资产的公允价值与支付的货币性资产之和）的比例低于25%（不含25%），视为非货币性资产交换；高于25%（含25%）的，则视为以货币性资产取得非货币性资产。例如，对于公允价值能够可靠确定的非货币性资产，非货币性资产交换的认定条件可以用下面的公式表示：

支付的货币性资产/换入资产公允价值（或换出资产公允价值+支付的货币性资产）$<25\%$

或

收到的货币性资产/换出资产公允价值（或换入资产公允价值+收到的货币性资产）$<25\%$

课程思政

通过“红色大曲别针换别墅”的故事，让学生走入物物交换的世界，引出非货币性资产交换的主题，并引导学生领悟“世上本没有垃圾，只是放错位置的资源”的内涵，激发学生内心的行动力，以及遵守会计职业道德规范的必要性。

任务二　非货币性资产交换的确认和计量

一、非货币性资产交换的确认原则

非货币性资产交换中换入资产的确认原则和换出资产的终止确认原则：换入资产应当在其符合资产定义并满足资产确认条件时予以确认；换出资产应当在其满足资产终止确认条件时终止确认。根据以上原则，企业将换入的资产视为购买取得资产，并按照相关会计准则的规定进行初始确认；将换出的资产视为销售或处置资产，并按照相关会计准则的规定进行终止确认。例如，某企业在非货币性资产交换中的换入资产和换出资产均为固定资产，换入的固定资产应当在与该固定资产有关的经济利益很可能流入企业，且成本能够可靠地计量时确认；换出的固定资产应当以换入企业取得该固定资产控制权时点作为处置时点终止确认。

二、非货币性资产交换的计量原则

非货币性资产交换同时满足下列条件的，应当以公允价值为基础计量：

（1）该项交换具有商业实质；

（2）换入资产或换出资产的公允价值能够可靠地计量。

不满足上述条件的非货币性资产交换，应当以账面价值为基础计量。

以公允价值为基础计量的非货币性资产交换，企业应当以换出资产的公允价值为基础确定换入资产的成本，换出资产的公允价值与其账面价值之间的差额计入当期损益，但换出资产的公允价值不能可靠地计量或有确凿证据表明换入资产的公允价值更加可靠的，企业应当以换入资产的公允价值为基础确定换入资产的初始计量金额，换入资产的公允价值与换出资产账面价值之间的差额计入当期损益。

以账面价值为基础计量的非货币性资产交换，企业应当以换出资产的账面价值为基础确定换入资产的初始计量金额，换出资产终止确认时不确认损益。

企业在确定换入资产成本的计量基础和交换所产生损益的确认时，需要判断该项交换是否具有商业实质，以及换入资产或换出资产的公允价值能否可靠地计量。

三、商业实质的判断

满足下列条件之一的非货币性资产交换具有商业实质：

（1）换入资产的未来现金流量在风险、时间和金额方面与换出资产显著不同的。

企业应当对比考虑换入资产与换出资产的未来现金流量在风险、时间分布或金额三个方面，对非货币性资产交换是否具有商业实质进行综合判断。通常情况下，只要换入资产和换出资产的未来现金流量在风险、时间分布或金额中的某个方面存在显著不同，即表明满足商业实质的判断条件。

例如，某企业以其商标权换入另一企业的一项专利技术，预计两项无形资产的使用寿命相同，在使用寿命内预计为企业带来的现金流量总额相同，但是换入专利技术是新开发的，预计开始阶段产生的未来现金流量明显少于后期，而该企业拥有的商标每年产生的现金流量比较均衡，两者产生的现金流量金额差异明显，即上述商标权与专利技术的未来现金流量显著不同，因而交换具有商业实质。

（2）换入资产与换出资产的预计未来现金流量现值不同，且其差额与换入资产和换出资产的公允价值相比是重大的。

这种情况是指换入资产对换入企业的特定价值（即预计未来现金流量现值）与换出资产存在明显差异。其中，资产的预计未来现金流量现值，应当按照资产在持续使用过程和最终处置时所产生的预计税后未来现金流量，根据企业自身而不是市场参与者对资产特定风险的评价，选择恰当的折现率对其进行折现后的金额加以确定。例如，某企业以一项专利权换入另一企业拥有的长期股权投资，该项专利权与该项长期股权投资的公允价值相同，两项资产未来现金流量的风险、时间和金额亦相同，但对换入企业而言，换入该项长期股权投资使该企业对被投资方由重大影响变为控制关系，从而对换入企业的特定价值即预计未来现金流量现值与换出的专利权有较大差异；另一企业换入的专利权能够解决生产中的技术难题，从而对换入企业的特定价值即预计未来现金流量现值与换出的长期股权投资存在明显差异，因而两项资产的交换具有商业实质。

任务三　非货币性资产交换的会计处理

一、以公允价值为基础计量的会计处理

具有商业实质且公允价值能够可靠计量的非货币性资产交换，采用公允价值计量的

会计处理，非货币性资产交换具有商业实质，且换入资产或换出资产的公允价值能够可靠计量的，应当以换出资产的公允价值和应支付的相关税费作为换入资产的成本，公允价值与换出资产账面价值的差额计入当期损益。

符合下列情形之一的，表明换入资产或换出资产的公允价值能够可靠地计量。

（1）换入资产或换出资产存在活跃市场。对于存在活跃市场的长期股权投资、固定资产、无形资产等非货币性资产应该以该资产的市场价格为基础确定其公允价值。

（2）换入资产或换出资产不存在活跃市场，但同类或类似资产存在活跃市场。对于同类或类似资产存在活跃市场的长期股权投资、固定投资、无形资产等非货币性资产，应当以同类或类似资产市场价格为基础确定其公允价值。

（3）换入资产或换出资产不存在同类或类似资产的可比市场交易，应当采用估值技术确定其公允价值。该公允价值估计数的变动区间很小，或者在公允价值估计数变动区间内，各种用于确定公允价值估计数的概率能够合理确定的，视为公允价值能够可靠计量。

（4）换出资产公允价值与其账面价值的差额，应当分别不同情况处理：

①换出资产为固定资产、无形资产的，换出资产公允价值与其账面价值的差额，计入资产处置损益。

②换出资产为长期股权投资的，换出资产公允价值与其账面价值的差额，计入投资损益。

③换出资产为投资性房地产的，按换出资产公允价值或换入资产公允价值确认其他业务收入，按换出资产账面价值结转其他业务成本，二者之间的差额计入当期损益。

（一）不涉及补价的会计处理

具有商业实质且其换入或换出资产的公允价值能够可靠地计量的非货币性资产交换，不涉及补价的，应当按照换出资产的公允价值作为确定换入资产成本的基础，但有确凿证据表明换入资产的公允价值更加可靠的，则以换入资产的公允价值作为确定换入资产成本的基础。换出资产账面价值与其公允价值之间的差额，计入当期损益。

【实务 8-1】2024 年 12 月 1 日，振兴门业公司以 2021 年购入的生产经营用机器设备交换乙公司货车 10 辆，振兴门业公司换入的货车作为运输使用，乙公司换入的机器设备用于生产产品。振兴门业公司设备的账面原价为 1 500 000 元，在交换日的累计折旧为 525 000 元，公允价值为 1 404 000 元，振兴门业公司此前没有为该设备计提资产减值准备。此外，振兴门业公司以银行存款支付清理费 1 500 元。乙公司货车的账面原值为 1 400 000 元，在交换日的累计折旧为 200 000 元，在交换日的市场价格为 1 404 000 元，计税价格等于市场价格，乙公司此前也没有为该货车计提减值准备。振兴门业公司、乙公司均为增值税一般纳税人，适用的增值税税率为 13%。假设振兴门业公司和乙公司在整个交易过程中没有发生除增值税以外的其他税费，振兴门业公司和乙公司均开具了增值税专用发票。

振兴门业公司的账务处理如下：

换出设备的增值税销项税额 =1 404 000 × 13% = 182 520（元）

借：固定资产清理　975 000

　累计折旧　525 000

　贷：固定资产——机器设备　1 500 000

借：固定资产清理　1 500

　贷：银行存款　1 500

借：固定资产——货车　1 404 000

　应交税费——应交增值税（进项税额）　182 520

　贷：固定资产清理　976 500

　　应交税费——应交增值税（销项税额）　182 520

　　资产处置损益　427 500

其中，资产处置损益的金额为换出设备的公允价值 1 404 000 元与其账面价值 975 000 元（1 500 000-525 000）并扣除清理费用 1 500 元后的余额，即 427 500 元。

乙公司的账务处理如下：

换出货车的增值税销项税额 =1 404 000 × 13% = 182 520（元）

换入设备的增值税进项税额 =1 404 000 × 13% = 182 520（元）

借：固定资产清理　1 200 000

　累计折旧　200 000

　贷：固定资产——货车　1 400 000

借：固定资产——机器设备　1 404 000

　应交税费——应交增值税（进项税额）　182 520

　贷：固定资产清理　1 200 000

　　应交税费——应交增值税（销项税额）　182 520

　　资产处置损益　204 000

（二）涉及补价的会计处理

非货币性资产交换具有商业实质且公允价值能够可靠计量的，在发生补价的情况下，应当分下列情况处理：

（1）支付补价的，应当以换出资产的公允价值加上支付的补价（或换入资产的公允价值）和应当支付的相关税费，作为换入资产的成本；

（2）收到补价的，应当以换出投资的公允价值减去补价（或换入资产的公允价值）加上应支付的相关税费，作为换入资产的成本。

【实务 8-2】振兴门业公司经协商以其拥有的一幢自用写字楼与乙公司持有的对丙公司长期股权投资交换。在交换日，该幢写字楼的账面原价为 6 000 000 元，已提折旧 1 200 000 元，未计提减值准备，在交换日的公允价值为 6 750 000 元；乙公司持有的对丙公司长期股权投资账面价值为 4 500 000 元，没有计提减值准备，在交换日的公允价值为 6 000 000 元，乙公司支付 750 000 元给振兴门业公司。乙公司换入写字楼后用于经营出租目的，并拟采用成本计量模式。振兴门业公司换入对丙公司投资仍然作为长期股权投资，并采用权益法核算。假定该项交易过程中不考虑相关的增值税。

本例中，该项资产交换涉及收付货币性资产，即补价 750 000 元。对振兴门业公司而言，收到的补价 750 000 ÷换出资产的公允价值 6 750 000 元（或换入长期股权投资公允价值 6 000 000 元 + 收到的补价 750 000 元）= 11.11% < 25%，属于非货币性资产交换。

对乙公司而言，支付的补价 750 000 ÷换入资产的公允价值 6 750 000（或换出长期股权投资公允价值 6 000 000 元 + 支付的补价 750 000）= 11.11% < 25%，属于非货币性资产交换。

本例属于以固定资产交换长期股权投资。由于两项资产的交换具有商业实质，且长期股权投资和固定资产的公允价值均能够可靠地计量，因此，振兴门业公司、乙公司均应当以公允价值为基础确认换入资产的成本，并确认产生的损益。

振兴门业公司的账务处理如下：

借：固定资产清理	4 800 000	
累计折旧	1 200 000	
贷：固定资产——办公楼		6 000 000
借：长期股权投资——丙公司——投资成本	6 000 000	
银行存款	750 000	
贷：固定资产清理		4 800 000
资产处置损益		1 950 000

其中，资产处置损益金额为振兴门业公司换出固定资产的公允价值 6 750 000 元与账面价值 4 800 000 元之间的差额，即 1 950 000 元。

乙公司的账务处理如下：

借：投资性房地产	6 750 000	
贷：长期股权投资		4 500 000
银行存款		750 000
投资收益		1 500 000

其中，投资收益金额为乙公司换出长期股权投资的公允价值 6 000 000 元与账面价值 4 500 000 元之间的差额，即 1 500 000 元。

二、以账面价值为基础计量的会计处理

不具有商业实质或者虽然具有商业实质但换入资产和换出资产公允价值均不能可靠计量的非货币性资产交换，采用以换出资产账面价值计量的会计处理，如果非货币性资产交换交易不具有商业实质，换入资产的成本按照换出资产的账面价值加上应支付的相关税费确定，不确认损益。非货币性交易虽具有商业实质，但换入资产和换出资产的公允价值均不能可靠计量的，按照不具有商业实质的非货币性资产交换的原则进行会计处理。

下面以不具有商业实质的非货币性资产交换的会计处理为例进行说明。

（一）不涉及补价情况的会计处理

在不具有商业实质的非货币性资产交换中，不涉及补价的，企业换入的资产应当按换出资产的账面价值加上应支付的相关税费，作为换入资产成本。

【实务 8-3】振兴门业公司以其持有的对丙公司的长期股权投资交换乙公司拥有的商标权。在交换日，振兴门业公司持有的长期股权投资账面余额为 5 000 000 元，已计提长期股权投资减值准备余额为 1 400 000 元，该长期股权投资在市场上没有公开报价，公允价值也不能可靠计量；乙公司商标权的账面原价为 4 200 000 元，累计已摊销金额为 600 000 元，其公允价值也不能可靠计量，乙公司没有为该项商标权计提减值准备。乙公司将换入的对丙公司的投资仍作为长期股权投资，并采用权益法核算。假设整个交易过程中不考虑相关的增值税及其他税费。

本例中，该项资产交换没有涉及收付货币性资产，因此属于非货币性资产交换。本例属于以长期股权投资交换无形资产。由于换出资产和换入资产的公允价值都无法可靠计量，因此，振兴门业公司、乙公司换入资产的成本均应当按照换出资产的账面价值确定，不确认损益。

振兴门业公司的账务处理如下：

借：无形资产——商标权　　3 600 000
　　长期股权投资减值准备——丙公司　　1 400 000
　贷：长期股权投资　　5 000 000

乙公司的账务处理如下：

借：长期股权投资——丙公司——投资成本　　3 600 000
　　累计摊销　　600 000
　贷：无形资产——专利权　　4 200 000

（二）涉及补价情况的会计处理

不具有商业实质的非货币性资产交换中，在涉及补价的情况下，换入资产的入账价值应分别确定：

1. 支付补价的，按换出资产账面价值加上支付的补价和应支付的相关税费，作为换入资产的入账价值，不确认损益。其计算公式为

换入资产入账价值=换出资产账面价值+支付的补价+应支付的相关税费-增值税进项税

2. 收到补价的，按换出资产账面价值，减去收到的补价加上应支付的相关税费，作为换入资产的入账价值，不确认损益。其计算公式为

换入资产入账价值=换出资产账面价值+收到的补价+应支付的相关税费-增值税进项税

【实务 8-4】振兴门业公司拥有一个离生产基地较远的仓库，该仓库账面原价为 3 500 000 元，已计提折旧 2 350 000 元；乙公司拥有 B 公司一项长期股权投资，账面价值为 1 050 000 元，两项资产均未计提减值准备。由于仓库离市区较远，公允价值不能可靠计量；乙公司拥有的长期股权投资在活跃市场中没有报价，其公允价值也不能可靠计量。双方商定，乙公司以两项资产账面价值的差额为基础，支付振兴门业公司 100 000 元补价，换取振兴门业公司拥有的仓库。假设整个交易过程中不考虑相关的增值税及其他税费。

本例中，该项资产交换涉及收付货币性资产，即补价 100 000 元。对振兴门业公司而言，收到的补价 100 000 元÷换出资产账面价值 1 150 000 元×100%=8.7%<25%，因此，该项交换属于非货币性资产交换，乙公司的情况也类似。由于两项资产的公允价值不能可靠计量，因此，振兴门业、乙公司换入资产的成本均应当以换出资产的账面价值为基础确定，不确认损益。

振兴门业公司的账务处理如下：

借：固定资产清理	1 150 000	
累计折旧	2 350 000	
贷：固定资产——仓库		3 500 000
借：长期股权投资——B 公司——投资成本	1 050 000	
银行存款	100 000	
贷：固定资产清理		1 150 000

乙公司的账务处理如下：

借：固定资产——仓库	1 150 000	
贷：长期股权投资		1 050 000
银行存款		100 000

三、涉及多项非货币性资产交换的会计处理

（一）以公允价值为基础计量的会计处理

具有商业实质且换入资产的公允价值能够可靠计量的非货币性资产交换，在同时换

入多项资产的情况下，应当按照换入各项资产的公允价值占换入资产公允价值总额的比例，对换入资产的成本总额进行分配，确定各项换入资产的成本。

【实务 8-5】振兴门业公司为适应业务发展的需要，12 月 10 日经与乙公司协商，振兴门业公司决定以生产经营过程中使用的办公楼、机器设备和电子设备换入乙公司生产经营过程中使用的 10 辆货运车、5 台专用设备和 15 辆客运汽车。

振兴门业公司办公楼的账面原价为 2 250 000 元，交换日其累计折旧为 450 000 元，公允价值为 1 600 000 元；机器设备系由振兴门业公司于 2020 年购入，账面原价为 1 800 000 元，交换日其累计折旧为 900 000 元，公允价值为 1 200 000 元；电子设备的账面原价为 5 000 000 元，累计折旧 500 000 元，公允价值为 5 250 000 元。

乙公司的货运车、专用设备和客运汽车均系 2021 年初购入，货运车的账面原价为 2 250 000 元，交换日累计折旧为 750 000 元，公允价值为 2 250 000 元；专用设备的账面原价为 3 000 000 元，交换日累计折旧为 1 350 000 元，公允价值为 2 500 000 元；客运汽车的账面原价为 4 500 000 元，交换日累计折旧为 1 200 000 元，公允价值为 3 600 000 元。增值税率为 13%。

乙公司另外收取振兴门业公司以银行存款支付的价款为 547 000 元，其中包括由于换出和换入资产公允价值不同而支付的补价 300 000 元，以及换出资产销项税额与换入资产进项税额的差额 247 000 元。假定办公楼换出不考虑相关税费。

本例中，交换涉及收付货币性资产，应当计算振兴门业公司支付的货币性资产占其公司换出资产公允价值与支付的货币性资产之和的比例，即 300 000 ÷（1 600 000+1 200 000+5 250 000+ 300 000）= 3. 59%<25%。可以认定这一涉及多项资产的交换行为属于非货币性资产交换。对于振兴门业公司而言，为了拓展运输业务，需要客运汽车、专用设备、货运汽车等，乙公司为了满足生产，需要办公楼、机器设备、电子设备等，换入资产对换入企业均能发挥更大的作用，因此，该项涉及多项资产的非货币性资产交换具有商业实质；同时，各单项换入资产和换出资产的公允价值均能可靠计量，因此，振兴门业公司、乙公司均应当以公允价值为基础确定换入资产的总成本，确认产生的相关损益。同时，按照各单项换入资产的公允价值占换入资产公允价值总额的比例，确定各单项换入资产的成本。

振兴门业公司的账务处理如下：

（1）换出机器设备的增值税销项税额 =1 200 000 ×13% = 156 000（元）

换出电子设备的增值税销项税额 =5 250 000 × 13% = 682 500（元）

换入货运车、专用设备和客运汽车的增值税进项税额 =（2 250 000+2 500 000+3 600 000）×13% = 1 085 500（元）

（2）计算换入资产、换出资产公允价值总额

换出资产公允价值总额 =1 600 000+1 200 000+5 250 000 = 8 050 000（元）

换入资产公允价值总额 =2 250 000+2 500 000+3 600 000 = 8 350 000（元）

(3) 计算换入资产总成本

换入资产总成本 =8 050 000+300 000+0=8 350 000(元)

或

换入资产总成本 =8 050 000+(156 000+682 500)+547 000-1 085 500
=8 350 000(元)

(4) 计算确定换入各项资产的成本

货运车的成本 =8 350 000 × (2 250 000 ÷ 8 350 000 × 100%) = 2 250 000(元)

专用设备的成本 =8 350 000 × (2 500 000 ÷ 8 350 000 × 100%) = 2 500 000(元)

客运汽车的成本 =8 350 000 × (3 600 000 ÷ 8 350 000 × 100%) = 3 600 000(元)

(5) 会计分录

借:固定资产清理	7 200 000	
累计折旧	1 850 000	
贷:固定资产——办公楼		2 250 000
——机器设备		1 800 000
——电子设备		5 000 000
借:固定资产——货运车	2 250 000	
——专用设备	2 500 000	
——客运汽车	3 600 000	
应交税费——应交增值税(进项税额)	1 085 500	
贷:固定资产清理		7 200 000
应交税费——应交增值税(销项税额)		838 500
银行存款		547 000
资产处置损益		850 000

乙公司的账务处理如下:

(1) 换入机器设备的增值税进项税额 =1 200 000 × 13%=156 000(元)

换入电子设备的增值税进项税额 =5 250 000 × 13%=682 500(元)

换出货运车、专用设备和客运汽车的增值税销项税额 =(2 250 000+2 500 000+3 600 000)×13%=1 085 500(元)

(2) 计算换入资产、换出资产公允价值总额

换出资产公允价值总额 =2 250 000+2 500 000+3 600 000=8 350 000(元)

换入资产公允价值总额 =1 600 000+1 200 000+5 250 000=8 050 000(元)

(3) 确定换入资产总成本

换入资产总成本 =8 350 000-300 000+0=8 050 000(元)

或

换入资产总成本 =8 350 000+1 085 500-547 000-(156 000+682 500)
= 8 050 000(元)

（4）计算确定换入各项资产的成本

办公楼的成本 =8 050 000 ×（1 600 000 ÷ 8 050 000 × 100%）= 1 600 000（元）

机器设备的成本 =8 050 000 ×（1 200 000 ÷ 8 050 000 × 100%）= 1 200 000（元）

电子设备的成本 =8 050 000 ×（5 250 000 ÷ 8 050 000 × 100%）= 5 250 000（元）

（5）会计分录

借：固定资产清理	6 450 000	
累计折旧	3 300 000	
贷：固定资产——货运车		2 250 000
——专用设备		3 000 000
——客运汽车		4 500 000
借：固定资产——办公楼	1 600 000	
——机器设备	1 200 000	
——电子设备	5 250 000	
应交税费——应交增值税（进项税额）	838 500	
银行存款	547 000	
贷：固定资产清理		6 450 000
应交税费——应交增值税（销项税额）		1 085 500
资产处置损益		1 900 000

其中，资产处置损益的金额为换出货运车、专用设备和客运汽车的公允价值 8 350 000 元（2 250 000+2 500 000+3 600 000）与账面价值 6 450 000 元［(2 250 000−750 000) + (3 000 000−1 350 000) + (4 500 000−1 200 000)］的差额，即 1 900 000 元。

（二）以账面价值为基础计量的会计处理

1. 不涉及补价情况的会计处理

不具有商业实质且不涉及补价的多项资产交换的核算原则与不具有商业实质且不涉及补价的单项资产交换基本相同，即以换出资产的账面价值加上应支付的相关税费，作为换入资产的入账价值。但是，由于换入、换出的是多项资产，换出各项资产的账面价值无法与换入各项资产一一对应，因此，需要确定各项换入资产的入账价值。在确定各项换入资产的入账价值时，按照换入资产各项资产的原账面价值占换入资产原账面价值总额的比例，对换入资产的成本总额进行分配，确定各项换入资产的成本。

【实务 8-6】振兴门业公司因经营战略发生较大转变，产品结构发生较大调整，原生产厂房、专利技术等已不符合生产新产品的需要，经与乙公司协商，2024 年 9 月 1 日，振兴门业公司将其生产厂房连同专利技术与乙公司正在建造过程中的一幢建筑物、乙公司对丙公司的长期股权投资（采用权益法核算）进行交换。

振兴门业公司换出生产厂房的账面原价为 2 000 000 元，已提折旧 1 250 000 元；专利技术账面原价为 750 000 元，已摊销金额为 375 000 元。

乙公司在建工程截止到交换日其成本为 875 000 元，对丙公司的长期股权投资成本为 250 000 元。振兴门业公司的厂房公允价值难以取得，专利技术市场上并不多见，公允价值也不能可靠计量。乙公司的在建工程因完工程度难以合理确定，其公允价值不能可靠计量，由于丙公司不是上市公司，乙公司对丙公司长期股权投资的公允价值也不能可靠计量。假定振兴门业公司、乙公司均未对上述资产计提减值准备。假定该交易过程中不考虑相关税费。

本例中，交换不涉及收付货币性资产，属于非货币性资产交换。由于换入资产、换出资产的公允价值均不能可靠计量，振兴门业公司、乙公司均应当以换出资产账面价值总额作为换入资产的总成本，各项换入资产的成本，应当按各项换入资产的账面价值占换入资产账面价值总额的比例分配后确定。

振兴门业公司的账务处理如下：

（1）计算换入资产、换出资产账面价值总额

换入资产账面价值总额 =875 000+250 000=1 125 000（元）

换出资产账面价值总额 =(2 000 000−1 250 000)+(750 000−375 000)= 1 125 000（元）

（2）确定换入资产总成本

换入资产总成本 = 换出资产账面价值 =1 125 000（元）

（3）确定各项换入资产成本

在建工程成本 =1 125 000 ×（875 000 ÷ 1 125 000 × 100%）= 875 000（元）

长期股权投资成本 =1 125 000 ×（250 000 ÷ 1 125 000 × 100%）= 250 000（元）

（4）会计分录

借：固定资产清理	750 000	
累计折旧	1 250 000	
贷：固定资产——厂房		2 000 000
借：在建工程——××工程	875 000	
长期股权投资——丙公司——投资成本	250 000	
累计摊销	375 000	
贷：固定资产清理		750 000
无形资产——专利技术		750 000

乙公司的账务处理如下：

（1）计算换入资产、换出资产账面价值总额

换入资产账面价值总额 =（2 000 000−1 250 000）+（750 000−375 000）

= 1 125 000（元）

换出资产账面价值总额 =875 000+250 000=1 125 000（元）

（2）确定换入资产总成本

换入资产总成本 = 换出资产账面价值 =1 125 000（元）

（3）确定各项换入资产成本

厂房成本 =1 125 000 ×（750 000 ÷ 1 125 000 × 100%）= 750 000（元）

专利技术成本 =1 125 000 ×（375 000 ÷ 1 125 000 × 100%）= 375 000（元）

（4）会计分录

借：固定资产清理	875 000	
贷：在建工程——××工程		875 000
借：固定资产——厂房	750 000	
无形资产——专利技术	375 000	
贷：固定资产清理		875 000
长期股权投资——丙公司——投资成本		250 000

2. 涉及补价情况的会计处理

在不具有商业实质且涉及补价的多项资产交换时，核算的基本原则与不具有商业实质且涉及补价的单项资产的会计处理原则基本相同，即按收到补价和支付补价情况分别确定换入资产的入账价值。涉及补价的多项资产交换与单项资产交换的主要区别在于，需要对换入各项资产的价值进行分配，其分配方法与不涉及补价的多项资产交换的原则相同，即按各项换入资产的账面价值与换入资产账面价值总额的比例进行分配，以确定换入各项资产的入账价值。

具有商业实质的非货币性资产交换，如果换入资产的公允价值不能可靠计量，在同时换入多项资产时，确定各项换入资产的成本的分配比照上述原则进行处理。

◇ 本项目工作小结

非货币性资产交换是指交易双方主要以固定资产、无形资产和长期股权投资、投资性房地产等非货币性资产进行的交换。该交换不涉及或只涉及少量的货币性资产（补价）。通过本项目的学习，理解什么是非货币性资产交换及怎样进行认定；掌握非货币性资产交换具有的商业实质主要包括哪几种情形，如何进行计算；掌握具有商业实质且公允价值能够可靠计量的非货币性资产交换对于换入资产成本如何确认计量，不具有商业实质或公允价值不能够可靠计量的非货币性资产交换对于换入资产成本的确认计量。

◇ 任务实战

1. 振兴门业公司为增值税一般纳税人，经协商用一项长期股权投资（采用权益法）

交换乙公司的固定资产机器设备。该项长期股权投资的账面余额为 2 300 万元，计提长期股权投资减值准备 300 万元，公允价值为 2 360 万元；机器设备的账面余额为 1 550 万元，已提累计折旧 50 万元，公允价值和计税价格（不含税）均为 2 000 万元，增值税率为 13%。乙公司向振兴门业公司支付补价 100 万元。假设在交换过程只考虑机器设备的增值税，其余的相关税费不考虑，该项交易具有商业实质。

要求：分别计算振兴门业公司及乙公司换入资产的入账价值并进行账务处理。（以万元为单位）

2. 振兴门业公司以其使用的机床一台和货车一辆换入 B 公司的一辆汽车和若干股票（B 公司作为长期股权投资，振兴门业公司换入作为长期股权投资）。已知振兴门业公司机床账面原价为 125 000 元，累计折旧 35 000 元，公允价值为 110 000 元，货车的账面成本为 50 000 元，已计提折旧 10 000 元，公允价值（不含税）为 30 000 元，B 公司汽车的账面原价为 200 000 元，累计折旧为 100 000 元，公允价值为 95 000 元，股票的账面价值为 18 000 元，公允价值为 25 000 元，B 公司另外支付 20 000 元补价给振兴门业公司。假设在交换过程不考虑增值税和相关税费，交换具有商业实质。

要求：分别编制振兴门业公司及 B 公司有关非货币性资产交换的会计分录。

3. 振兴门业公司以其生产经营用的设备与乙公司作为固定资产的货运汽车交换。资料如下：

①振兴门业公司换出固定资产——设备，原价为 1 800 万元，已提折旧 300 万元，公允价值为 1 650 万元，以银行存款支付了设备清理费用 15 万元；

②乙公司换出固定资产——货运汽车，原价为 2 100 万元，已提折旧 550 万元，公允价值为 1 680 万元。乙公司收到振兴门业公司支付的补价 30 万元。

假设振兴门业公司换入的货运汽车作为固定资产管理，该项交易不具有商业实质。振兴门业公司未对换出设备计提减值准备。假设在交换过程中不考虑增值税及相关税费。

要求：分别编制振兴门业公司及乙公司的账务处理。

◇ 知识巩固

习题

习题答案解析

项目九

债务重组核算业务

◇ 学习目标

知识目标

● 理解债务重组的基本概念及重组方式。

● 掌握债务重组的确认和计量。

● 掌握债务重组会计处理原则和应用。

技能目标

● 能够正确辨析债务重组业务。

● 能够正确核算债权人债务重组业务。

● 能够正确核算债务人债务重组业务。

素质目标

● 职业道德：遵守职业道德规范，保持诚信、公正的职业操守，维护企业的利益和声誉。

● 风险意识：具备强烈的风险意识，能够敏锐地识别和评估债务重组可能带来的潜在风险，并采取相应的防范措施。

● 谨慎态度：在核算债务重组业务时，保持谨慎、客观的态度，遵循会计准则和规定，确保财务信息的真实性和可靠性。

● 持续学习：具备持续学习的意识和能力，关注债务重组相关的最新法规、准则和案例，不断提升自己的专业水平和综合素质。

◇ 思维导图

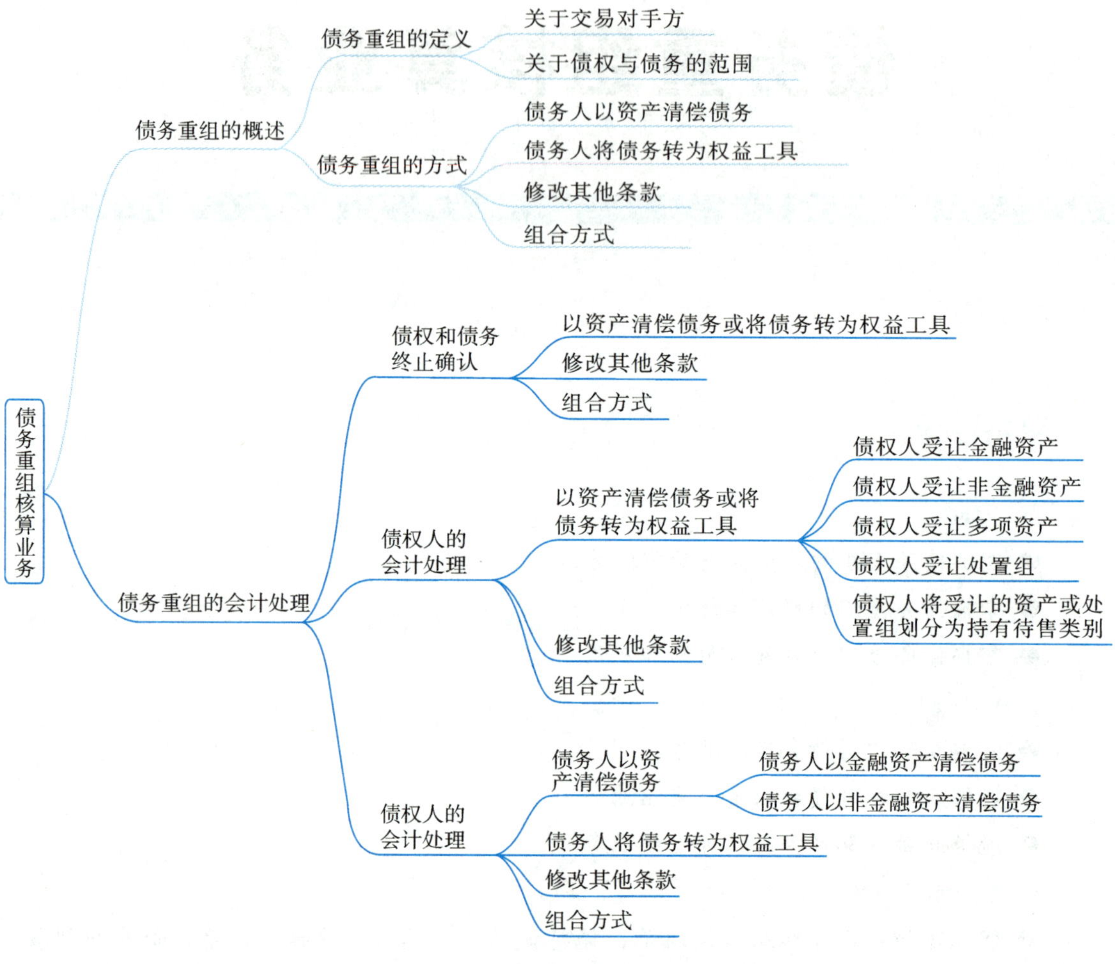

图 9-1　债务重组核算业务思维导图

◇ 学习任务

任务一　债务重组概述

一、债务重组的定义

债务重组涉及债权人和债务人，对债权人而言为“债权重组”，对债务人而言为“债务重组”，为便于表述统称为“债务重组”。债务重组，是指在不改变交易对手方的情况下，经债权人和债务人协定或法院裁定，就清偿债务的时间、金额或方式等重新达成协议的交易。经法院裁定进行债务重整并按持续经营进行会计核算的，按照本章要求进行会计处理；债务人在破产清算期间进行的债务重组，应当按照企业破产清算有关会计处理规定处理。

（一）关于交易对手方

债务重组是在不改变交易对手方的情况下进行的交易。实务中经常出现第三方参与相关交易的情形，例如，某公司以不同于原合同条款的方式代债务人向债权人偿债；又如，新组建的公司承接原债务人的债务，与债权人进行债务重组；再如，资产管理公司从债权人处购得债权，再与债务人进行债务重组。在上述情形下，企业应当首先考虑债权和债务是否发生终止确认，再就债务重组交易按照本章要求进行会计处理。

债务重组不强调在债务人发生财务困难的背景下进行，也不论债权人是否作出让步。也就是说，无论何种原因导致债务人未按原定条件偿还债务，也无论双方是否同意债务人以低于债务的金额偿还债务，只要债权人和债务人就债务条款重新达成了协议，就符合债务重组的定义。例如，债权人在减免债务人部分债务本金的同时提高剩余债务的利息，或者债权人同意债务人用等值库存商品抵偿到期债务等，均属于债务重组。

【提示】无论何种原因导致债务人未按原定条件偿还债务，也无论债权人是否作出让步，只要债权人和债务人就债务条款重新达成了协议，就符合债务重组的定义。

（二）关于债权和债务的范围

（1）债务重组涉及的债权和债务，是符合金融资产和金融负债定义的债权和债务，不包括合同资产、合同负债、预计负债，但包括租赁应收款和租赁应付款。

（2）不适用债务重组准则的交易事项。

①债务重组中涉及的债权、重组债权、债务、重组债务和其他金融工具的确认、计量和列报，分别适用《企业会计准则第 22 号——金融工具确认和计量》和《企业会计

准则第 37 号——金融工具列报》；

②通过债务重组形成企业合并的，适用《企业会计准则第 20 号——企业合并》；

③债权人或债务人中的一方直接或间接对另一方以股东身份进行债务重组的，或者债权人与债务人在债务重组前后均受同一方或相同的多方最终控制，且该债务重组的交易实质是债权人或债务人进行了权益性分配或接受了权益性投入的，适用权益性交易的有关会计处理规定。

二、债务重组的方式

债务重组的方式主要包括，债务人以资产清偿债务、将债务转为权益工具、修改其他条款，以及前述一种以上方式的组合。这些债务重组方式都是通过债权人和债务人重新协定或者法院裁定达成的，与原来约定的偿债方式不同。

（一）债务人以资产清偿债务

债务人以资产清偿债务，是债务人转让其资产给债权人以清偿债务的债务重组方式。债务人用于偿债的资产通常是已经在资产负债表中确认的资产，例如，现金、应收账款、长期股权投资、投资性房地产、固定资产、在建工程、生物资产、无形资产等。债务人以日常活动产出的商品或服务清偿债务的，用于偿债的资产可能体现为存货等资产。

在受让上述资产后，按照相关会计准则要求及本企业会计核算要求，债权人核算相关受让资产的类别可能与债务人不同。例如，债务人以作为固定资产核算的房产清偿债务，债权人可能将受让的房产作为投资性房地产核算；债务人以部分长期股权投资清偿债务，债权人可能将受让的投资作为金融资产核算；债务人以存货清偿债务，债权人可能将受让的资产作为固定资产核算等。

除上述已经在资产负债表中确认的资产外，债务人也可能存在以不符合确认条件而未予确认的资产清偿债务。例如，债务人以未确认的内部生产品牌清偿债务，债权人在获得的商标权符合无形资产确认条件的前提下作为无形资产核算。在少数情况下，债务人还可能以处置组（即一组资产和与这些资产直接相关的负债）清偿债务。

（二）债务人将债务转为权益工具

债务人将债务转为权益工具，这里的权益工具，是指能证明拥有某个企业在扣除所有负债后的资产中的剩余权益的合同，会计处理上体现为股本、实收资本、资本公积等科目。

实务中，有些债务重组名义上采用“债转股”的方式，但同时附加相关条款，如约定债务人在未来某个时点有义务以某一金额回购股权，或债权人持有的股份享有强制分红权等。对于债务人，这些“股权”可能并不是权益工具，从而不属于债务人将债务转为权益工具的债务重组方式。债权人和债务人还可能协议以一项同时包含金融负债成分和权益工具成分的复合金融工具替换原债权债务，这类交易也不属于债务人将债务转为权益工具的债务重组方式。

（三）修改其他条款

修改债权和债务的其他条款，是债务人不以资产清偿债务，也不将债务转为权益工具，而是改变债权和债务的其他条款的债务重组方式，如调整债务本金、改变债务利息、变更还款期限等。经修改其他条款的债权和债务分别形成重组债权和重组债务。

（四）组合方式

组合方式，是采用债务人以资产清偿债务、债务人将债务转为权益工具、修改其他条款三种方式中一种以上方式的组合清偿债务的债务重组方式。例如，债权人和债务人约定，由债务人以机器设备清偿部分债务，将另一部分债务转为权益工具，调减剩余债务的本金，但利率和还款期限不变；再如，债务人以现金清偿部分债务，同时将剩余债务展期等。

课程思政

我们通过“佳兆基债务重组”案例分析，了解债务重组的概念、原因和影响，探讨企业进行债务重组的动机和必要性。教师要让学生理解债务重组对企业经济效益和社会形象的影响，引导学生形成正确的债务管理观念；强化职业道德与社会责任，强调企业在债务重组过程中应坚持诚信、公正、合法的原则，保障债权人和债务人的合法权益；鼓励学生思考企业在债务重组中如何积极履行社会责任，维护企业形象，避免对利益相关者造成不良影响。

任务二　债务重组的会计处理

一、债权和债务的终止确认

债务重组中涉及的债权和债务的终止确认：债权人在收取债权现金流量的合同权利终止时终止确认债权；债务人在债务的现时义务解除时终止确认债务。

对于终止确认的债权，债权人应当结转已计提的减值准备中对应该债权终止确认部分的金额。对于终止确认的分类为以公允价值计量且其变动计入其他综合收益的债权，之前计入其他综合收益的累计利得或损失应当从其他综合收益中转出，计入“投资收益”科目。

（一）以资产清偿债务或将债务转为权益工具

对于以资产清偿债务或者将债务转为权益工具方式进行的债务重组，由于债权人在拥有或控制相关资产时，通常其收取债权现金流量的合同权利也同时终止，债权人一般可以终止确认该债权。同样地，由于债务人通过交付资产或权益工具解除了其清偿债务的现时义务，债务人一般可以终止确认该债务。

（二）修改其他条款

对于债权人，债务重组通过调整债务本金、改变债务利息、变更还款期限等修改合同条款方式进行的，通常情况下，应当整体考虑是否对全部债权的合同条款作出了实质性修改。如果作出实质性修改，或者债权人与债务人之间签订协议，以获取实质上不同的新金融资产方式替换债权，应当终止确认原债权，并按照修改后的条款或新协议确认新金融资产。

对于债务人，如果对债务或部分债务的合同条款作出“实质性修改”形成重组替换债务，债务人应当终止确认原债务，同时按照修改后的条款确认一项新金融负债。其中，如果重组债务未来现金流量（包括支付和收取的某些费用）现值与原债务的剩余期间现金流量现值之间的差异超过10%，则意味着新的合同条款进行了“实质性修改”或者重组债务是“实质上不同”的，有关现值的计算均采用原债务的实际利率。

（三）组合方式

对于债权人，通常情况下应当整体考虑是否终止确认全部债权。由于组合方式涉及多种债务重组方式，一般可以认为对全部债权的合同条款作出了实质性修改，从而终止确认全部债权，并按照修改后的条款确认新金融资产。

对于债务人，组合中以资产清偿债务或者将债务转为权益工具方式进行的债务重组，如果债务人清偿该部分债务的现时义务已经解除，应当终止确认该部分债务。组合中以修改其他条款方式进行的债务重组，需要根据具体情况，判断对应的部分债务是否满足终止确认条件。

二、债权人的会计处理

（一）以资产清偿债务或将债务转为权益工具

债务重组采用以资产清偿债务或者将债务转为权益工具方式进行的，债权人应当在受让的相关资产符合其定义和确认条件时予以确认。

1. 债权人受让金融资产

债权人受让包括现金在内的单项或多项金融资产的，金融资产初始确认时应当以其公允价值计量，借记“库存现金”“银行存款”“交易性金融资产”“债权投资”“其他债权投资”“其他权益工具投资”等科目，转销债权账面价值，借记“坏账准备”等科目，贷记“应收账款”等科目，金融资产确认金额与债权终止确认日账面价值之间的差额，借记或贷记“投资收益”科目。

2. 债权人受让非金融资产

债权人初始确认受让的金融资产以外的资产时，应当按照下列原则以成本计量：

（1）存货的成本，包括放弃债权的公允价值，以及使该资产达到当前位置和状态所发生的可直接归属于该资产的税金、运输费、装卸费、保险费等其他成本。

（2）对联营企业或合营企业投资的成本，包括放弃债权的公允价值，以及可直接归属于该资产的税金等其他成本。

（3）投资性房地产的成本，包括放弃债权的公允价值，以及可直接归属于该资产的税金等其他成本。

（4）固定资产的成本，包括放弃债权的公允价值，以及使该资产达到预定可使用状态前所发生的可直接归属于该资产的税金、运输费、装卸费、安装费、专业人员服务费等其他成本。确定固定资产成本时，应当考虑预计弃置费用因素。

（5）生物资产的成本，包括放弃债权的公允价值，以及可直接归属于该资产的税金、运输费、保险费等其他成本。

（6）无形资产的成本，包括放弃债权的公允价值，以及可直接归属于使该资产达到预定用途所发生的税金等其他成本。

会计分录为借记“原材料”“长期股权投资”“投资性房地产”“固定资产”“生物资产”“无形资产”等科目，转销债权账面价值，借记“坏账准备”等科目，贷记“应收账款”等科目，放弃债权的公允价值与账面价值之间的差额，借记或贷记“投资收益”科目。

3. 债权人受让多项资产

债权人受让多项非金融资产，或者包括金融资产、非金融资产在内的多项资产的，金融资产按照当日公允价值计量，借记“库存现金”“银行存款”“交易性金融资产”“债权投资”“其他债权投资”“其他权益工具投资”等科目，按照受让的金融资产以外的各项资产在债务重组合同生效日的公允价值比例，对放弃债权在合同生效日的公允价值扣除受让金融资产当日公允价值后的净额进行分配，并以此为基础分别确定各项资产的成本。借记“原材料”“长期股权投资”“投资性房地产”“固定资产”“生物资产”“无形资产”等科目，转销债权账面价值，借记“坏账准备”等科目，贷记“应收账款”等科目，放弃债权的公允价值与账面价值之间的差额，借记或贷记“投资收益”科目。

4. 债权人受让处置组

债务人以处置组清偿债务的，债权人应当先对处理组中的金融资产和负债进行初始计量，借记“库存现金”“银行存款”“交易性金融资产”“债权投资”“其他债权投资”“其他权益工具投资”等科目，贷记有关负债科目，然后按照金融资产以外的各项资产在债务重组合同生效日的公允价值比例，对放弃债权在合同生效日的公允价值以及承担的处置组中负债的确认金额之和，扣除受让金融资产当日公允价值后的净额进行分配，并以此为基础分别确定各项资产的成本。借记“原材料”“长期股权投资”“投资性房地产”“固定资产”“生物资产”“无形资产”等科目，转销债权账面价值，借记“坏账准备”等科目，贷记“应收账款”等科目，放弃债权的公允价值与账面价值之间的差额，借记或贷记“投资收益”科目。

5. 债权人将受让的资产或处置组划分为持有待售类别

债务人以资产或处理组清偿债务，且债权人在取得日未将受让的相关资产或处置组作为非流动资产和非流动负债核算，而是将其划分为持有待售类别的，债权人应当在初始计量时，比较假定其不划分为持有待售类别情况下的初始计量金额和公允价值减去出售费用后的净额，以两者孰低计量，借记“持有待售资产”等科目，转销债权账面价值，借记“坏账准备”等科目，贷记“应收账款”等科目，按其差额借记“资产减值损失”科目。

（二）修改其他条款

债务重组采用修改其他条款方式进行的，如果修改其他条款导致全部债权终止确认，债权人应当按照修改后的条款以公允价值初始计量重组债权，借记“应收账款”等科目，转销债权账面价值，借记“坏账准备”等科目，贷记“应收账款”等科目，重组债权的确认金额与债权终止确认日账面价值之间的差额，借记或贷记“投资收益”科目。

如果修改其他条款未导致债权终止确认，债权人应当根据其分类，继续以摊余成本、以公允价值计量且其变动计入其他综合收益，或者以公允价值计量且其变动计入当期损益进行后续计量。对于以摊余成本计量的债权，债权人应当根据重新议定合同的现金流量变化情况，重新计算该重组债权的账面余额，并将相关利得或损失记入“投资收益”科目。重新计算的该重组债权的账面余额，应当根据将重新议定或修改的合同现金流量按债权原实际利率折现的现值确定。对于修改或重新议定合同所产生的成本或费用，债权人应当根据修改后的重组债权的账面价值，并在修改后重组债权的剩余期限内摊销。

（三）组合方式

债务重组采用组合方式进行的，一般可以认为对全部债权的合同条款作出了实质性修改，债权人应当按照修改后的条款，以公允价值初始计量重组债权和受让的新金融资产，按照受让的金融资产以外的各项资产在债务重组合同生效日的公允价值比例，对放弃债权在合同生效日的公允价值扣除重组债权和受让金融资产当日公允价值后的净额进行分配，并以此为基础分别确定各项资产的成本。放弃债权的公允价值与账面价值之间的差额，计入“投资收益”科目。

三、债务人的会计处理

（一）债务人以资产清偿债务

债务重组采用以资产清偿债务方式进行的，债务人应当将所清偿债务账面价值与转让资产账面价值之间的差额计入当期损益。

1. 债务人以金融资产清偿债务

债务人以单项或多项金融资产清偿债务的，借记“应付账款”“长期借款”等科目，贷记“库存现金”“银行存款”“交易性金融资产”“债权投资”“其他债权投资”“其他权益工具投资”“应收账款”等科目，偿债金融资产已计提减值准备的，应结转已计提的减值准备，借记“债权投资减值准备”“坏账准备”等科目，债务的账面价值与偿债金融资产账面价值的差额，借记或贷记“投资收益”科目。对于以分类为以公允价值计量且其变动计入其他综合收益的债务工具投资清偿债务的，之前计入其他综合收益的累计利得或损失应当从其他综合收益中转出，借记或贷记“投资收益”科目，贷记或借记“其他综合收益”科目。对于以指定为以公允价值计量且其变动计入其他综合收益的非交易性权益工具投资清偿债务的，之前计入其他综合收益的累计利得或损失应当从其他综合收益中转出，借记或贷记“利润分配——未分配利润”等科目，贷记或借记“其他综合收益”科目。

2. 债务人以非金融资产清偿债务

债务人以单项或多项非金融资产（如固定资产、日常活动产出的商品或服务等）清偿债务，或者以包括金融资产和非金融资产在内的多项资产清偿债务的，借记“应付账款”“长期借款”等科目，贷记“固定资产”“无形资产”“库存商品”等科目；偿还资产已计提减值准备的，应结转已计提的减值准备，借记“资产减值准备”“存货跌价准备”等科目；不需要区分资产处置损益和债务重组损益，也不需要区分不同资产的处置损益，而应将所清偿债务账面价值与转让资产账面价值之间的差额，借记或贷记“其他收益——债务重组收益”科目。

债务人以包含非金融资产的处置组清偿债务的，应当将所清偿债务和处置组中负债的账面价值之和，与处置组中资产的账面价值之间的差额，借记或贷记“其他收益——债务重组收益”科目。处置组所属的资产组或资产组组合分摊了企业合并中取得的商誉的，该处置组应当包含分摊至处置组的商誉。处置组中的资产已计提减值准备的，应结转已计提的减值准备。

（二）债务人将债务转为权益工具

债务重组采用将债务转为权益工具方式进行的，债务人初始确认权益工具时，应当按照权益工具的公允价值计量，权益工具的公允价值不能可靠计量的，应当按照所清偿债务的公允价值计量，借记“应付账款”“长期借款”等科目，贷记“股本”“资本公积”等科目；所清偿债务账面价值与权益工具确认金额之间的差额，借记或贷记“投资收益”科目。债务人因发行权益工具而支出的相关税费等，应当依次冲减资本公积、盈余公积、未分配利润等。

（三）修改其他条款

债务重组采用修改其他条款方式进行的，如果修改其他条款导致债务终止确认，债务人应当按照公允价值计量重组债务，借记“应付账款”“长期借款”等科目，贷记“应付账款”“长期借款”等科目；终止确认的债务账面价值与重组债务确认金额之和的差额，借记或贷记“投资收益”科目。

如果修改其他条款未导致债务终止确认，或者仅导致部分债务终止确认，对于未终止确认的部分债务，债务人应当根据其分类，继续以摊余成本、公允价值计量且其变动计入当期损益或其他适当方法进行后续计量。对于以摊余成本计量的债务，债务人应当根据重新议定合同的现金流量变化情况，重新计算该重组债务的账面价值，并将相关利得或损失借记或贷记“投资收益”科目。重新计算的该重组债务的账面价值，应当根据将重新议定或修改的合同现金流量按债务的原实际利率折现的现值确定。对于修改或重新议定合同所产生的成本或费用，债务人应当调整修改后的重组债务的账面价值，并在修改后重组债务的剩余期限内摊销。

（四）组合方式

债务重组采用以资产清偿债务、将债务转为权益工具、修改其他条款等方式的组合进行的，对于权益工具，债务人应当在初始确认时按照权益工具的公允价值计量，权益工具的公允价值不能可靠计量的，应当按照所清偿债务的公允价值计量。对于修改其他条款形成的重组债务，债务人应当参照上文“修改其他条款”部分，确认和计量重组债务。所清偿债务的账面价值与转让资产的账面价值以及权益工具和重组债务的确认金额之和的差额，借记或贷记“其他收益——债务重组收益”或“投资收益”（仅涉及金融工具时）科目。

【实务 9-1】2024 年 6 月 18 日，振兴门业公司向乙公司销售商品一批，应收乙公司款项的入账金额为 85 万元。振兴门业公司将该应收款项分类为以摊余成本计量的金融资产。乙公司将该应付账款分类为以摊余成本计量的金融负债。2024 年 10 月 18 日，双方签订债务重组合同，乙公司以一项作为无形资产核算的非专利技术偿还该欠款。该无形资产的账面余额为 90 万元，累计摊销额为 10 万元，已计提减值准备 2 万元。10 月 22 日，双方办理完成该无形资产转让手续，振兴门业公司支付评估费用 4 万元。当日，振兴门业公司应收款项的公允价值为 77 万元，已计提坏账准备 7 万元，乙公司应付款项的账面价值仍为 85 万元。假设不考虑相关税费。

（1）债权人（振兴门业公司）的会计处理

2024 年 10 月 22 日，债权人取得该无形资产的成本为债权公允价值（77 万元）与评估费用（4 万元）的合计（81 万元），其会计处理如下：

借：无形资产　　810 000

　　坏账准备　　70 000

　　投资收益　　10 000

　贷：应收账款　　850 000

　　　银行存款　　40 000

（2）债务人（乙公司）10 月 22 日的会计处理

借：应付账款　　850 000

　　累计摊销　　100 000

　　无形资产减值准备　　20 000

　贷：无形资产　　900 000

　　　其他收益——债务重组收益　　70 000

【实务 9-2】2024 年 2 月 10 日，振兴门业公司从乙公司购买一批材料，约定 6 个月后振兴门业公司应结清款项 110 万元（假定无重大融资成分）。乙公司将该应收款项分类为以公允价值计量且其变动计入当期损益的金融资产；振兴门业公司将该应付款项分类为以摊余成本计量的金融负债。2024 年 8 月 12 日，振兴门业公司因无法支付货款与乙公司协商进行债务重组，双方商定乙公司将该债权转为对振兴门业公司的股权投资。10 月 20 日，乙公司办结了对振兴门业公司的增资手续，振兴门业公司和乙公司分别支付手续费等相关费用 1.5 万元和 1.2 万元。债转股后振兴门业公司总股本为 100 万元，乙公司持有的抵债股权占振兴门业公司总股本的 25%，对振兴门业公司具有重大影响，振兴门业公司股权公允价值不能可靠计量。振兴门业公司应付款项的账面价值仍为 110 万元。

2024 年 6 月 30 日，应收款项和应付款项的公允价值均为 95 万元。

2024 年 8 月 12 日，应收款项和应付款项的公允价值均为 86 万元。

2024 年 10 月 20 日，应收款项和应付款项的公允价值仍为 86 万元。假定不考虑其他相关税费。

（1）债权人（乙公司）的会计处理

6 月 30 日

借：公允价值变动损益　　150 000

　贷：交易性金融资产——公允价值变动　　150 000

8 月 12 日

借：公允价值变动损益　　90 000

　贷：交易性金融资产——公允价值变动　　90 000

10 月 20 日，乙公司对振兴门业公司长期股权投资的成本为应收款项公允价值 86 万元与相关税费 1.2 万元的合计 87.2 万元。

借：长期股权投资——振兴门业公司　872 000
　　交易性金融资产——公允价值变动　240 000
　贷：交易性金融资产——成本　1 100 000
　　　银行存款　12 000

（2）债务人（振兴门业公司）的会计处理

10 月 20 日，由于振兴门业公司股权的公允价值不能可靠计量，初始确认权益工具公允价值时应当按照所清偿债务的公允价值 86 万元计量，并扣除因发行权益工具支出的相关税费 1.5 万元。振兴门业公司的会计处理如下：

借：应付账款　1 100 000
　贷：实收资本　250 000
　　　资本公积——资本溢价　595 000
　　　银行存款　15 000
　　　投资收益　240 000

其中，债务人以包括金融资产和非金融资产在内的多项资产清偿债务的，不需要区分资产处置损益和债务重组损益，也不需要区分不同资产的处置损益，而应将所清偿债务账面价值与转让资产账面价值之间的差额，全部记入“其他收益——债务重组收益”科目，从而简化核算。债务人以单项或多项金融资产清偿债务的，债务的账面价值与偿债金融资产账面价值的差额，应当计入“投资收益”科目，这与金融负债终止确认的有关要求相一致。

【实务 9-3】2023 年 11 月 5 日，振兴门业公司向乙公司赊购一批材料，含税价为 226 万元。2024 年 9 月 10 日，振兴门业公司因发生财务困难，无法按合同约定偿还债务，双方协商进行债务重组。乙公司同意振兴门业公司用其生产的商品、作为固定资产管理的机器设备和一项债券投资抵偿欠款。当日，该债权的公允价值为 210 万元，振兴门业公司用于抵债的商品市价（不含增值税）为 90 万元，抵债设备的公允价值为 75 万元，用于抵债的债券投资市价为 23.55 万元。

抵债资产于 2024 年 9 月 20 日转让完毕，振兴门业公司发生设备运输费用 0.65 万元，乙公司发生设备安装费用 1.5 万元。

乙公司以摊余成本计量该项债权。2024 年 9 月 20 日，乙公司对该债权已计提坏账准备 19 万元，债券投资市价为 21 万元。乙公司将受让的商品、设备和债券投资分别作为低值易耗品、固定资产和以公允价值计量且其变动计入当期损益的金融资产核算。

以摊余成本计量该项债务。2024 年 9 月 20 日，振兴门业公司用于抵债的商品成本为 70 万元；抵债设备的账面原价为 150 万元，累计折旧为 40 万元，已计提减值准备 18 万元；振兴门业公司以摊余成本计量用于抵债的债券投资，债券票面价值总额为 15 万元，票面利率与实际利率一致，按年付息，假定振兴门业公司尚未对债券确认利息收入。当日，该项债务的账面价值仍为 226 万元。

振兴门业公司、乙公司均为增值税一般纳税人，适用增值税税率为13%，经税务机关核定，该项交易中商品和设备的计税价格分别为90万元和75万元。不考虑其他相关税费。

（1）债权人（乙公司）的会计处理

低值易耗品可抵扣增值税=90 × 13% = 11.7（万元）

设备可抵扣增值税=75 × 13% =9.75（万元）

低值易耗品和固定资产的成本应当以其公允价值比例（90∶75）对放弃债权公允价值扣除受让金融资产公允价值后的净额进行分配后的金额为基础确定。

低值易耗品的成本=90÷（90+75）×（210−23.55−11.7−9.75）=90（万元）

固定资产的成本=75÷（90+75）×（210−23.55 −11.7−9.75）=75（万元）

2024年9月20日，乙公司的账务处理如下：

①结转债务重组相关损益

借：周转材料——低值易耗品　　900 000

　　在建工程——设备安装　　750 000

　　应交税费——应交增值税（进项税额）　　214 500

　　交易性金融资产　　210 000

　　坏账准备　　190 000

　贷：应收账款——振兴门业公司　　2 260 000

　　　投资收益　　4 500

②支付安装费用

借：在建工程——设备安装　　15 000

　贷：银行存款　　15 000

③安装完毕达到可使用状态

借：固定资产——××设备　　765 000

　贷：在建工程——设备安装　　765 000

（2）债务人（振兴门业公司）的会计处理

2024年9月20日

借：固定资产清理　　920 000

　　累计折旧　　400 000

　　固定资产减值准备　　180 000

　贷：固定资产　　1 500 000

借：固定资产清理　　6 500

　贷：银行存款　　6 500

借：应付账款　　2 260 000

贷：固定资产清理　　926 500
　　库存商品　　700 000
　　应交税费——应交增值税　　214 500
　　债权投资——面值　　150 000
　　其他收益——债务重组收益　　269 000

【实务 9-4】振兴门业公司为上市公司，2020 年 1 月 1 日，振兴门业公司取得 B 银行贷款 5 000 万元，约定贷款期限为 4 年（即 2023 年 12 月 31 日到期），年利率 6%，按年付息，振兴门业公司已按时支付所有利息。2023 年 12 月 31 日，振兴门业公司出现严重的资金周转问题，多项债务违约，信用风险增加，无法偿还贷款本金。2024 年 1 月 10 日，B 银行同意与振兴门业公司就该项贷款重新达成协议，新协议约定：①振兴门业公司将一项作为固定资产核算的房产转让给 B 银行，用于抵偿债务本金 1 000 万元，该房产账面原值 1 200 万元，累计折旧 400 万元，未计提减值准备。②振兴门业公司向 B 银行增发股票 500 万股，面值 1 元/股，占振兴门业公司股份总额的 1%，用于抵偿债务本金 2 000 万元，2024 年 1 月 10 日振兴门业公司股票的收盘价为 4 元/股。③在振兴门业公司履行上述偿债义务后，B 银行免除振兴门业公司 500 万元债务本金，并将尚未偿还的债务本金 1 500 万元展期至 2024 年 12 月 31 日，年利率 8%；如果振兴门业公司未能履行①②所述偿债义务，B 银行有权终止债务重组协议，尚未履行的债权调整承诺随之失效。

B 银行以摊余成本计量该贷款，已计提贷款损失准备 300 万元。该贷款 2024 年 1 月 10 日的公允价值为 4 600 万元，予以展期的贷款的公允价值为 1 500 万元。2024 年 5 月 2 日，双方办理完成房产转让手续，B 银行将该房产作为投资性房地产核算。2024 年 5 月 31 日，B 银行为该笔贷款补提了 100 万元的损失准备。2024 年 7 月 9 日，双方办理完成股权转让手续，B 银行将该股权投资分类为以公允价值计量且其变动计入当期损益的金融资产，振兴门业公司股票当日收盘价为 4.02 元/股。

振兴门业公司以摊余成本计量该贷款，截至 2024 年 1 月 10 日，该贷款的账面价值为 5 000 万元。不考虑相关税费。

1. 债权人（B 银行）的会计处理

振兴门业公司与 B 银行以组合方式进行债务重组，同时涉及以资产清偿债务、将债务转为权益工具、包括债务豁免的修改其他条款等方式，可以认为对全部债权的合同条款作出了实质性修改，债权人在收取债权现金流量的合同权利终止时应当终止确认全部债权，即在 2024 年 7 月 9 日该债务重组协议的执行过程和结果不确定性消除时，可以确认债务重组相关损益，并按照修改后的条款确认新金融资产。

债权人的会计处理如下：

①5 月 2 日

投资性房地产成本＝放弃债权公允价值 4 600 －受让股权公允价值 2 000－重组债权公允价值 1 500 ＝ 1 100（万元）

借：投资性房地产　　11 000 000

　贷：贷款——本金　　11 000 000

②5 月 31 日

借：信用减值损失　　1 000 000

　贷：贷款损失准备　　1 000 000

③7 月 9 日

受让股权的公允价值＝4. 02 × 500 ＝ 2 010（万元）

借：交易性金融资产　　20 100 000

　　贷款——本金　　15 000 000

　　贷款损失准备　　4 000 000

　贷：贷款——本金　　39 000 000

　　　投资收益　　100 000

（2）债务人（振兴门业公司）的会计处理

该债务重组协议的执行过程和结果不确定性于 2024 年 7 月 9 日消除时，债务人清偿该部分债务的现时义务已经解除，可以确认债务重组相关损益，并按照修改后的条款确认新金融负债。

振兴门业公司的会计处理如下：

①5 月 2 日

借：固定资产清理　　8 000 000

　　累计折旧　　4 000 000

　贷：固定资产　　12 000 000

借：长期借款——本金　　8 000 000

　贷：固定资产清理　　8 000 000

②7 月 9 日

借款的新现金流量现值＝1 500 ×（1 + 8%）÷（1 + 6%）＝ 1 528. 3（万元）

现金流变化＝（1 528. 3 － 1 500）× 100% ÷ 1 500 ＝1. 9% ＜ 10%

因此针对 1 500 万元本金部分的合同条款的修改不构成实质性修改，不终止确认该部分负债。

其中，关于债务（金融负债）终止确认的判断应当以“部分债务”为单元。对于以组合方式进行的债务重组，组合中以修改其他条款方式进行的债务重组，需要根据具体情况，判断对应的部分债务是否满足终止确认条件。本例中的债务重组属于以组合方式进行的债务重组，由于在 7 月 9 日，债务人清偿部分债务（500 万元）的现时义务已经解除，应当终止确认该部分债务；当日，另有部分债务（1 500 万元）被展期，应当以此部分债务为对象，判断合同条款的修改是否构成实质性修改，即应当用 1 500 万元作为计算公式的分母。

借：长期借款——本金	42 000 000	
贷：股本		5 000 000
资本公积		15 100 000
长期借款——本金		15 283 000
其他收益——债务重组收益		6 617 000

◇ 本项目工作小结

债务重组，是指在不改变交易对手方的情况下，经债权人和债务人协定或法院裁定，就清偿债务的时间、金额或方式等重新达成协议的交易。债务重组的方式主要包括：债务人以资产清偿债务、将债务转为权益工具、修改其他条款，以及前述一种以上方式的组合。这些债务重组方式都是通过债权人和债务人重新协定或者法院裁定达成的，与原来约定的偿债方式不同。通过学习，理解债务重组的概念、重组方式，掌握债务重组中债权人和债务人的账务处理。

◇ 任务实战

1. 2×24 年度，振兴门业公司与乙公司发生有关债务重组的相关交易或事项如下：

资料一

2×24 年 1 月 1 日，振兴门业公司向乙公司赊销一批产品，应收乙公司的款项为 1 000 万元，振兴门业公司将其分类为以摊余成本计量的金融资产，乙公司将其分类为以摊余成本计量的金融负债。

资料二

2×24 年 3 月 1 日，振兴门业公司与乙公司达成债务重组协议：①乙公司将其生产的一项账面价值为 500 万元的设备抵偿债务 600 万元；②乙公司向振兴门业公司增发 100 万股股票，抵偿剩余 400 万元的债务。这两项偿债事项互为条件，若其中任何一项没有完成，则振兴门业公司保留向乙公司收取 1 000 万元现金的权利。当日，振兴门业公司的债权公允价值为 900 万元，振兴门业公司已为其计提 50 万元坏账准备。乙公司当日的股价为 4.5 元/股。

资料三

2×24 年 4 月 1 日，振兴门业公司收到乙公司抵债的设备，将其作为固定资产核算。

资料四

2×24 年 5 月 1 日，乙公司办理完成股权增发手续，振兴门业公司将其分类为以公允价值计量且其变动计入当期损益的金融资产，当日，股票的公允价值为 4.2 元/股。不考虑税费及其他因素。

要求：

（1）编制 2×24 年度振兴门业公司与债务重组相关的会计分录。

（2）编制 2×24 年度乙公司与债务重组相关的会计分录。

2. 2×24 年度，振兴门业公司与乙公司发生有关债务重组的相关交易或事项如下：

资料一

振兴门业公司应收乙公司账款账面余额为 1 600 万元，已计提坏账准备 160 万元，因乙公司发生财务困难，振兴门业公司于 2×24 年 6 月 10 日与乙公司进行债务重组，合同签订日振兴门业公司应收债权的公允价值为 1 360 万元。

资料二

振兴门业公司同意乙公司以处置组抵偿上述债务，处置组中包括其他权益工具投资、库存商品、一台机器设备及一笔短期借款，合同签订日的公允价值分别为 320 万元、336 万元、784 万元和 160 万元。

资料三

2×24 年 6 月 30 日，振兴门业公司和乙公司办理完成处置组转让手续，双方解除债权债务关系。当日，其他权益工具投资的账面价值为 312 万元（成本为 304 万元，公允价值变动为 8 万元），公允价值为 328 万元，库存商品的账面价值为 320 万元，设备的账面价值 720 万元（原价为 800 万元，累计折旧 80 万元），短期借款的账面价值和公允价值均为 160 万元。

假定振兴门业公司取得处置组中的资产和负债的分类与乙公司相同，振兴门业公司和乙公司按净利润的 10%提取法定盈余公积，不考虑增值税及其他因素的影响。

要求：

（1）编制振兴门业公司 2×24 年 6 月 30 日债务重组的会计分录。

（2）编制乙公司 2×24 年 6 月 30 日债务重组的会计分录。

◇ 知识巩固

习题

习题答案解析

项目十

所得税核算业务

◇ 学习目标

知识目标

- 理解计税基础与账面价值的概念。
- 掌握各类资产与负债的计税基础的确定。
- 掌握递延所得税资产及负债的确认与计量。
- 掌握所得税费用的计算与账务处理。

技能目标

- 能够正确确定各类资产与负债的计税基础。
- 能够区别应纳税暂时性差异与可抵扣暂时性差异。
- 能够正确计量递延所得税资产及负债。
- 能够正确计算企业所得税费用，并能进行相关的账务处理。

素质目标

● 风险意识：具备强烈的风险意识，能够敏锐地识别和评估所得税业务可能带来的潜在风险，并采取相应的防范措施。

● 谨慎态度：在进行所得税核算时保持谨慎、客观的态度，遵循会计准则和规定，确保财务信息的真实性和可靠性。

● 职业道德：遵守职业道德规范，保持诚信、公正的职业操守，维护企业的利益和声誉。

● 持续学习：具备持续学习的意识和能力，关注与所得税相关的最新法规、准则和案例，不断提升自己的专业水平和综合素质。

◇ 思维导图

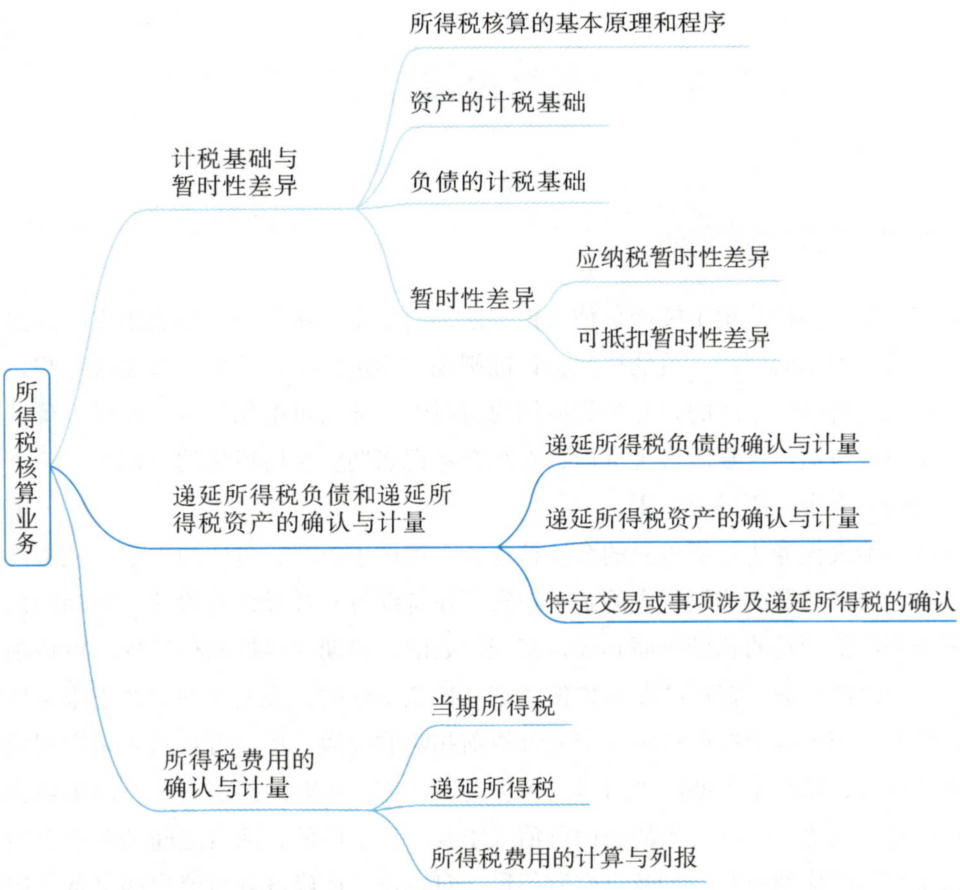

图 10-1　所得税核算业务思维导图

◇ 学习任务

任务一 所得税核算基本原理

一、所得税会计概述

我国所得税会计采用了资产负债表债务法，要求企业从资产负债表出发，通过比较资产负债表上列示的资产、负债按照会计准则规定确定的账面价值与按照税法规定确定的计税基础，将两者之间的差异分为应纳税暂时性差异与可抵扣暂时性差异，确认相关的递延所得税负债与递延所得税资产，在综合考虑当期应交所得税的基础上，确定每一会计期间利润表中的所得税费用。

资产负债表债务法在所得税的会计核算方面遵循了资产、负债的界定。从资产负债角度考虑，资产的账面价值代表的是某项资产在持续持有及最终处置的一定期间内为企业带来未来经济利益的总额，而其计税基础代表的是该期间内按照税法规定就该项资产可以税前扣除的总额。资产的账面价值小于其计税基础的，表明该项资产于未来期间产生的经济利益流入低于按照税法规定允许税前扣除的金额，产生可抵减未来期间应纳税所得额的因素，减少未来期间以所得税税款的方式流出企业的经济利益，应确认为递延所得税资产。反之，一项资产的账面价值大于其计税基础的，两者之间的差额会增加企业于未来期间的应纳税所得额及应交所得税，对企业形成经济利益流出的义务，应确认为递延所得税负债。

二、所得税会计核算的一般程序

在采用资产负债表债务法核算所得税的情况下，企业一般应于每一资产负债表日进行所得税的核算。企业进行所得税核算一般应遵循以下程序：

（1）按照相关会计准则规定确定资产负债表中除递延所得税资产和递延所得税负债以外的其他资产和负债项目的账面价值。

（2）按照资产和负债计税基础的确定方法，以适用的税收法规为基础，确定资产负债表中有关资产、负债项目的计税基础。

（3）比较资产、负债的账面价值与其计税基础，对于两者之间存在差异的，分析其性质，除准则中规定的特殊情况外，分别应纳税暂时性差异与可抵扣暂时性差异，确定资产负债表日递延所得税负债和递延所得税资产的应有金额，并与期初递延所得税资产和递延所得税负债的余额相比，确定当期应予进一步确认的递延所得税资产和递延所得税负债金额或应予转销的金额，作为递延所得税。

（4）就企业当期发生的交易或事项，按照适用的税法规定计算确定当期应纳税所得额。将应纳税所得额与适用的所得税税率计算的结果确认的当期应交所得税，作为当期所得税。

（5）确定利润表中的所得税费用。利润表中的所得税费用包括当期所得税（当期应交所得税）和递延所得税两个组成部分。企业在计算确定了当期所得税和递延所得税两者之和（或之差），即为利润表中的所得税费用。

所得税核算程序如图 10-2 所示。

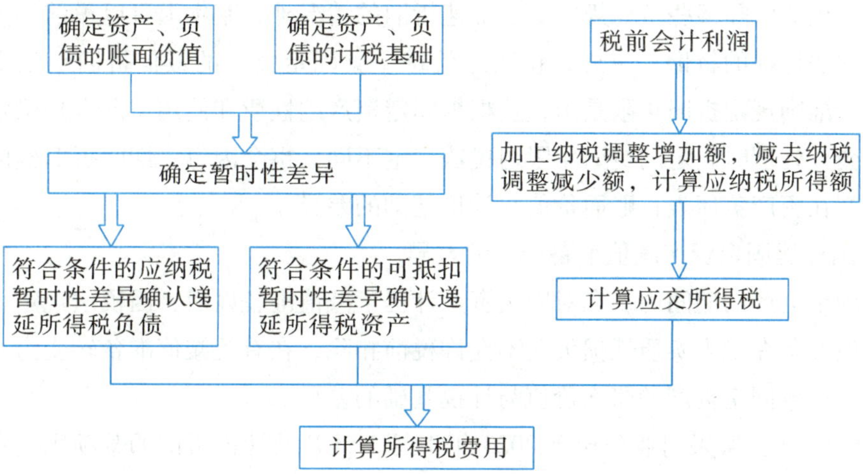

图 10-2 所得税核算程序

任务二 计税基础与暂时性差异

所得税会计核算的关键在于确定资产、负债的计税基础。资产、负债的计税基础的确定，与税收法规的规定密切关联。

一、资产的计税基础

资产的计税基础，是指在企业收回资产账面价值的过程中，计算应纳税所得额时按照税法规定可以从应税经济利益中抵扣的金额，即某一项资产在未来期间计税时可以税前扣除的金额。资产在初始确认时，其计税基础一般为取得成本，即企业为取得某项资产支付的成本在未来期间准予税前扣除。

现举例说明部分资产项目计税基础的确定：

（一）固定资产

以各种方式取得的固定资产，初始确认时是被税法认可的，即取得时其账面价值一般等于计税基础。固定资产在持有期间进行后续计量时，由于会计与税法规定就折旧方法、折旧年限以及固定资产减值准备的提取等处理的不同，可能造成固定资产的账面价值与计税基础的差异。

（1）折旧方法、折旧年限的差异

会计准则规定，企业应当根据与固定资产有关的经济利益的预期实现方式合理选择折旧方法，如可以按年限平均法计提折旧，也可以按照双倍余额递减法、年数总和法等计提折旧。税法中除某些按照规定可以加速折旧的情况外，基本上可以税前扣除的是按照年限平均法计提的折旧；另外，税法还就每一类固定资产的最低折旧年限作出了规定，而会计准则规定折旧年限是由企业根据固定资产的性质和使用情况合理确定的。如企业进行会计处理时确定的折旧年限与税法规定不同，也会因每一期间折旧额的差异产生固定资产在资产负债表日账面价值与计税基础的差异。

（2）因计提固定资产减值准备产生的差异

持有固定资产的期间内，在对固定资产计提了减值准备以后，因税法规定企业计提的资产减值准备在发生实质性损失前不允许税前扣除，在有关减值准备转变为实质性损失前，也会造成固定资产的账面价值与计税基础的差异。

【实务 10-1】振兴门业公司于 2023 年 1 月 1 日开始计提折旧的某项固定资产，原价为 3 000 000 元，使用年限为 10 年，采用年限平均法计提折旧，预计净残值为 0。税法规定类似固定资产采用加速折旧法计提的折旧可予税前扣除，该企业在折旧时采用双倍余额递减法计提折旧，预计净残值为 0。2024 年 12 月 31 日，企业估计该项固定资产的可收回金额为 2 200 000 元。

分析：

2024 年 12 月 31 日，该项固定资产的账面价值 = 3 000 000 − 300 000×2 − 200 000 = 2 200 000（元）

该项固定资产的计税基础 = 3 000 000 − 3 000 000×20% − 2 400 000×20% = 1 920 000（元）

该项固定资产账面价值 2 200 000 元与其计税基础 1 920 000 元之间的 280 000 元差额，将于未来期间计入企业应纳税所得额，造成未来期间应交所得税的增加，产生应纳税暂时性差异。

【实务 10-2】振兴门业公司于 2021 年 12 月 20 日取得某设备，成本为 16 000 000 元，预计使用 10 年，预计净残值为 0，采用年限平均法计提折旧。2024 年 12 月 31 日，根据该设备生产产品的市场占有情况，振兴门业公司估计其可收回金额为 9 200 000 元。假定税法规定的折旧方法、折旧年限与会计准则相同，企业的资产在发生实质性损失时可予税前扣除。

分析：

2024 年 12 月 31 日，振兴门业公司该设备的账面价值 = 16 000 000 − 1 600 000×3 = 11 200 000（元），可收回金额为 9 200 000 元，应当计提 2 000 000 元固定资产减值准备，计提该减值准备后，固定资产的账面价值为 9 200 000 元。

该设备的计税基础 = 16 000 000 − 1 600 000×3 = 11 200 000（元）

该项资产的账面价值 9 200 000 元小于其计税基础 11 200 000 元，在未来期间会减少企业的应纳税所得额，产生可抵扣暂时性差异。

（二）无形资产

除内部研究开发形成的无形资产外，以其他方式取得的无形资产，初始确认时按照会计准则规定确定的入账价值与按照税法规定确定的计税基础之间一般不存在差异。

（1）对于内部研究开发形成的无形资产，企业会计准则规定有关研究开发支出区分两个阶段，研究阶段的支出应当费用化计入当期损益，而开发阶段符合资本化条件以后达到预定可使用状态前发生的支出作为无形资产的成本。税法规定，企业为开发新技术、新产品、新工艺发生的研究开发费用，未形成无形资产计入当期损益的，在按照规定据实扣除的基础上，按照研究开发费用的 100% 加计扣除；形成无形资产的，按照无形资产成本的 200% 摊销。

【实务 10-3】振兴门业公司当期发生研究开发支出共计 10 000 000 元，其中研究阶段支出 2 000 000 元，开发阶段符合资本化条件前发生的支出为 2 000 000 元，符合资本化条件后发生的支出为 6 000 000 元。假定开发形成的无形资产在当期期末已达到预定用途，但尚未进行摊销。

分析：

振兴门业公司当年发生的研究开发支出中，按照会计规定应予费用化的金额为 4 000 000 元，形成无形资产的成本为 6 000 000 元，即期末所形成无形资产的账面价值为 6 000 000 元。

振兴门业公司于当期发生的 10 000 000 元研究开发支出，可在税前扣除的金额为 8 000 000 元。对于按照会计准则规定形成无形资产的部分，税法规定按照无形资产成本的 200% 作为计算未来期间摊销额的基础，即该项无形资产在初始确认时的计税基础为 12 000 000（6 000 000×200%）元。

该项无形资产的账面价值 6 000 000 元与其计税基础 12 000 000 元之间的差额 6 000 000 元将于未来期间税前扣除，产生暂时性差异。

（2）无形资产在后续计量时，会计与税法的差异主要产生于对无形资产是否需要摊销，无形资产摊销方法、摊销年限的不同以及无形资产减值准备的提取。

税法规定，企业取得的无形资产成本，应在一定期限内摊销。对于使用寿命不确定的无形资产，会计处理时不予摊销，但计税时按照税法规定确定的摊销额允许税前扣除，造成该类无形资产账面价值与计税基础的差异。

在对无形资产计提减值准备的情况下，因税法规定计提的无形资产减值准备在转变为实质性损失前不允许税前扣除，即在提取无形资产减值准备的期间，无形资产的计税基础不会随减值准备的提取发生变化，从而造成无形资产的账面价值与计税基础的差异。

【实务 10-4】振兴门业公司于 2024 年 1 月 1 日外购某项无形资产，成本为 6 000 000 元。企业根据各方面情况判断，无法合理预计其未来带来经济利益的期限，作为使用寿命不确定的无形资产。2024 年 12 月 31 日，对该项无形资产进行减值测试表明未发生减值。企业在计税时，对该项无形资产按照 10 年的期间摊销，有关摊销额允许税前扣除。

分析：

会计上将该项无形资产作为使用寿命不确定的无形资产，在未发生减值的情况下，其账面价值为取得成本 6 000 000 元。

该项无形资产在 2024 年 12 月 31 日的计税基础为 5 400 000（6 000 000-600 000）元。

该项无形资产的账面价值 6 000 000 元与其计税基础 5 400 000 元之间的差额 600 000 元将计入未来期间的应纳税所得额，产生未来期间企业所得税税款流出的增加，为应纳税暂时性差异。

课程思政

通过具体的知识学习——“近年陆续颁布的企业所得税研发费用加计扣除政策”，感受“税惠助力，创新赋能”政策理念，提升自主创新能力，增强民族自信心。

（三）以公允价值计量的金融资产

（1）以公允价值计量且其变动计入当期损益的金融资产

按照企业会计准则规定，以公允价值计量且其变动计入当期损益的金融资产于某一会计期末的账面价值为其公允价值。税法规定，以公允价值计量的金融资产、金融负债以及投资性房地产等，持有期间公允价值的变动不计入应纳税所得额，在实际处置或结算时，处置取得的价款扣除其历史成本后差额应计入处置或结算期间的应纳税所得额。按照该规定，以公允价值计量的金融资产在持有期间市价的波动在计税时不予考虑，有关金融资产在某一会计期末的计税基础为其取得成本，从而造成在公允价值变动的情况下，产生对以公允价值计量的金融资产账面价值与计税基础之间的差异。

【实务 10-5】振兴门业公司 2024 年 7 月以 520 000 元取得乙公司股票 50 000 股作为交易性金融资产核算，2024 年 12 月 31 日，振兴门业公司尚未出售所持有乙公司股票，乙公司股票公允价值为每股 12.4 元。税法规定，资产在持有期间公允价值的变动不计入当期应纳税所得额，待处置时一并计算应计入应纳税所得额的金额。

分析：

作为交易性金融资产的乙公司股票在2024年12月31日的账面价值为620 000元（12.4×50 000）；

按照税法规定，计税基础为原取得成本不变，即520 000元。

该交易性金融资产的账面价值620 000元与其计税基础520 000元之间产生100 000元的暂时性差异，该暂时性差异在未来期间转回时会增加未来期间的应纳税所得额。

（2）以公允价值计量且其变动计入其他综合收益的金融资产

企业持有的以公允价值计量且其变动计入其他综合收益的金融资产，其计税基础的确定，与以公允价值计量且其变动计入当期损益的金融资产类似，可比照处理。

（四）其他资产

因企业会计准则规定与税法法规规定不同，企业持有的其他资产，可能造成其账面价值与计税基础之间存在差异。

（1）投资性房地产

企业持有的投资性房地产进行后续计量时，会计准则规定可以采用两种模式：一种是成本模式，采用该种模式计量的投资性房地产，其账面价值与计税基础的确定与固定资产、无形资产相同；另一种是在符合规定条件的情况下，可以采用公允价值模式对投资性房地产进行后续计量。对于采用公允价值模式进行后续计量的投资性房地产，其账面价值的确定类似于以公允价值计量的金融资产，因税法中没有投资性房地产的概念及专门的税收处理规定，其计税基础的确定类似于固定资产或无形资产的计税基础。

【实务10-6】振兴门业公司的C建筑物于2022年12月30日投入使用并直接出租，成本为6 800 000元，振兴门业公司对投资性房地产采用公允价值模式进行后续计量。2024年12月31日，已出租C建筑物累计公允价值变动收益为1 200 000元，其中本年度公允价值变动收益为500 000元。根据税法规定，已出租C建筑物以历史成本扣除按税法规定计提折旧后作为其计税基础，折旧年限为20年，净残值为零，自投入使用的次月起采用年限平均法计提折旧。

分析：

2024年12月31日，该投资性房地产的账面价值为8 000 000元，计税基础为6 120 000元（6 800 000−6 800 000÷20×2）。该投资性房地产账面价值与其计税基础之间的差额1 880 000元将计入未来期间的应纳税所得额，形成未来期间企业所得税税款流出的增加，为应纳税暂时性差异。

（2）其他计提了资产减值准备的各项资产

有关资产计提了减值准备后，其账面价值会随之下降，而税法规定资产在发生实质性损失之前，预计的减值损失不允许税前扣除，即其计税基础不会因减值准备的提取而变化，造成在计提资产减值准备以后，资产的账面价值与计税基础之间的差异。

二、负债的计税基础

负债的计税基础，是指负债的账面价值减去未来期间计算应纳税所得额时按照税法规定可予抵扣的金额。用公式表示为

负债的计税基础=账面价值-未来期间按照税法规定可予税前扣除的金额

负债的确认与偿还一般不会影响企业的损益，也不会影响其应纳税所得额，未来期间计算应纳税所得额时按照税法规定可予抵扣的金额为零，计税基础即为账面价值。但是，某些情况下，负债的确认可能会影响企业的损益，进而影响不同期间的应纳税所得额，使得其计税基础与账面价值之间产生差额，如按照会计规定确认的某些预计负债。

（一）预计负债

按照《企业会计准则第 13 号——或有事项》的规定，企业应将预计提供售后服务发生的支出在销售当期确认为相关成本，同时确认预计负债。如果税法规定，与销售产品有关的支出应于发生时税前扣除，由于该类事项产生的预计负债在期末的计税基础为其账面价值与未来期间可税前扣除的金额之间的差额，如有关的支出实际发生时可全部税前扣除，其计税基础为 0。

【实务 10-7】振兴门业公司 2024 年因销售产品承诺提供 3 年的保修服务，在当年度利润表中确认了 8 000 000 元营业成本，同时确认为预计负债，当年度发生保修支出 2 000 000 元，预计负债的期末余额为 6 000 000 元。税法规定，与该产品售后服务相关的费用在实际发生时税前扣除。

分析：

该项预计负债在振兴门业公司 2024 年 12 月 31 日的账面价值为 6 000 000 元。

该项预计负债的计税基础=账面价值-未来期间计算应纳税所得额时按照税法规定可予抵扣的金额=6 000 000-6 000 000=0（元）

该项负债的账面价值 6 000 000 与其计税基础 0 之间的暂时性差异可以理解为：未来期间企业实际发生 6 000 000 的经济利益流出用以履行产品保修义务时，税法规定允许税前扣除，即减少未来实际发生期间的应纳税所得额。

因其他事项确认的预计负债，应按照税法规定的计税原则确定其计税基础。某些情况下某些事项确认的预计负债，如果税法规定无论是否实际发生均不允许税前扣除，即未来期间按照税法规定可予抵扣的金额为 0，则其账面价值与计税基础相同。

【实务 10-8】2024 年 10 月 5 日振兴门业公司为乙公司银行借款提供担保，乙公司未如期偿还借款，而被银行提起诉讼，要求其履行担保责任；12 月 31 日，该案件尚未结案。振兴门业公司预计很可能履行的担保责任为 3 000 000 元。税法规定，企业为其他单位债务提供担保发生的损失不允许在税前扣除。

分析：2024 年 12 月 31 日，该项预计负债的账面价值为 3 000 000 元，计税基础为

3 000 000 元（3 000 000-0）。该项预计负债的账面价值等于计税基础，不产生暂时性差异。

（二）合同负债

企业在收到客户预付的销售商品款项时，因不符合收入确认条件，会计上将其确认为负债（合同负债），待履行了相关履约义务时再转为收入。税法对于收入的确认原则一般与会计规定相同，即会计上未确认收入时，计税时一般亦不计入应纳税所得额，该部分经济利益在未来期间计税时可予税前扣除的金额为 0，计税基础等于账面价值。

某些情况下，因不符合会计准则规定的收入确认条件，未确认收入而确认为合同负债的，按照税法规定应计入当期应纳税所得额时，该合同负债的计税基础为 0，即因其产生时已经计入应纳税所得额计算缴纳所得税，未来期间可全额税前扣除。

【实务 10-9】振兴门业公司 2024 年 12 月 31 日自客户处收到一笔合同预付款项 500 万元，作为合同负债核算。按照税法规定，该款项应计入取得当期应纳税所得额计算缴纳所得税。

分析：该合同负债在振兴门业 2024 年资产负债表中的账面价值为 500 万元。

该项负债的计税基础=账面价值 500 万元-可从未来经济利益中扣除的金额 500 万元=0。

该项负债的账面价值 500 万元与其计税基础零之间产生 500 万元暂时性差异，该项暂时性差异的含义为在未来期间企业按照会计规定确认收入，产生经济利益流入时，其在产生期间已经计算缴纳了所得税，未来期间则不再计入应纳税所得额，从而会减少企业于未来期间的所得税税款流出。

（三）应付职工薪酬

会计准则规定，企业为获得职工提供的服务给予的各种形式的报酬以及其他相关支出，均应作为企业的成本费用，在未支付之前确认为负债。税法中对于合理的职工薪酬，基本允许税前扣除，但税法中如果规定了税前扣除标准的，按照会计准则规定计入成本费用支出的金额超过规定标准部分，应进行纳税调整。因超过部分在发生当期不允许税前扣除，在以后期间也不允许税前扣除，即该部分差额对未来期间计税不产生影响，所产生应付职工薪酬负债的账面价值等于计税基础。

（四）其他负债

企业的其他负债项目，如企业应交的罚款和滞纳金等，在尚未支付之前按照会计准则规定确认为费用，同时作为负债反映。税法规定，罚款和滞纳金不得税前扣除，其计税基础为账面价值减去未来期间计税时可予税前扣除的金额 0 之间的差额，即计税基础等于账面价值。

【实务 10-10】振兴门业公司因未按照税法规定缴纳税金，按规定需在 2024 年缴纳滞纳金 1 000 000 元，至 2024 年 12 月 31 日，该款项尚未支付，形成其他应付款 1 000 000

元。税法规定，企业因违反国家法律、法规规定缴纳的罚款、滞纳金不允许税前扣除。

分析：

因应缴滞纳金形成的其他应付款账面价值为 1 000 000 元，因税法规定该支出不允许税前扣除，其计税基础=1 000 000-0=1 000 000（元）。

对于罚款和滞纳金支出，会计与税收规定存在差异，但该差异仅影响发生当期，对未来期间计税不产生影响，因而不产生暂时性差异。

三、暂时性差异

（一）基本界定

暂时性差异，是指资产或负债的账面价值与其计税基础不同产生的差额。其中账面价值是指按照会计准则规定确定的有关资产、负债在资产负债表中应列示的金额。由于资产、负债的账面价值与其计税基础不同，产生了在未来收回资产清偿负债的期间内，应纳税所得额增加或减少并导致未来期间应交所得税增加或减少的情况，在这些暂时性差异发生的当期，一般应当确认相应的递延所得税负债或递延所得税资产。

除因资产、负债的账面价值与其计税基础不同产生的暂时性差异以外，按照税法规定可以结转以后年度的未弥补亏损和税款抵减，也视同可抵扣暂时性差异处理。

（二）暂时性差异的分类

根据暂时性差异对未来期间应纳税所得额影响的不同，分为应纳税暂时性差异和可抵扣暂时性差异。

（1）应纳税暂时性差异

应纳税暂时性差异，是指在确定未来收回资产或清偿负债期间的应纳税所得额时，将导致产生应税金额的暂时性差异。即在未来期间不考虑该事项影响的应纳税所得额的基础上，由于该暂时性差异的转回，会进一步增加转回期间的应纳税所得额和应交所得税金额，在其产生当期应当确认相关的递延所得税负债。

①资产的账面价值大于其计税基础

资产的账面价值代表的是企业在持续使用及最终出售该项资产时将取得的经济利益的总额，而计税基础代表的是资产在未来期间可予税前扣除的总金额。资产的账面价值大于其计税基础，该项资产未来期间产生的经济利益不能全部税前抵扣，两者之间的差额需要缴税，产生应纳税暂时性差异。

例如，一项资产的账面价值为 500 万元，计税基础如为 375 万元，两者之间的差额会造成未来期间应纳税所得额和应交所得税的增加，在其产生当期，应确认相关的递延所得税负债。

②负债的账面价值小于其计税基础

负债的账面价值为企业预计在未来期间清偿该项负债时的经济利益流出，而其计税基础代表的是账面价值在扣除税法规定未来期间允许税前扣除的金额之后的差额。负债的账面价值与其计税基础不同产生的暂时性差异，实质上是税法规定就该项负债在未来期间可以税前扣除的金额（即与该项负债相关的费用支出在未来期间可以税前扣除的金额）。负债的账面价值小于其计税基础，则意味着就该项负债在未来期间可以税前抵扣的金额为负数，即应在未来期间应纳税所得额的基础上调增，增加未来期间的应纳税所得额和应交所得税金额，产生应纳税暂时性差异，应确认相关的递延所得税负债。

（2）可抵扣暂时性差异

该差异在未来期间转回时会减少转回期间的应纳税所得额，减少未来期间的应交所得税。在可抵扣暂时性差异产生当期、符合确认条件时，应当确认相关的递延所得税资产。

可抵扣暂时性差异一般产生于以下两种情况：

①资产的账面价值小于其计税基础，意味着资产在未来期间产生的经济利益少，按照税法规定允许税前扣除的金额多，两者之间的差额可以减少企业在未来期间的应纳税所得额并减少所得税，符合有关条件时，应当确认相关的递延所得税资产。

②负债的账面价值大于其计税基础，负债产生的暂时性差异实质上是税法规定的该项负债可以在未来期间税前扣除的金额。即

负债产生的暂时性差异=账面价值-计税基础

=账面价值-（账面价值-未来期间计税时按照税法规定可予税前扣除的金额）

=未来期间计税时按照税法规定可予税前扣除的金额

负债的账面价值大于其计税基础，意味着未来期间按照税法规定与负债相关的全部或部分支出可以自未来应税经济利益中扣除，减少未来期间的应纳税所得额和应交所得税。符合有关确认条件时，应确认相关的递延所得税资产。

（三）特殊项目产生的暂时性差异

（1）未作为资产、负债确认的项目产生的暂时性差异

某些交易或事项发生以后，因为不符合资产、负债的确认条件而未体现为资产负债表中的资产或负债，但按照税法规定能够确定其计税基础的，其账面价值0与计税基础之间的差异也构成暂时性差异。

如企业发生的符合条件的广告费和业务宣传费支出，除税法另有规定外，不超过当年销售收入15%的部分准予扣除；超过部分准予在以后纳税年度结转扣除。该类支出在发生时按照会计准则规定即计入当期损益，不形成资产负债表中的资产，但按照税法规定可以确定其计税基础的，两者之间的差额也形成暂时性差异（可抵扣暂时性差异）。

如根据《企业所得税法实施条例》第四十二条规定：“除国务院财政、税务主管部门另有规定外，企业发生的职工教育经费支出，不超过工资薪金总额8%的部分，准予扣除，超过部分准予在以后纳税年度结转扣除。”该类职工教育经费支出与“符合条件

的广告费和业务宣传费支出”的会计处理相同，也会产生可抵扣暂时性差异。

【实务 10-11】振兴门业公司 2024 年发生广告费 10 000 000 元，至年末已全额支付给广告公司。税法规定，企业发生的广告费、业务宣传费不超过当年销售收入 15%的部分允许税前扣除，超过部分允许在以后年度结转扣除。振兴门业公司 2024 年实现销售收入 60 000 000 元。

分析：

因广告费支出形成的资产的账面价值为 0 元，其计税基础 = 10 000 000 - 60 000 000 × 15% = 1 000 000（元）。

广告费支出形成的资产的账面价值为 0 元与计税基础 1 000 000 元之间形成 1 000 000 元可抵扣暂时性差异。

（2）可抵扣亏损及税款抵减产生的暂时性差异。对于按照税法规定可以结转以后年度的未弥补亏损及税款抵减，虽不是因资产、负债的账面价值与计税基础不同产生的，但本质上可抵扣亏损和税款抵减与可抵扣暂时性差异具有同样的作用，均能减少未来期间的应纳税所得额和应交所得税，视同可抵扣暂时性差异，在符合确认条件的情况下，应确认与其相关的递延所得税资产。

【实务 10-12】振兴门业公司于 2024 年因政策性原因发生经营亏损 2 000 万元，按照税法规定，该亏损可用于抵减以后 5 个年度的应纳税所得额。

分析：

该经营亏损不是资产、负债的账面价值与其计税基础不同产生的，但从性质上可以减少未来期间企业的应纳税所得额和应交所得税，属于可抵扣暂时性差异。企业预计未来期间能够产生足够的应纳税所得额可以抵减可抵扣亏损时，应确认相关的递延所得税资产。

任务三　递延所得税资产及负债的确认和计量

一、递延所得税负债的确认和计量

（一）递延所得税负债的确认

（1）除企业会计准则中明确规定可不确认递延所得税负债的情况以外，企业对于所有的应纳税暂时性差异均应确认相关的递延所得税负债。除直接计入所有者权益的交易或事项以及企业合并外，在确认递延所得税负债的同时，应增加利润表中的所得税费用。

【实务 10-13】振兴门业公司于 2022 年 12 月 6 日购入一台管理用设备，取得成本为 1 000 万元，会计上采用年限平均法计提折旧，预计使用年限为 10 年，预计净残值为零，因该资产长年处于强震动状态，计税时按双倍余额递减法计提折旧，使用年限及净残值与会计相同。湖南振兴门业适用的所得税税率为25%。假定该企业不存在其他会计与税收处理的差异。

要求：编制振兴门业公司2023年12月31日和2024年12月31日与所得税有关的会计分录。

分析：

2023年12月31日

资产账面价值＝1 000－1 000÷10×1＝900（万元）

资产计税基础＝1 000－1 000×20%＝800（万元）

递延所得税负债余额＝（900－800）×25%＝25（万元）

会计分录为：

借：所得税费用　　250 000

　贷：递延所得税负债　　250 000

2024年12月31日

资产账面价值＝1 000－1 000÷10×2＝800（万元）

资产计税基础＝1 000－1 000×20%－800×20%＝640（万元）

递延所得税负债余额＝（800－640）×25%＝40（万元）

借：所得税费用　　150 000

　贷：递延所得税负债　　（400 000－250 000）150 000

（2）不确认递延所得税负债的特殊情况

有些情况下，虽然资产、负债的账面价值与其计税基础不同，产生了应纳税暂时性差异，但出于各方面考虑，企业会计准则中规定不确认相应的递延所得税负债。

（二）递延所得税负债的计量

递延所得税负债应以相关应纳税暂时性差异转回期间适用的所得税税率计量。在我国，除享受优惠政策的情况以外，企业适用的所得税税率在不同年度之间一般不会发生变化，企业在确认递延所得税负债时，可以现行适用税率为基础计算确定，递延所得税负债的确认不要求折现。

二、递延所得税资产的确认和计量

（一）递延所得税资产的确认

（1）一般原则。

资产、负债的账面价值与其计税基础不同产生可抵扣暂时性差异的，在估计未来期间能够取得足够的应纳税所得额用以利用该可抵扣暂时性差异时，应当以很可能取得用来抵扣可抵扣暂时性差异的应纳税所得额为限，确认相关的递延所得税资产。

递延所得税资产的确认应以未来期间可能取得的应纳税所得额为限。在可抵扣暂时性差异转回的未来期间内，企业无法产生足够的应纳税所得额用以抵减可抵扣暂时性差异的影响，使得与递延所得税资产相关的经济利益无法实现的，该部分递延所得税资产不应确认；企业有明确的证据表明其于可抵扣暂时性差异转回的未来期间能够产生足够的应纳税所得额，进而利用可抵扣暂时性差异的，则应以可能取得的应纳税所得额为限，确认相关的递延所得税资产。

【实务 10-14】振兴门业公司于 2022 年 12 月 6 日购入一台管理用设备，取得成本为 1 000 万元，会计上采用双倍余额递减法计提折旧，预计使用年限为 10 年，预计净残值为零，税法规定按年限平均法计提折旧，使用年限及净残值与会计相同。湖南振兴门业适用的所得税税率为 25%。假定该企业不存在其他会计与税收处理的差异。

要求：编制振兴门业公司 2023 年 12 月 31 日和 2024 年 12 月 31 日与所得税有关的会计分录。

分析：

2023 年 12 月 31 日

资产账面价值＝1 000－1 000×20%＝800（万元）

资产计税基础＝1 000－1 000÷10×1＝900（万元）

递延所得税资产余额＝（900－800）×25%＝25（万元）

会计分录为：

借：递延所得税资产　250 000

　贷：所得税费用　250 000

2024 年 12 月 31 日

资产账面价值＝1 000－1 000×20%－800×20%＝640（万元）

资产计税基础＝1 000－1 000÷10×2＝800（万元）

递延所得税资产余额＝（800－640）×25%＝40（万元）

借：递延所得税资产　（400 000－250 000）150 000

　贷：所得税费用　150 000

（2）按照税法规定可以结转以后年度的未弥补亏损和税款抵减，应视同可抵扣暂时性差异处理。在预计可利用可弥补亏损或税款抵减的未来期间内能够取得足够的应纳税所得额时，应当以很可能取得的应纳税所得额为限，确认相应的递延所得税资产，同时减少确认当期的所得税费用。

【实务 10-15】沿用【实务 10-12】资料，若预计未来 5 年可实现利润 600 万元。

2024 年 12 月 31 日应确认递延所得税资产＝600×25%＝150（万元）

若未来 5 年无利润，则不确认递延所得税资产。

（3）不确认递延所得税资产的特殊情况。

某些情况下，如果企业发生的某项交易或事项不是企业合并，并且该交易发生时既不影响会计利润也不影响应纳税所得额，且该项交易中产生的资产、负债的初始确认金额与其计税基础不同，产生可抵扣暂时性差异的，企业会计准则中规定在交易或事项发生时不确认相应的递延所得税资产。

【实务 10-16】沿用【实务 10-3】资料。

分析：

振兴门业公司按照会计准则规定资本化的开发支出为 6 000 000 元，其计税基础为 12 000 000 元（6 000 000×200%），该开发支出所形成无形资产在初始确认时其账面价值与计税基础即存在差异，因该差异并非产生于企业合并，同时在产生时既不影响会计利润也不影响应纳税所得额，按照《企业会计准则第 18 号——所得税》规定，不确认与该暂时性差异相关的所得税影响。

（二）递延所得税资产的计量

确认递延所得税资产时，应估计相关可抵扣暂时性差异的转回时间，并以转回期间适用的所得税税率为基础计算确定。无论相关的可抵扣暂时性差异转回期间如何，递延所得税资产均不予折现。

【实务 10-17】沿用【实务 10-12】资料，振兴门业公司于 2024 年因政策性原因发生经营亏损 2 000 万元，按照税法规定，该亏损可用于抵减以后 5 个年度的应纳税所得额。

假设 2024 年税率为 25%，从 2025 年开始税率为 15%，未来 5 年有足够的应纳税所得额弥补该亏损。

分析：

2024 年 12 月 31 日应确认递延所得税资产 = 2 000×15% = 300（万元）

资产负债表日，企业应当对递延所得税资产的账面价值进行复核。如果未来期间很可能无法取得足够的应纳税所得额用以利用可抵扣暂时性差异带来的利益，应当减记递延所得税资产的账面价值。递延所得税资产的账面价值减记以后，以后期间根据新的环境和情况判断能够产生足够的应纳税所得额用以利用可抵扣暂时性差异，使得递延所得税资产包含的经济利益能够实现的，应相应恢复递延所得税资产的账面价值。

三、特定交易或事项涉及递延所得税的确认

与当期及以前期间直接计入所有者权益的交易或事项相关的当期所得税及递延所得税应当计入所有者权益。如以公允价值计量且其变动计入其他综合收益的金融资产的价值变动。

【实务 10-18】振兴门业公司于 2024 年 4 月自公开市场以每股 6 元的价格取得 A 公司普通股 100 万股，作为以公允价值计量且其变动计入其他综合收益的金融资产（假定不考虑交易费用），2024 年 12 月 31 日，振兴门业公司该股票投资尚未出售，当日市价

为每股 9 元。按照税法规定，资产在持有期间的公允价值的变动不计入应纳税所得额，待处置时一并计算应计入应纳税所得额。振兴门业公司适用的所得税税率为 25%，假定在未来期间不会发生变化。

振兴门业公司在期末应进行的会计处理：

借：其他权益工具投资　　　　3 000 000

　贷：其他综合收益　　　　　　3 000 000

借：其他综合收益　　　　750 000

　贷：递延所得税负债　　　　　750 000

四、适用所得税税率变化对已确认递延所得税资产和递延所得税负债的影响

因适用税收法规的变化，导致企业在某一会计期间适用的所得税税率发生变化的，企业应对已确认的递延所得税资产和递延所得税负债按照新的税率进行重新计量。

任务四　所得税费用的确认和计量

所得税会计的主要目的之一是为了确定当期应交所得税以及利润表的所得税费用。在采用资产负债表债务法核算所得税的情况下，利润表中的所得税费用由两个部分组成：当期所得税和递延所得税费用（或收益）。

一、当期所得税

当期所得税是指企业按照税法规定计算确定的针对当期发生的交易和事项，应缴纳给税务机关的所得税金额，即应交所得税。当期所得税应当以适用的税收法规为基础计算确定。

企业在确定当期所得税时，对于当期发生的交易或事项，会计处理与税收处理不同的，应在会计利润的基础上，按照适用税收法规的要求进行调整（纳税调整），计算出当期应纳税所得额，按照应纳税所得额与适用所得税税率计算确定当期应交所得税。

一般情况下，应纳税所得额可在会计利润的基础上，考虑会计与税收规定之间的差异。其按照以下公式计算确定：

应纳税所得额＝税前会计利润+纳税调整增加额－纳税调整减少额+境外应税所得弥补境内亏损－弥补以前年度亏损

当期所得税＝当期应交所得税＝应纳税所得额×适用税率－减免税额－抵免税额

二、递延所得税费用（或收益）

递延所得税，是指按照所得税准则规定当期应予确认的递延所得税资产和递延所得税负债，即递延所得税资产及递延所得税负债当期发生额的综合结果，但不包括计入所有者权益的交易或事项的所得税影响。用公式表示即为

递延所得税费用（或收益）= 当期递延所得税负债的增加额+当期递延所得税资产的减少额-当期递延所得税负债的减少额-当期递延所得税资产的增加额

递延所得税资产、递延所得税负债的发生额对应所得税费用的，属于递延所得税费用。

如果某项交易或事项按照企业会计准则规定应计入所有者权益，由该交易或事项产生的递延所得税资产或递延所得税负债及其变化亦应计入所有者权益，不构成利润表中的递延所得税费用（或收益）。

三、所得税费用的计算与列报

计算确定了当期所得税及递延所得税以后，利润表中应予确认的所得税费用为两者之和，即

所得税费用 = 当期所得税+递延所得税费用（或收益）

所得税费用应当在利润表中单独列示。

【实务 10-19】振兴门业公司 20×4 年度利润表中利润总额为 12 000 000 元，该公司适用的所得税税率为 25%。预计未来期间适用的所得税税率不会发生变化，未来期间能够产生足够的应纳税所得额用以抵扣暂时性差异，递延所得税资产及递延所得税负债不存在期初余额。

该公司 20×4 年发生的有关交易和事项中，会计处理与税收处理存在差别的有：

（1）20×3 年 12 月 31 日取得的一项固定资产，成本为 6 000 000 元，使用年限为 10 年，预计净残值为 0，会计处理按双倍余额递减法计提折旧，税收处理按直线法计提折旧。假定税法规定的使用年限及预计净残值与会计规定相同。

（2）向关联企业捐赠现金 2 000 000 元。假定按照税法规定，企业向关联方的捐赠不允许税前扣除。

（3）当年取得作为交易性金融资产核算的股票投资成本为 800 000 元，20×4 年 12 月 31 日的公允价值为 1 200 000 元。根据税法规定，交易性金融资产公允价值变动收益不计入应纳税所得额。

（4）应付违反环保法规定罚款 1 000 000 元。

（5）期末对持有的存货计提了 300 000 元的存货跌价准备。

分析：

（1）20×4 年度当期应交所得税。

应纳税所得额 = 12 000 000+600 000+2 000 000−400 000 +1 000 000+300 000

= 15 500 000（元）

应交所得税 = 15 500 000×25% = 3 875 000（元）

（2）20×4 年度递延所得税。

振兴门业公司 20×4 年资产负债表相关项目金额及其计税基础如表 10−1 所示。

表 10−1　振兴门业公司有关资产负债的账面价值、计税基础、暂时性差异　单位：元

项目	账面价值	计税基础	差异	
			应纳税暂时性差异	可抵扣暂时性差异
存货	8 000 000	8 300 000		300 000
固定资产：				
固定资产原价	6 000 000	6 000 000		
减：累计折旧	1 200 000	600 000		
固定资产账面价值	4 800 000	5 400 000		600 000
交易性金融资产	1 200 000	800 000	400 000	
其他应付款	1 000 000	1 000 000		
总计			400 000	900 000

递延所得税资产 = 900 000×25% = 225 000（元）

递延所得税负债 = 400 000×25% = 100 000（元）

（3）利润表中应确认的所得税费用

所得税费用 = 3 875 000−225 000+100 000 = 3 750 000（元）

借：所得税费用　　3 750 000

　　递延所得税资产　　225 000

　贷：应交税费——应交所得税　　3 875 000

　　　递延所得税负债　　100 000

◇ 本项目工作小结

所得税会计是税务会计的一个分支，是反映企业所得税的确认、计量和报告的一整套会计原理、程序和方法。通过本项目的学习，要掌握确定各类资产与负债的计税基础的方法，会区别应纳税暂时性差异与可抵扣暂时性差异，会计量递延所得税资产及负债，掌握企业所得税费用的计算，并能进行相关的账务处理。

◇ 任务实战

1. 甲公司是一家在深圳交易所挂牌交易的上市公司，适用的所得税税率为 25%，采用资产负债表债务法核算企业所得税。2024 年 1 月 1 日递延所得税资产余额（全部为存货项目计提的跌价准备）为 25 万元；递延所得税负债余额（全部为交易性金融资产项目的公允价值变动）为 15 万元。根据税法规定自 2025 年 1 月 1 日起甲公司被认定为高新技术企业，同时该公司适用的所得税税率变更为 15%。该公司 2024 年实现的税前利润总额为 5 090 万元，涉及所得税的交易或事项如下：

（1）年末存货的余额为 400 万元，可变现净值为 360 万元。根据税法规定，转回的存货跌价准备不计入应纳税所得额。

（2）年末交易性金融资产的账面价值为 420 万元，其中成本 220 万元、累计公允价值变动 200 万元。根据税法规定，交易性金融资产公允价值变动收益不计入应纳税所得额。

（3）2024 年 6 月 20 日，甲公司因违反税收的规定被税务部门处以 10 万元罚款，罚款未支付。税法规定，企业违反国家法规所支付的罚款不允许在税前扣除。

（4）2024 年 10 月 5 日，甲公司自证券市场购入某股票，支付价款 200 万元（假定不考虑交易费用）。甲公司将该股票作为以公允价值计量且其变动计入其他综合收益的金融资产核算。12 月 31 日，该股票的公允价值为 250 万元。根据税法规定，以公允价值计量且其变动计入其他综合收益的金融资产持有期间公允价值变动金额及减值损失不计入应纳税所得额，待出售时一并计入应纳税所得额。

（5）2024 年 12 月 10 日，甲公司被乙公司提起诉讼，要求其赔偿未履行合同造成的经济损失。12 月 31 日，该诉讼尚未审结。甲公司预计很可能支出的金额为 100 万元。税法规定，该诉讼损失在实际发生时允许在税前扣除。

（6）其他资料。

假定甲公司预计在未来期间有足够的应纳税所得额用于抵扣可抵扣暂时性差异。

要求：

（1）根据上述资料，计算 2024 年年末甲公司各项目的暂时性差异金额，计算结果填列在表 10-2 中。

表 10-2　2024 年甲公司各项目暂时性差异金额　　单位：万元

项目	账面价值	计税基础	可抵扣暂时性差异	应纳税暂时性差异
存货				
交易性金融资产				
其他应付款				

表10-2(续)

项目	账面价值	计税基础	可抵扣暂时性差异	应纳税暂时性差异
其他权益工具投资				
预计负债				

(2) 计算甲公司2024年应纳税所得额和应交所得税。

(3) 计算甲公司2024年应确认的递延所得税资产、递延所得税负债和所得税费用。

(4) 编制甲公司2024年确认所得税费用的相关会计分录。

(答案中的金额单位用万元表示)

2. 甲公司采用资产负债表债务法进行所得税的核算，适用的所得税税率为25%。2×23年度及2×24年度发生以下与所得税有关的交易或事项：

资料一

甲公司拥有一栋五层高的楼房，用于本公司行政管理部门办公。迁往新建办公楼后，甲公司2×23年12月31日与乙公司签订租赁协议，将该办公楼租赁给乙公司使用。租赁合同约定，租赁期为3年；年租金为240万元，于每年年末支付。办公楼转换为投资性房地产前采用年限平均法计提折旧，预计使用50年，预计净残值为零；转换为投资性房地产后采用公允价值模式进行后续计量。转换日，办公楼原价为800万元，已计提折旧为400万元，公允价值为1 300万元。2×24年12月31日，办公楼的公允价值为1 500万元。税法规定，企业的各项资产以历史成本为计量基础；固定资产按照年限平均法计提的折旧准予在税前扣除。根据税法规定，办公楼使用年限及净残值与其转换为投资性房地产前的会计规定相同。

资料二

甲公司持有子公司乙公司80%的股权。2×24年3月10日，乙公司宣告并发放现金股利200万元。税法规定，居民企业之间的股息、红利免税。

资料三

2×24年12月31日，应收账款账面余额为3 000万元，减值测试前坏账准备的余额为200万元，减值测试后补提坏账准备100万元。根据税法规定，企业计提的坏账准备不允许税前扣除。

资料四

2×24年度甲公司的利润总额为4 500万元。

预计未来期间有足够的应纳税所得额用于抵扣可抵扣暂时性差异。不考虑其他因素。

要求：

(1) 根据资料一，编制甲公司2×23年12月31日和2×24年与投资性房地产有关的会计分录。

（2）根据资料二，编制甲公司 2×24 年确认现金股利的会计分录。

（3）计算甲公司 2×24 年末的递延所得税资产或负债余额。

（4）计算甲公司 2×24 年应交所得税的金额。

（5）编制甲公司 2×23 年、2×24 年与所得税有关的会计分录。

◇ 知识巩固

习题　　习题答案解析

项目十一

会计政策、会计估计变更及差错更正

◇ 学习目标

知识目标

- 熟悉会计政策的概念及会计政策变更的条件。
- 熟悉会计估计的概念及会计估计变更的原因。
- 熟悉前期差错的概念及主要情形。
- 掌握追溯调整法、未来适用法、追溯重述法的概念及应用。
- 掌握会计政策变更、会计估计变更、差错更正处理原则和应用。

技能目标

- 能够正确辨析会计政策变更和会计估计变更。
- 能够准确计算会计政策变更累计影响数。
- 能够正确地对会计政策变更、会计估计变更、差错更正进行相关的会计处理。

素质目标

● 职业道德：遵守职业道德规范，保持诚信、公正的职业操守，维护企业的利益和声誉。

● 风险意识：具备强烈的风险意识，能够敏锐地识别和评估会计政策变更可能带来的潜在风险，并采取相应的防范措施。

● 谨慎态度：在进行会计政策选择、会计政策变更、会计估计变更时保持谨慎、客观的态度，遵循会计准则和规定，确保财务信息的真实性和可靠性。

● 持续学习：具备持续学习的意识和能力，关注会计政策的最新法规、准则和案例，不断提升自己的专业水平和综合素质。

◇ 思维导图

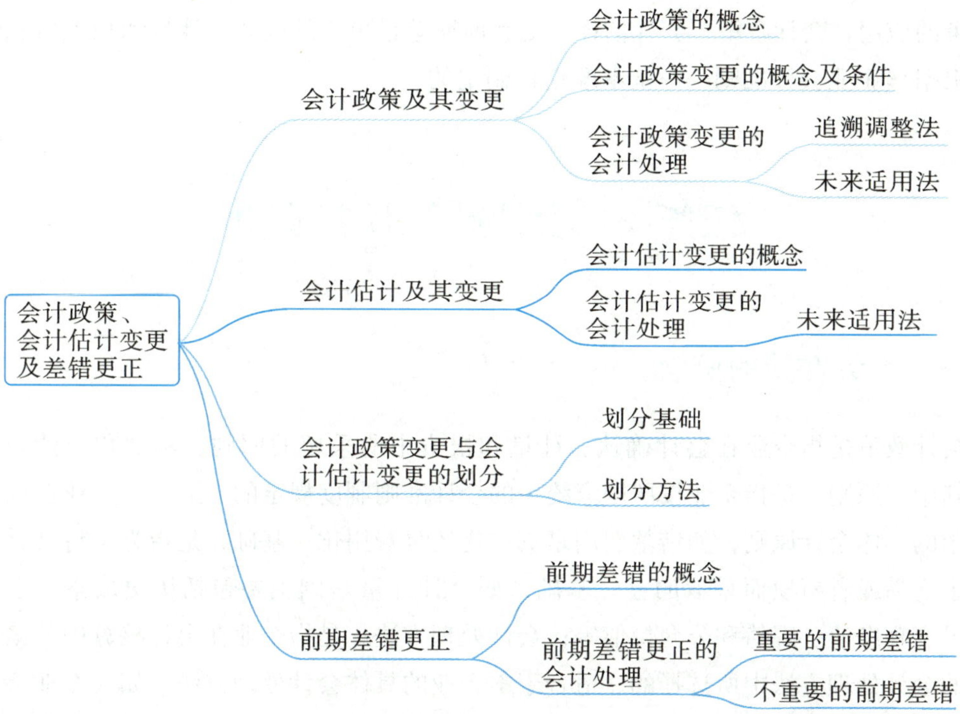

图 11-1 会计政策、会计估计变更及差错更正思维导图

◇ 学习任务

《企业会计准则第 28 号——会计政策、会计估计变更和差错更正》是为规范企业会计政策的应用，会计政策、会计估计变更和前期差错更正的确认、计量和相关信息的披露，根据《企业会计准则——基本准则》制定的。

任务一　会计政策及其变更

一、会计政策的概念

会计政策是指企业在会计确认、计量和报告中所采用的原则、基础和会计处理方法。其中，原则，是指企业按照国家统一的会计准则制度规定的、适合于企业会计核算所采用的具体会计原则，如借款费用是资本化还是费用化；基础，是指为了将会计原则应用于交易或者事项而采取的会计基础，如会计计量基础主要包括历史成本、重置成本、可变现净值、现值和公允价值等；会计处理方法，是指企业在会计核算中从诸多可选择的会计处理方法中所选择的、适合于本企业的具体会计处理方法，如《企业会计准则第 1 号——存货》允许企业在先进先出法、加权平均法和个别计价法之间对发出存货实际成本的确定方法作出选择，这些方法就是具体会计处理方法。

会计原则、会计基础和会计处理方法三者之间是一个具有逻辑性的、密不可分的整体，通过这个整体，会计政策才能得以应用和落实。

（一）企业会计政策选择和运用的要求

1. 企业应在国家统一的会计准则制度规定的会计政策范围内选择适用的会计政策。

会计政策是在允许的会计原则、计量基础和会计处理方法中作出指定或具体选择。由于企业经济业务的复杂性和多样化，某些经济业务在符合会计原则和计量基础的要求下，可以有多种会计处理方法，即存在不止一种可供选择的会计政策。例如，确定发出存货的实际成本时可以在先进先出法、加权平均法或者个别计价法中进行选择。

同时，我国的会计准则和会计制度属于行政规章，会计政策所包括的会计原则、计量基础和具体会计处理方法由会计准则或会计制度规定，具有一定的强制性。企业必须在法规所允许的范围内选择适合本企业实际情况的会计政策。即企业在发生某项经济业务时，必须从允许的会计原则、计量基础和会计处理方法中选择出适合本企业特点的会计政策。

在实际工作中，企业应在国家法律、法规和会计准则所规定的会计政策范围内，结合本企业实际情况，确定会计政策，经股东大会或董事会、经理（厂长）会议或类似机构批准，并按照法律、行政法规等的规定报送有关各方备案。

2. 会计政策应当保持前后各期的一致性。

企业应当对相同或者相似的交易或者事项采用相同的会计政策进行处理。企业选用的会计政策一般情况下不能也不应当随意变更，以保持会计信息的可比性。

（二）企业会计政策披露的要求

企业应当披露采用的重要会计政策，不具有重要性的会计政策可以不予披露。判断会计政策是否重要，应当考虑与会计政策相关的项目的性质和金额。企业应当披露的重要会计政策包括但不限于下列各项：

（1）存货的计价，是指企业存货的计价方法。例如，企业发出存货成本的计量是采用先进先出法，还是采用其他计量方法。

（2）固定资产的初始计量，是指对取得的固定资产初始成本的计量。例如，企业取得的固定资产初始成本是以购买价款，还是以购买价款的现值为基础进行计量。

（3）无形资产的确认，是指对无形项目的支出是否确认为无形资产。例如，企业内部研究开发项目开发阶段的支出是确认为无形资产，还是在发生时计入当期损益。

（4）投资性房地产的后续计量，是指企业在资产负债表日对投资性房地产进行后续计量所采用的会计处理。例如，企业对投资性房地产的后续计量是采用成本模式，还是公允价值模式。

（5）长期股权投资的核算，是指长期股权投资的具体会计处理方法。例如，企业对被投资单位的长期股权投资是采用成本法，还是采用权益法核算。

（6）非货币性资产交换的计量，是指非货币性资产交换事项中对换入资产成本的计量。

（7）收入确认的处理，是指收入确认所采用的会计方法。

（8）借款费用的处理，是指借款费用的处理方法，即采用资本化还是采用费用化。

（9）外币折算的处理，是指外币折算所采用的方法以及汇兑损益的处理。

（10）合并政策的处理，是指编制合并财务报表所采用的原则。例如，母公司与子公司的会计年度不一致的处理原则、合并范围的确定原则等。

二、会计政策变更及其条件

（一）会计政策变更的概念

会计政策变更，是指企业对相同的交易或者事项由原来采用的会计政策改用另一会计政策的行为。一般情况下，为保证会计信息的可比性，使财务报告使用者在比较企业一个以上会计期间的财务报表时，能够正确判断企业的财务状况、经营成果和现金流量的趋势。企业在不同的会计期间应采用相同的会计政策，不能随意变更会计政策。

需要注意的是，企业不能随意变更会计政策并不意味着企业的会计政策在任何情况下均不能变更。

（二）会计政策变更的条件

会计政策变更，并不意味着以前期间的会计政策是错误的，只是由于情况发生了变化，或者掌握了新的信息、积累了更多的经验，使得变更会计政策能够更好地反映企业的财务状况、经营成果和现金流量。如果以前期间会计政策的选择和运用是错误的，则属于前期差错，应按前期差错更正的会计处理方法进行处理。符合下列条件之一，企业可以变更会计政策：

（1）法律、行政法规或国家统一的会计准则制度等要求变更。

这种情况是指，按照法律、行政法规以及国家统一的会计准则制度的规定，要求企业采用新的会计政策。在这种情况下，企业应按规定改变原会计政策，采用新的会计政策。例如，《企业会计准则第 16 号——政府补助》在 2017 年修订实施以后，对财政贴息采用新的会计政策进行处理；再如，采用 2017 年修订的《企业会计准则第 14 号——收入》的企业，应在履行了合同履约义务，即在客户取得相关商品控制权时确认收入。

（2）会计政策的变更能够提供更可靠、更相关的会计信息。

这种情况是指，由于经济环境、客观情况的改变，使企业原来采用的会计政策所提供的会计信息，已不能恰当地反映企业的财务状况、经营成果和现金流量等情况。在这种情况下，应改变原有会计政策，按新的会计政策进行核算，以对外提供更可靠、更相关的会计信息。例如，企业一直采用成本模式对投资性房地产进行后续计量，如果企业能够从房地产交易市场上持续地取得同类或类似房地产的市场价格及其他相关信息，从而能够对投资性房地产的公允价值作出合理的估计，此时，企业可以将投资性房地产的后续计量方法由成本模式变更为公允价值模式。

对会计政策的变更，应经股东大会或董事会等类似机构批准。如无充分、合理的证据表明会计政策变更的合理性或者未经股东大会等类似机构批准擅自变更会计政策的，或者连续、反复地自行变更会计政策的，视为滥用会计政策，应按照前期差错更正的方法进行处理。

（三）不属于会计政策变更的情形

对会计政策变更的认定，直接影响到会计处理方法的选择。实务中，企业应当分清哪些属于会计政策变更，哪些不属于会计政策变更。下列情况不属于会计政策变更：

（1）本期发生的交易或者事项与以前相比具有本质差别而采用新的会计政策。

会计政策总是针对特定类型的交易或事项，如果发生交易或事项与其他交易或事项有本质区别，那么，企业实际上是为新的交易或事项选择适当的会计政策，并没有改变原有的会计政策。例如，将自用的办公楼改为出租，不属于会计政策变更，而是采用新的会计政策。

（2）对初次发生的或不重要的交易或者事项采用新的会计政策。

初次发生某类交易或事项，或者不重要的交易或事项，采用适当的会计政策，并没有改变原有的会计政策。例如，企业以前没有建造合同业务，当年承接的建造合同则属于初次发生的交易，企业采用完工百分比法进行核算，并不是会计政策变更。

三、会计政策变更的会计处理

企业根据法律、行政法规或者国家统一的会计制度等要求变更会计政策的，应当按照国家相关会计规定执行。国家发布相关会计处理方法的，按照国家发布的相关会计处理规定处理；国家没有发布相关会计处理方法的，则采用追溯调整法进行处理。

会计政策变更能够提供更可靠、更相关的会计信息的，在能切实可行地确定该项会计政策变更累积影响数时，应当采用追溯调整法处理，将会计政策变更累积影响数调整列报前期最早期初留存收益，其他相关项目的期初余额和列报前期披露的其他比较数据也应当一并调整；在不能切实可行地确定该项会计政策变更累积影响数时，应当从可追溯调整的最早期间期初开始应用变更后的会计政策；在当期期初确定会计政策变更对以前各期累积影响数不切实可行的，应当采用未来适用法处理。

（一）追溯调整法

追溯调整法，是指对某项交易或事项变更会计政策，视同该项交易或事项初次发生时即采用变更后的会计政策，并以此对财务报表相关项目进行调整的方法。即应当计算会计政策变更的累积影响数，并相应调整变更年度的期初留存收益以及会计报表的相关项目。

追溯调整法运用的步骤如下：

第一步，计算确定会计政策变更的累积影响数；

第二步，进行相关的账务处理；

第三步，调整会计报表相关项目；

第四步，披露信息。

其中，会计政策变更的累积影响数，是指按照变更后的会计政策对以前各期追溯计算的列报前期最早期初留存收益应有金额与现有金额之间的差额，即假设与会计政策变更相关的交易或事项在初次发生时即采用新的会计政策，而得出的列报前期最早期初留存收益应有金额与现有金额之间的差额。这里的留存收益，包括当年和以前年度的未分配利润和按照相关法律规定提取并累积的盈余公积，不需要考虑由于会计政策变更使以前期间净利润的变化而需要分派的股利。例如，由于会计政策变化，增加了以前期间的净利润 100 万元，该企业通常按净利润的 10%分派股利。在计算调整会计政策变更当期期初的留存收益时，应当按照 100 万元计算，而不是 90 万元。会计政策变更的累积影响数，是对变更会计政策所导致的对净利润的累积影响，以及由此导致的对利润分配及未分配利润的累积影响金额，不包括分配的利润或股利。

上述变更会计政策当期期初现有的留存收益金额，即上期资产负债表所反映的留存收益期末数，可以从上期资产负债表项目中获得。追溯调整后的留存收益金额，指扣除所得税后的净额，即按新的会计政策计算确定留存收益时，应当考虑由于损益变化所导致的所得税影响的情况。

会计政策变更的累积影响数，通常可以通过以下五步计算获得：

第一步，根据新的会计政策重新计算受影响的前期交易或事项；

第二步，计算两种会计政策下的差异；

第三步，计算差异的所得税影响金额；

第四步，确定前期中每一期的税后差异；

第五步，计算会计政策变更的累积影响数。

采用追溯调整法时，会计政策变更的累积影响数应包括在变更当期期初留存收益中。但是，如果提供可比财务报表，对于比较财务报表期间的会计政策变更，应调整该期间净利润各项目和财务报表其他相关项目，视同该政策在比较财务报表期间一直采用。对于比较财务报表可比期间以前的会计政策变更的累积影响数，应调整比较财务报表早期的期初留存收益，财务报表其他相关项目的数字也应一并调整。

【实务 11-1】振兴门业公司 2022 年、2023 年分别以 840 000 元和 1 200 000 元的价格从股票市场购入 A、B 两种以交易为持有目的的股票（假设不考虑购入股票时发生的交易费用），购入后其市价一直高于购入成本，且采用成本与市价孰低法对购入的股票进行计量。公司从 2024 年起对其持有以交易为目的的股票由成本与市价孰低法改为以公允价值计量，公司保存的会计资料比较齐全，可以通过会计资料追溯计算。公司适用的所得税税率为 25%，公司按净利润的 10%提取法定盈余公积，按净利润的 5%提取任意盈余公积。2024 年公司发行在外的普通股加权平均为 3 600 万股，未发行任何稀释性潜在的普通股。A、B 股票的有关成本及公允价值资料如表 11-1 所示。

表 11-1　A、B 股票有关成本及公允价值　　单位：元

股票	购入成本	2022 年年末公允价值	2023 年年末公允价值
A 股票	840 000	980 000	980 000
B 股票	1 200 000		1 320 000

根据上述资料，振兴门业公司的会计处理如下：

1. 计算改变交易性金融资产计量方法后的累积影响数，如表 11-2 所示。

表 11-2 改变交易性金融资产计量方法后的累计影响数 单位：元

时间	公允价值	成本与市价孰低	税前差异	所得税影响	税后差异
2022 年年末	980 000	840 000	140 000	35 000	105 000
2023 年年末	2 300 000	2 040 000	260 000	65 000	195 000

2. 编制有关项目的调整分录

（1）调整交易性金融资产。

借：交易性金融资产——公允价值变动 260 000

　贷：利润分配——未分配利润 195 000

　　递延所得税负债 65 000

（2）调整利润分配。

借：利润分配——未分配利润 29 250

　贷：盈余公积 29 250

其中，按净利润的 10%提取法定盈余公积，按净利润的 5%提取任意盈余公积。

3. 财务报表调整和重述

振兴门业公司在列报 2024 年度的财务报表时，应调整 2024 年末资产负债表有关项目的年初余额，利润表有关项目的上期金额及所有者权益变动表有关项目的上年余额和本年金额。

（1）资产负债表项目的调整。

振兴门业公司资产负债表项目的调整见表 11-3，调增以公允价值计量且其变动计入当期损益的金融资产年初余额 260 000 元；调增递延所得税负债年初余额 65 000 元；调增盈余公积年初余额 29 250 元，调增未分配利润年初余额 165 750 元。

表 11-3 资产负债表（局部） 会企 01 表

编制单位：振兴门业公司 2024 年 12 月 31 日 单位：元

资产	年初数		负债和股东权益	年初数	
	调整前	调整后		调整前	调整后
……			……		
交易性金融资产	2 040 000	2 300 000	递延所得税负债	0	65 000
			……		
			盈余公积	15 000	44 250
			未分配利润	85 000	250 750
			……		

（2）利润表项目的调整。

振兴门业公司利润表项目的调整见表 11-4：调增公允价值变动收益上期金额 120 000 元；调增所得税费用上期金额 30 000 元；调增净利润上期金额 90 000 元。

表 11-4 利润表（局部）

会企 02 表

编制单位：振兴门业公司　　2024 年度　　单位：元

项目	上期金额	
	调整前	调整后
一、营业收入		
……		
公允价值变动收益	0	120 000
……		
二、营业利润	480 000	600 000
……		
三、利润总额	480 000	600 000
减：所得税费用	120 000	150 000
四、净利润	360 000	450 000
……		

（3）所有者权益变动表项目的调整。

振兴门业公司所有者权益变动表项目的调整见表 11-5：调增盈余公积本年年初金额 29 250 元，未分配利润本年年初金额 165 750 元，所有者权益合计本年年初金额 195 000 元。

表 11-5 所有者权益变动表（局部）

会企 04 表

编制单位：振兴门业公司　　2024 年度　　单位：元

项目	本年金额			
……	……	盈余公积	未分配利润	……
一、上年年末余额		15 000	85 000	
加：会计政策变更		29 250	165 750	
前期会计更正				
二、本年年初余额		44 250	250 750	
……				

（二）未来适用法

未来适用法，是指将变更后的会计政策应用于变更日及以后发生的交易或者事项，或者在会计估计变更当期和未来期间确认会计估计变更影响数的方法。其既不计算会计政策变更的累积影响数，也不必调整变更当年年初的留存收益。

【实务 11-2】振兴门业公司原对存货采用移动加权平均法，由于管理的需要，公司从 2024 年 1 月 1 日起改用先进先出法。2024 年 1 月 1 日存货的价值为 2 500 000 元，公司购入存货实际成本为 18 000 000 元，2024 年 12 月 31 日按先进先出法计算确定的存货价值为 2 200 000 元，当年销售额为 25 000 000 元，适用所得税税率为 25%，税法允许按先进先出法计算的存货成本在税前扣除。假设 2024 年 12 月 31 日按移动平均法计算的存货价值为 4 500 000 元。

振兴门业公司由于管理环境发生变化而改变会计政策，因而属于会计政策变更。由于采用先进先出法对以前年度的存货成本不能进行合理的调整，因此，采用未来适用法进行处理，即对存货采用先进先出法从 2024 年起才适用，不需要计算 2024 年 1 月 1 日以前按移动加权平均法计算存货应有的余额，以及对留存收益的影响金额。

（1）采用先进先出法计算的销售成本

采用先进先出法计算的销售成本为

期初存货+购入存货实际成本-期末存货＝2 500 000+18 000 000-2 200 000

＝18 300 000（元）

（2）采用移动加权平均法计算的销售成本

采用移动加权平均法计算的销售成本为

期初存货+购入存货实际成本-期末存货＝2 500 000+18 000 000-4 500 000

＝16 000 000（元）

由于会计政策变更使公司当期净利润减少，减少额为

（18 300 000 － 16 000 000）×（1 －25%）＝ 1 725 000（元）

任务二　会计估计及其变更

一、会计估计概述

会计估计是指企业对其结果不确定的交易或事项以最近可利用的信息为基础所作的判断。下列各项属于常见的需要进行估计的项目：

（1）存货可变现净值的确定。

（2）固定资产的预计使用寿命与净残值，固定资产的折旧方法。

（3）使用寿命有限的无形资产的预计使用寿命与净残值。

（4）可收回金额按照资产组的公允价值减去处置费用后的净额确定的，确定公允

价值减去处置费用后的净额的方法；可收回金额按照资产组预计未来现金流量的现值确定的，预计未来现金流量的确定。

（5）合同履约进度的确定。

（6）公允价值的确定。

（7）预计负债初始计量的最佳估计数的确定。

企业应当根据会计准则的规定，结合本企业的实际情况，确定会计估计，经股东大会或董事会、经理（厂长）会议或类似机构批准，并按照法律、行政法规等的规定报送有关各方备案。企业的会计估计一经确定，不得随意变更。如需变更，应重新履行上述程序。

随着时间的推移，企业据以进行估计的基础发生了变化，或者由于取得新信息、积累更多经验以及后来的发展变化，可能需要对会计估计进行修订。

【实务 11-3】下列各项中，属于企业会计估计的有（　　）。（多选题）

A．劳务合同履约进度的确定

B．预计负债初始计量的最佳估计数的确定

C．无形资产减值测试中可收回金额的确定

D．投资性房地产公允价值的确定

【答案】ABCD。

【实务 11-4】属于企业会计估计变更的是（　　）。（单选题）

A．无形资产摊销方法由年限平均法变为产量法

B．发出存货的计量方法由移动加权平均法改为先进先出法

C．投资性房地产的后续计量由成本模式变为公允价值模式

D．政府补助的会计处理方法由总额法变为净额法

【答案】A。

【解析】选项 B、C 和 D 属于会计政策变更。

二、会计估计变更的概述及原因

会计估计变更，是指由于资产和负债的当前状况及预期经济利益和义务发生了变化，从而对资产或负债的账面价值或者资产的定期消耗金额进行调整。会计估计变更的依据应当真实、可靠。

会计估计变更，并不意味着以前期间的会计估计是错误的，只是由于情况发生变化，或者掌握了新的信息，积累了更多的经验，使得变更会计估计能够更好地反映企业的资产和负债状况。如果以前期间的会计估计是错误的，则属于前期差错，按前期差错更正的会计处理办法进行处理。

通常，企业可能由于以下两个原因而发生会计估计变更：

第一，企业赖以进行估计的基础发生了变化。例如，企业某项无形资产的摊销年限原定为 10 年，后来发生的情况表明，该资产的收益年限已变为 7 年，相应调减摊销年限。

第二，企业取得了新的信息、积累了更多的经验。例如，企业根据当时能够得到的信息，对应收账款每年按其余额的 5%计提坏账准备。现在掌握了新的信息，判定不能收回的应收账款比例已达 10%，企业改按 10%的比例计提坏账准备。

三、会计估计变更的会计处理

对于会计估计变更，企业应采用未来适用法。即在会计估计变更当年及以后期间，采用新的会计估计，不改变以前期间的会计估计，也不调整以前期间的报告结果。具体处理方法为：

（1）如果会计估计变更仅影响变更当期的，其影响数应当在变更当期予以确认。例如，企业原按应收账款余额的 5%提取坏账准备，由于企业估计不能收回的应收账款的比例已达 10%，则企业改按应收账款余额的 10%提取坏账准备。这类会计估计的变更，只影响变更当期。因此，应于变更当期确认。

（2）如果会计估计的变更既影响变更当期又影响未来期间的，其影响数应当在变更当期和未来期间予以确认。例如，可计提折旧固定资产，其有效使用年限或预计净残值的估计发生变更，常常影响变更当期及以后使用年限内各个期间的折旧费用。因此.这类会计估计的变更，应于变更当期及以后各期确认。

（3）企业难以将某项变更区分为会计政策变更或会计估计变更的，应当将其作为会计估计变更处理。

【实务 11-5】振兴门业公司 2019 年 12 月 30 日购入的一台管理用设备，原始价值为 84 000 元，原估计使用年限为 8 年，预计净残值为 4 000 元，按年限平均法计提折旧。由于技术因素以及更新办公设施的原因，已不能继续按原定使用年限计提折旧，于 2024 年 1 月 1 日将该设备的折旧年限改为 6 年，预计残值为 2 000 元。假设税法允许按变更后的折旧额在税前扣除。

振兴门业公司的管理用设备已计提折旧 4 年，累计折旧为 40 000 元，固定资产净值为 44 000 元。2024 年 1 月 1 日起，改按新的使用年限计提折旧，每年折旧费用=（44 000 － 2 000）÷（6－4）= 21 000（元）。

2024 年 12 月 31 日，该公司编制会计分录如下：

借：管理费用　　21 000

　贷：累计折旧　　21 000

任务三　会计政策变更与会计估计变更的划分

一、会计政策变更与会计估计变更的划分基础

企业应当以变更事项的会计确认、计量基础和列报项目是否发生变更作为判断该变更是会计政策变更，还是会计估计变更的划分基础。

（1）以会计确认是否发生变更作为判断基础。《企业会计准则——基本准则》规定了资产、负债、所有者权益、收入、费用和利润等六项会计要素的确认标准，是会计处理的首要环节。一般地，对会计确认的指定或选择是会计政策，其相应的变更是会计政策变更。会计确认、计量的变更一般会引起列报项目的变更。例如，某企业在前期将某项内部研发项目开发阶段的支出计入当期损益，而当期按照《企业会计准则第6号——无形资产》的规定，该项支出符合无形资产的确认条件，应当确认为无形资产。该事项的会计确认发生变更，即前期将开发费用确认为一项费用，而当期将其确认为一项资产。该事项中会计确认发生了变化，所以该变更属于会计政策变更。

（2）以计量基础是否发生变更作为判断基础。《企业会计准则——基本准则》规定了历史成本、重置成本、可变现净值、现值和公允价值等5项会计计量属性，是会计处理的计量基础。一般地，对计量基础的指定或选择是会计政策，其相应的变更是会计政策变更。例如，某企业在前期对购入的价款超过正常信用条件延期支付的固定资产初始计量采用历史成本，而当期按照《企业会计准则第4号——固定资产》的规定，该类固定资产的初始成本应以购买价款的现值为基础确定。该事项的计量基础发生了变化，所以该变更属于会计政策变更。

（3）以列报项目是否发生变更作为判断基础。《企业会计准则第30号——财务报表列报》规定了财务报表项目应采用的列报原则。一般地，对列报项目的指定或选择是会计政策，其相应的变更是会计政策变更。当然，在实务中，有时列报项目的变更往往伴随着会计确认的变更或者相反。例如，某商业企业在前期将商品采购费用列入营业费用，当期根据《企业会计准则第1号——存货》的规定，将采购费用列入成本。因为列报项目发生了变化，所以该变更是会计政策变更。当然，这里也涉及会计确认、计量的变更。

（4）根据会计确认、计量基础和列报项目所选择的、为取得与该项目有关的金额或数值所采用的处理方法，不是会计政策，而是会计估计，其相应的变更是会计估计变更。例如，某企业需要对某项资产采用公允价值进行计量，而公允价值的确定应当采用在当前情况下适用并且有足够可利用数据和其他信息支持的估值技术，包括市场法、收

益法和成本法。因为企业所确定的公允价值是与该项资产有关的金额，所以为确定公允价值所采用的处理方法是会计估计，不是会计政策。相应地，当企业面对的市场情况发生变化时，其采用的确定公允价值的方法变更是会计估计变更，不是会计政策变更。

总之，在单个会计期间，会计政策决定了财务报表所列报的会计信息和列报方式；会计估计是用来确定与财务报表所列报的会计信息有关的金额和数值。

二、划分会计政策变更和会计估计变更的方法

企业可以采用以下具体方法划分会计政策变更与会计估计变更：分析并判断该事项是否涉及会计确认、计量基础选择或列报项目的变更，当至少涉及其中一项划分基础变更的，该事项是会计政策变更；不涉及这些划分基础变更时，该事项可以判断为会计估计变更。例如，某企业在前期将自行购建的固定资产相关的一般借款费用计入当期损益，当期根据会计准则的规定，将符合条件的有关借款费用予以资本化，企业因此将对该事项进行变更。该事项的计量基础未发生变更，即都是以历史成本作为计量基础；该事项的会计确认发生变更，即前期将借款费用确认为一项费用，而当期将其确认为一项资产；同时，会计确认的变更导致该事项在资产负债表和利润表相关项目的列报也发生变更。该事项涉及会计确认和列报的变更，所以属于会计政策变更。又如，企业原采用双倍余额递减法计提固定资产折旧，根据固定资产使用的实际情况，企业决定改用直线法计提固定资产折旧。该事项前后采用的两种计提折旧方法都是以历史成本作为计量基础，对该事项的会计确认和列报项目也未发生变更，只是固定资产折旧、固定资产净值等相关金额发生了变化。因此，该事项属于会计估计变更。

任务四　前期差错更正

一、前期差错概述

前期差错，是指由于没有运用或错误运用下列两种信息，而对前期财务报表造成省略或错报。

1. 编报前期财务报表时预期能够取得并加以考虑的可靠信息。

2. 前期财务报告批准报出时能够取得的可靠信息。

前期差错通常包括计算错误、应用会计政策错误、疏忽或曲解事实以及舞弊产生的影响等。没有运用或错误运用上述两种信息而形成的前期差错的情形主要有：

（1）计算以及账户分类错误。例如，企业购入的五年期国债，意图长期持有，但

在记账时记入了交易性金融资产，导致账户分类上的错误，并导致在资产负债表上流动资产和非流动资产的分类也有误。

（2）采用法律、行政法规或者国家统一的会计制度等不允许的会计政策。例如，按照《企业会计准则第 17 号——借款费用》的规定，为购建固定资产的专门借款而发生的借款费用，满足一定条件的，在固定资产达到预定可使用状态前发生的，应予资本化，计入所购建固定资产的成本；在固定资产达到预定可使用状态后发生的，计入当期损益。如果企业固定资产已达到预定可使用状态后发生的借款费用，也计入该项固定资产的价值，予以资本化，则属于采用法律或会计准则等行政法规、规章所不允许的会计政策。

（3）对事实的疏忽或曲解，以及舞弊。例如，企业销售一批商品，商品的控制权已经发生转移，商品销售收入确认条件均已满足，但该企业在期末未确认收入。

（4）固定资产盘盈等。

二、前期差错更正的会计处理

前期差错按照重要程度分为重要的前期差错和不重要的前期差错。重要的前期差错，是指足以影响财务报表使用者对企业财务状况、经营成果和现金流量作出正确判断的前期差错。不重要的前期差错，是指不足以影响财务报表使用者对企业财务状况、经营成果和现金流量作出正确判断的前期差错。

（一）不重要的前期差错的会计处理

对于不重要的前期差错，企业无须调整财务报表相关项目的期初数，但应调整发现差错当期与前期相同的相关项目的金额。属于影响损益的，应直接计入本期与上期相同的净损益项目。

（二）重要的前期差错的会计处理

对于重要的前期差错，如果能够合理确定前期差错累积影响数，则重要的前期差错的更正应采用追溯重述法。追溯重述法是指在发现前期差错时，视同该项前期差错从未发生过，从而对财务报表相关项目进行调整的方法。前期差错累积影响数是指前期差错发生后对差错期间每期净利润的影响数之和。

如果确定前期差错累积影响数不切实可行，可以从可追溯重述的最早期间开始调整留存收益的期初余额，并对财务报表其他相关项目的期初余额一并进行调整，也可以采用未来适用法。

重要的前期差错的调整结束后，还应调整发现年度财务报表的年初数和上年数。在编制比较财务报表时，对于比较财务报表期间的重要的前期差错，应调整各该期间的净损益和其他相关项目；对于比较财务报表期间以前的重要的前期差错，应调整比较财务报表最早期间的期初留存收益，财务报表其他相关项目的数字也应一并调整。

企业应设置“以前年度损益调整”科目核算企业本年度发现的重要前期差错，更正涉及调整以前年度损益的事项，以及本年度发生的调整以前年度损益的事项。

1. 调整以前年度利润或以前年度亏损。

（1）调整增加以前年度利润或减少以前年度亏损

借：有关科目

　贷：以前年度损益调整

（2）调整减少以前年度利润或增加以前年度亏损

借：以前年度损益调整

　贷：有关科目

2. 所得税费用的调整。

（1）调增所得税费用时

借：以前年度损益调整

　贷：应交税费——应交所得税

　　　递延所得税资产（或递延所得税负债）

（2）调减所得税费用时

借：应交税费——应交所得税

　　递延所得税资产（或递延所得税负债）

　贷：以前年度损益调整

3. 经上述调整后，应将“以前年度损益调整”科目的余额转入“利润分配——未分配利润”科目。

借：以前年度损益调整

　贷：利润分配——未分配利润

或作相反的会计分录。

4. 考虑税后分配时，即提取或冲减盈余公积。

借：利润分配——未分配利润

　贷：盈余公积

或作相反的会计分录。

【实务 11-6】2024 年 12 月 31 日，振兴门业公司发现 2023 年公司漏记一项管理用固定资产的折旧费用 100 000 元，所得税申报表中也未扣除该项费用。假定 2023 年甲公司适用所得税税率为 25%，无其他纳税调整事项。该公司按净利润的 10% 和 5% 提取法定盈余公积和任意盈余公积。假定税法允许调整应交所得税。

（1）分析前期差错的影响数。

2023 年少计折旧费用 100 000 元；多计所得税费用 25 000 元（100 000×25%）；多计净利润 75 000 元；多计应交税费 25 000 元（100 000×25%）；多提法定盈余公积和任意盈余公积 7 500 元（75 000×10%）和 3 750 元（75 000×5%）。

（2）编制有关项目的调整分录。

①补提折旧。

借：以前年度损益调整　　100 000

　贷：累计折旧　　100 000

②调整应交所得税。

借：应交税费——应交所得税　　25 000

　贷：以前年度损益调整　　25 000

③将“以前年度损益调整”科目余额转入未分配利润。

借：利润分配——未分配利润　　75 000

　贷：以前年度损益调整　　75 000

④因净利润减少，调减盈余公积。

借：盈余公积——法定盈余公积　　7 500

　　　　——任意盈余公积　　3 750

　贷：利润分配——未分配利润　　11 250

（3）财务报表调整和重述。

振兴门业公司在列报 2024 年度财务报表时，应调整 2023 年度财务报表的相关项目。

①资产负债表项目的调整。

振兴门业公司资产负债表项目的调整见表 11-6：调减固定资产 100 000 元；调减应交税费 25 000 元；调减盈余公积 11 250 元，调减未分配利润 63 750 元。

表 11-6　资产负债表（局部）

编制单位：振兴门业公司　　2024 年 12 月 31 日　　单位：元

资产	年初数			负债和所有者权益	年初数		
	调整前	调增（减）	调整后		调整前	调增（减）	调整后
固定资产净值	1 600 000	-100 000	1 500 000	应交税费	125 500	-25 000	100 500
				盈余公积	15 000	-11 250	3 750
				未分配利润	85 000	-63 750	21 250
……			……	……			……

②利润表项目的调整。

振兴门业公司利润表项目的调整见表 11-7：调增管理费用 100 000 元，调减所得税费用 25 000 元，调减净利润 75 000 元。

表 11-7 利润表（局部）

编制单位：振兴门业公司　　2024 年度　　单位：元

项目	上年数		
	调整前	调增（减）	调整后
……			
减：管理费用	150 000	100 000	250 000
……			
三、营业利润	480 000	-100 000	380 000
……		……	……
四、利润总额	480 000	-100 000	380 000
减：所得税费用	120 000	-25 000	95 000
净利润	360 000	-75 000	285 000

③所有者权益变动表项目的调整。

振兴门业公司所有者权益变动表项目的调整见表 11-8：调减前期差错更正项目中盈余公积上年金额 11 250 元，未分配利润上年金额 63 750 元，所有者权益合计上年金额 75 000 元。

表 11-8 所有者权益变动表（局部）

编制单位：振兴门业公司　　2024 年度　　单位：元

项目	本年金额		上年金额	
	盈余公积	未分配利润	盈余公积	未分配利润
一、上年年末余额				
加：会计政策变更				
前期差错更正	-11 250	-63 750		
二、本年年初余额				
……				

④财务报表附注说明。

本年度发现 2023 年漏记固定资产折旧 100 000 元，在编制 2024 年和 2023 年比较财务报表时，已对该项差错进行了更正。更正后，调减 2023 年净利润 75 000 元，调增累计折旧 100 000 元。

课程思政

2024 年 4 月 23 日，中泰化学发布关于前期会计差错更正的公告，涉及 2020—2023

年的财务报表差错，公司及相关责任人被新疆证监局处以罚款。通过对反面案例的分析，我们应强调财务人员职业操守的重要性，作为会计人员，我们应精于业务、熟悉准则，准确进行会计处理，同时应警惕，把好职业判断关，避免出现舞弊等错误。

◇ 本项目工作小结

企业应当对相同或者相似的交易或者事项采用相同的会计政策进行处理。企业采用的会计政策，在每一会计期间和前后各期应当保持一致，不得随意变更。通过学习，能正确辨析会计政策变更和会计估计变更；能准确计算会计政策变更累计影响数；掌握会计政策变更、会计估计变更、前期重大差错的会计处理方法。

◇ 任务实战

1. 振兴门业公司经董事会和股东大会批准，于2024年1月I日开始对有关会计政策和会计估计作如下变更：

资料一

将一项使用寿命不确定的无形资产改为使用寿命有限的无形资产。该无形资产的账面价值为600万元。

资料二

2022年12月1日购入一栋商业大楼，初始入账成本为3 000万元，预计使用寿命30年，假定无残值。2023年初振兴门业公司将其出租给乙公司使用，采用成本模式进行后续计量，直线法计提折旧，税法认可其成本模式计量口径。2024年1月1日，由于房地产交易市场的成熟，具备了采用公允价值模式计量的条件，振兴门业公司决定对该投资性房地产从成本模式转换为公允价值模式计量。2024年初大楼的公允价值为3 100万元。

资料三

将产品质量保证费用由按销售收入2%计提改按5%计提，2024年销售收入为20 000万元。

资料四

将一项管理用固定资产的预计使用年限由10年改为8年，按照年限平均法计提折旧。

资料五

发出存货成本的计量由先进先出法改为移动加权平均法。2024年年初振兴门业公司存货账面余额为2 000万元，未计提存货跌价准备。

振兴门业公司按净利润的10%计提法定盈余公积，所得税率为25%。

要求：

（1）上述事项中，哪些属于会计政策变更，哪些属于会计估计变更（标明序号即可）。

（2）根据资料二编制2024年成本模式转公允价值模式的会计分录。

2. 2024年3月31日，振兴门业公司发现2022年12月收到投资者投入的一项行政管理用固定资产尚未入账，投资合同约定该固定资产价值为1 000万元（与公允价值相同），预计使用年限为5年，预计净残值为零，采用年限平均法计提折旧。振兴门业公司将漏记该固定资产事项认定为重要的前期差错。振兴门业公司按净利润的10%计提法定盈余公积，所得税率为25%，税务部门允许调整2023年的企业所得税。

要求：根据上述资料编制2024年前期差错更正的会计分录。

◇ 知识巩固

习题　　习题答案解析

参考文献

[1] 财政部会计资格评价中心. 中级会计实务 [M]. 北京：经济科学出版社，2024.

[2] 中国注册会计师协会. 会计 [M]. 北京：中国财政经济出版社，2024.

[3] 陈德萍，高慧云. 财务会计 [M]. 大连：东北财经大学出版社，2024.

[4] 王国生. 财务会计 [M]. 北京：中国人民大学出版社，2024.

[5] 全国税务师职业资格考试教材编写组. 财务与会计 [M]. 北京：中国税务出版社，2024.